Como muestra de gratitud por su compra,

visite www.editorialclie.info
y descargue gratis:

"Los 7 nuevos descubrimientos sobre Jesús que nadie te ha contado"

Código:
DESCU24

Obras *escogidas* de Juan Crisóstomo

· LA DIGNIDAD DEL MINISTERIO ·
· SERMÓN DEL MONTE ·
· SALMOS DE DAVID ·

EDITOR:
Alfonso Ropero

editorial clie

EDITORIAL CLIE
Ferrocarril, 8
08232 VILADECAVALLS
(Barcelona) ESPAÑA
E-mail: clie@clie.es
www.clie.es

Editado por: Alfonso Ropero Berzosa

«Cualquier forma de reproducción, distribución, comunicación pública o transformación de esta obra solo puede ser realizada con la autorización de sus titulares, salvo excepción prevista por la ley. Diríjase a CEDRO (Centro Español de Derechos Reprográficos) si necesita fotocopiar o escanear algún fragmento de esta obra (www.conlicencia.com; 917 021 970 / 932 720 447)».

© 2018 por Editorial CLIE

OBRAS ESCOGIDAS DE JUAN CRISÓSTOMO
ISBN: 978-84-945561-6-6
Depósito Legal: B 16831-2016
Teología cristiana
Historia
Referencia: 225005

Impreso en USA / *Printed in USA*

ÍNDICE GENERAL

Prólogo a la Colección *PATRÍSTICA* 11
Prólogo de Monseñor Jaume González-Agàpito 15

INTRODUCCIÓN UN PREDICADOR ACTUAL 21
Juan de Antioquía, un corazón y una voz para Dios 22
Nacimiento y llamado al ministerio 25
El día de las estatuas rotas 31
El patriarca asceta 34
El obispo misionero 37
Predicador social 37
El amor a los enemigos 40
Eudoxia, la emperatriz desairada 44
Teófilo y la controversia sobre Orígenes 46
El destierro más breve 49
El segundo destierro 53
Juan de Antioquía y la Biblia 56
La dignidad del ministerio 59
Discipulado, arrepentimiento y perdón 61
Nota bibliográfica 62

LA DIGNIDAD DEL MINISTERIO
LIBRO I 63
1 Una firme amistad 65
2 Vocación al monacato 66
3 Las atracciones del mundo 67
4 Las razones de una madre 68
5 Elección para el episcopado 70
6 Reprensión de Basilio 72
7 Defensa de Juan 76
    Estratagemas de guerra y paz 77
8 La simulación en los médicos 79
    Ejemplo bíblicos de simulación o engaño 80

LIBRO II 83
1 El buen fin 85
2 La grandeza del ministerio 87
    La lucha contra poderes invisibles de maldad 88
3 Las enfermedades del alma 89

4 Consejos para la cura de almas 91
   Basilio rechaza las razones de Juan 93
   Elogio de las virtudes de Basilio 94
5 El amor, señal del cristiano 96
6 Modestia y verdad 97
7 Evitar malentendidos 99
8 El ministerio no es para chiquillos 101

Libro III 103
1 Exculpación de soberbia 105
2 Exculpación de vanagloria 107
3 No hay que esperar alabanzas, ni temer críticas 108
   La grandeza celestial del ministerio 108
4 El poder del perdón 111
5 Sacerdotes del Antiguo y del Nuevo Pacto 113
6 La tremenda responsabilidad del ministerio 115
7 Bestias y escollos en el ministerio 117
   La mujer no tiene acceso a este ministerio 117
8 El mal de buscar autoridad y dominio 119
9 Padecer por el ministerio 121
10 Atención y solicitud 123
11 Necesidad de dominio propio 124
12 La ira descalifica para el ministerio 125
   El pastor, espejo de virtudes para los fieles 126
   Cuidarse de los compañeros de ministerio 127
13 Partidos y luchas en la elección pastoral 130
   Una nave llena de sediciosos 133
14 Armonía de cualidades contrarias 134
   El cuidado de las viudas 134
   Mansedumbre para enfrentar las necesidades de los pobres 137
   La buena administración de los fondos de la Iglesia 138
   Los huéspedes y los enfermos 139
15 El cuidado de las vírgenes 140
   Ventajas de hacer las cosas por uno mismo 142
   El ejercicio judicial 142
   Visita pastoral y cumplimiento social 143
   El ejercicio de la disciplina 144

Libro IV 147
1 Ejemplos de las Escrituras 149
   El ejemplo de Saúl 150
   El ejemplo de Elí, Aarón y Moisés 151

El ejemplo de Judas	152
El ejemplo de los judíos incrédulos	153
2 No hay que pretender ser más de lo que se es	154
Pruébese cada uno a sí mismo	156
3 El ministerio de la Palabra	160
4 Armados con la Palabra en la batalla de la fe	162
5 Evitar las especulaciones, afirmarse en la Palabra	165
6 El ejemplo del apóstol Pablo	166
7 La elocuencia evangélica de Pablo	169
La fuerza de las cartas de Pablo	170
8 Conocedores de las Sagradas Escrituras	171
9 Defensa de la fe	173

Libro V 175

1 Sobreponerse a los caprichos del pueblo	177
Desprecio de la alabanza y facilidad de comunicación	178
2 Testimonio de vida y gracia de palabra	179
3 Cuidarse de la crítica	180
4 A quien más tiene, más se le pide	182
5 Sobreponerse a la envidia y las opiniones ajenas	184
6 No dejarse abatir, sino proseguir hacia lo mejor	186
7 Evitar la envidia y la tristeza	187
La fiebre de la elocuencia	188

Libro VI 191

1 Responsables de las almas bajo cuidado	193
2 Un alma pura	195
3 Mantener el equilibrio en todo	196
4 Sembrar entre espinas	198
El ministerio de intercesión	198
Experiencia y prudencia en el trato	200
5 Diferencia entre el pastor y el monje	201
6 Fortaleza de ánimo	202
7 Dificultades en el trato con la gente	203
Examen de uno mismo	203
La necesidad de experiencia previa en el trato con la gente	204
8 Cualidades morales y tentaciones	206
9 Apartar las malas sospechas	208
10 Piedra de edificación o de escándalo	210
11 A mayor dignidad, mayor responsabilidad	211
12 Bestias que hay que dominar primero	213
La envidia	214

La vanagloria y la soberbia	214
Confesión personal	215
La visión de un ejército en guerra	216
13 La superior batalla espiritual	219
Despedida de los amigos	221

EL VERDADERO ARREPENTIMIENTO 223
HOMILÍA I 225
   El amor de Juan por su congregación 225
   Desesperación y negligencia 228
   Amor por encima del castigo 231
   Lecciones de la parábola del hijo pródigo 234
HOMILÍA II 238
   Confesión de pecados 238
   David, profeta y pecador 240
   El arrepentimiento de David 241
   Lamento por el pecado 242
   El camino de la humildad 245
   La verdadera humildad de Pablo 246
HOMILÍA III 248
   El amor a la Palabra 248
   La vía de la limosna y generosidad 250
   El aceite de la limosna 251
   Virginidad y compasión 254
   El camino de la oración 257
   El camino del llanto 258
HOMILÍA IV 262
   El consuelo de las Escrituras 262
   El propósito de las pruebas 264
   Juicio y pureza 266
   Acudir a Dios directamente 268
   Razón de las aflicciones 270

LIBRO I LA CONTRICIÓN A LA LUZ DEL SERMÓN DEL MONTE 273
   Sólo los espirituales anhelan más del Espíritu 275
   El lamento y la enfermedad de este mundo 276
   Pecados contra el hermano 278
   Relajamiento moral y temor al castigo futuro 279
   La importancia de la reconciliación 280
   Sufrir con paciencia 283
   Amor a los enemigos 284
   La trampa de la vanagloria 285
   Perdón, rencor y misericordia 287

Riquezas y ansiedad	287
El juzgar a los demás	288
La carga ligera de los mandamientos	289
Profanación de lo santo	290
La puerta estrecha y la búsqueda de la tranquilidad	291
Voluptuosidad y compunción	293
Sufrir todo por amor a Cristo	294
El increíble amor de Pablo por su Señor	295
El llamamiento universal a una vida santa	297
Milagros y santidad	298
Colaboradores de la gracia	299
Comodidad y adversidad	300
Negligencia y flojedad en la obra de salvación	301
Meditar en el infierno y en Cristo para dolernos por la pérdida del reino	302
Despedida y ejemplo de Demetrio	303

LIBRO II LA COMPUNCIÓN EN LOS SALMOS DE DAVID 305

Adoptar la perspectiva divina	307
Vivos para Dios, muertos para el mundo	309
La inmensidad del amor de Pablo	310
El ejemplo de David	311
Purificados por la compunción	313
El octavo día, al final de los tiempos	314
La confesión del justo y del publicano	315
La salvación pertenece al Señor	316
Esperar la salvación con temor y con temblor	317
El reposo natural con Dios	318
El mundo como una sola casa	320
La ingratitud humana	321
Deuda y recompensa	321
Recordar el pecado para avivar la gratitud	323
Contristados por el pecado para no contristar al Espíritu	324
La posibilidad de caer	325
Ahora es el tiempo de escapar de la condenación	325

Índice de Conceptos Teológicos	327
Títulos de la colección Patrística	329

Prólogo
a la Colección
PATRÍSTICA

A la Iglesia del siglo XXI se le plantea un reto complejo y difícil: compaginar la inmutabilidad de su mensaje, sus raíces históricas y su proyección de futuro con las tendencias contemporáneas, las nuevas tecnologías y el relativismo del pensamiento actual. El hombre postmoderno presenta unas carencias morales y espirituales concretas que a la Iglesia corresponde llenar. No es casualidad que, en los inicios del tercer milenio, uno de los mayores *best-sellers* a nivel mundial, escrito por el filósofo neoyorquino Lou Marinoff, tenga un título tan significativo como *Más Platón y menos Prozac*; esto debería decirnos algo...

Si queremos que nuestro mensaje cristiano impacte en el entorno social del siglo XXI, necesitamos construir un puente entre los dos milenios que la turbulenta historia del pensamiento cristiano abarca. Urge recuperar las raíces históricas de nuestra fe y exponerlas en el entorno actual como garantía de un futuro esperanzador.

"La Iglesia cristiana –afirma el teólogo José Grau en su prólogo al libro *Historia, fe y Dios*– siempre ha fomentado y protegido su herencia histórica; porque ha encontrado en ella su más importante aliado, el apoyo científico a la autenticidad de su mensaje". Un solo documento del siglo II que haga referencia a los orígenes del cristianismo tiene más valor que cien mil páginas de apologética escritas en el siglo XXI. Un fragmento del Evangelio de Mateo garabateado sobre un pedacito de papiro da más credibilidad a la Escritura que todos los comentarios publicados a lo largo de los últimos cien años. Nuestra herencia histórica es fundamental a la hora de apoyar la credibilidad de la fe que predicamos y demostrar su impacto positivo en la sociedad.

Sucede, sin embargo –y es muy de lamentar– que en algunos círculos evangélicos parece como si el valioso patrimonio que la Iglesia cristiana tiene en su historia haya quedado en el olvido o incluso sea visto con cierto rechazo. Y con este falso concepto en mente, algunos tienden a prescindir de la herencia histórica común y, dando un «salto acrobático», se obstinan en querer demostrar un vínculo directo entre su grupo, iglesia o denominación y la Iglesia de los apóstoles...

¡Como si la actividad de Dios en este mundo, la obra del Espíritu Santo, se hubiera paralizado tras la muerte del último apóstol, hubiera permanecido inactiva durante casi dos mil años y regresara ahora con su grupo! Al contrario, el Espíritu de Dios, que obró poderosamente en el nacimiento de la Iglesia, ha continuado haciéndolo desde entonces, ininterrumpidamente, a través de grandes hombres de fe que mantuvieron siempre en alto, encendida y activa, la antorcha de la Luz verdadera.

Quienes deliberadamente hacen caso omiso a todo lo acaecido en la comunidad cristiana a lo largo de casi veinte siglos pasan por alto un hecho lógico y de sentido común: que si la Iglesia parte de Jesucristo como personaje histórico, ha de ser forzosamente, en sí misma, un organismo histórico. *Iglesia* e *Historia* van, pues, juntas y son inseparables por su propio carácter.

En definitiva, cualquier grupo religioso que se aferra a la idea de que entronca directamente con la Iglesia apostólica y no forma parte de la historia de la Iglesia, en vez de favorecer la imagen de su iglesia en particular ante la sociedad secular, y la imagen de la verdadera Iglesia en general, lo que hace es perjudicarla, pues toda colectividad que pierde sus raíces está en trance de perder su identidad y de ser considerada como una secta.

Nuestro deber como cristianos es, por tanto, asumir nuestra identidad histórica consciente y responsablemente. Sólo en la medida en que seamos capaces de asumir y establecer nuestra identidad histórica común, seremos capaces de progresar en el camino de una mayor unidad y cooperación entre las distintas iglesias, denominaciones y grupos de creyentes. Es preciso evitar la mutua descalificación de unos para con otros que tanto perjudica a la cohesión del Cuerpo de Cristo y el testimonio del Evangelio ante el mundo. Para ello, necesitamos conocer y valorar lo que fueron, hicieron y escribieron nuestros antepasados en la fe; descubrir la riqueza de nuestras fuentes comunes y beber en ellas, tanto en lo que respecta a doctrina cristiana como en el seguimiento práctico de Cristo.

La colección PATRÍSTICA nace como un intento para suplir esta necesidad. Pone al alcance de los cristianos del siglo XXI, lo mejor de la herencia histórica escrita del pensamiento cristiano desde mediados del siglo I.

La tarea no ha sido sencilla. Una de las dificultades que hemos enfrentado al poner en marcha el proyecto es que la mayor parte de las obras escritas por los grandes autores cristianos son obras extensas y densas, poco digeribles en el entorno actual del hombre postmoderno, corto de tiempo, poco dado a la reflexión filosófica y acostumbrado a la asimilación de conocimientos con un mínimo esfuerzo. Conscientes de esta realidad, hemos dispuesto los textos de manera innovadora para que, además de resultar asequibles, cumplan tres funciones prácticas:

1. Lectura rápida. Dos columnas paralelas al texto completo hacen posible que todos aquellos que no disponen de tiempo suficiente puedan, cuanto menos, conocer al autor, hacerse una idea clara de su línea de pensamiento y leer un resumen de sus mejores frases en pocos minutos.

2. Textos completos. El cuerpo central del libro incluye una versión del texto completo de cada autor, en un lenguaje actualizado, pero con absoluta fidelidad al original. Ello da acceso a la lectura seria y a la investigación profunda.

3. Índice de conceptos teológicos. Un completo índice temático de conceptos teológicos permite consultar con facilidad lo que cada autor opinaba sobre las principales cuestiones de la fe.

Nuestra oración es que el arduo esfuerzo realizado en la recopilación y publicación de estos tesoros de nuestra herencia histórica, teológica y espiritual se transforme, por la acción del Espíritu Santo, en un alimento sólido que contribuya a la madurez del discípulo de Cristo; que esta colección constituya un instrumento útil para la formación teológica, la pastoral y el crecimiento de la Iglesia.

Editorial CLIE

Eliseo Vila
Presidente

Prólogo
de Monseñor
Jaume González-Agàpito

Cedo al deseo de mi querido amigo, el Pastor D. Eliseo Vila, de que escriba unas palabras de presentación para la edición de algunas obras de Juan el Crisóstomo que publica esa benemérita colección llamada *Colección Patrística*. Él, en un exceso de su modestia y de su amistad, me atribuye la idea de dicha colección. La realidades completamente otra. Sólo él es el iniciador, impulsor, creador y causa eficiente de tan magnífica iniciativa. Además, los volúmenes, ya aparecidos, de la colección son de una corrección, pulcritud y precisión encomiables y serán, sin duda, de gran utilidad para sus lectores.

Da gozo ver esta iniciativa evangélica de publicar una selección de los escritos más relevantes de la historia del cristianismo, empezando por las mismas fuentes patrísticas. Doy gracias a Dios que se haga en castellano, con un claro ánimo divulgativo, pero, sin que mengüe en ella la calidad y el esmero que el asunto de por sí reclama y que el curioso lector podrá enseguida detectar en el volumen que ahora tiene en sus manos.

El ir a las fuentes del cristianismo no ha de ser únicamente la ocupación intelectual de algunos eruditos especializados, sino un ejercicio que todo cristiano debe proponerse y realizar con la frecuencia que le permitan sus otras ocupaciones y con la intensidad a que le habilite su capacidad personal. Y ello no simplemente por una voluntad arqueologizante de imitar la Iglesia antigua, o por una simple curiosidad de conocer cómo se comportaban los "antiguos" para sacar de argumentos apologéticos a favor de las propias ideas, sino por un sincero deseo de reforma y purificación de la Iglesia. Purificación de todos los añadidos que, a veces loables por su buena intención, han llegado, sin embargo, a ser las características identificativas de una determinada opción cristiana y, muchas veces, han convertido lo accidental y accesorio en la ciudadela inexpugnable de una determinada confesionalidad.

La Iglesia de los primeros siglos, la que ya sufrió los envites y las tentaciones del poder secular, la que tuvo que sufrir el rechazo y la persecución del Israel según la carne y definirse frente a él, la que resistió a las grandes celadas que le puso el gnosticismo y la *sofhía* del mundo helénico, la que tuvo que reaccionar contra las divisiones que provocaban los iluminados de turno en nombre de revelaciones, interpretaciones o escuelas particulares, puede ser un buen punto referencial para los cristianos del tercer milenio de la edad de Cristo.

Los escritos de los primeros siglos representan también una opción de purificación de la memoria. Siempre he creído que volver a las fuentes, en este caso patrísticas, puede ser un camino pacificador e iluminado para superar, dentro de las divergencias doctrinales innegables, aquellas enconadas posiciones que llevan algunas veces, a cada una de las partes del cristianismo a afirmar exactamente lo contrario de la otra para hacer méritos de ortodoxia confesional, cuando, a veces es, simplemente, pura y alocada ortopedia. Volver la mirada a la Iglesia que daba, no sólo los primeros pasos, sino que iba penetrando en las culturas, las sociedades, las estructuras sociales de este mundo, es un buen acicate para poder detectar, con aquella claridad, serenidad y equilibrio siempre necesarios al cristiano, lo fundamental e inmutable y lo accidental o completamente accesorio de cada tradición, rito o confesión cristiana. La lectura de una buena selección de textos, en las buenas condiciones en que los ofrece esta colección puede ser una buena ayuda en ese camino.

Hacerlo de la mano de Crisóstomo, como nos propone el presente volumen, no es una mala compañía sino uno de los mejores viáticos que la literatura del cristianismo nos puede ofrecer. He de confesar que la elección de las obras crisostómicas de este volumen me ha sorprendido y agradado a la vez. Me sorprendió ver la publicación, en dicha colección, del *Perì Hiros_nes*,[1] aunque bajo otro inteligente nombre, junto a otras obras más breves. Me agradó porque fui siempre, desde mi más temprana juventud, un admirador de la persona y de toda obra escrita del autor de sus escritos, pero especialmente de los seis libros del tratado mencionado. Recuerdo todavía la emoción, hace ya casi quince años, con que tuve en mis manos el códice manuscrito más completo y una de las más seguras referencias paleográficas de la primera obra de Juan que contiene este volumen, en el monasterio ortodoxo atonita de Stavronikita.

---

[1] *Cf.* Περὶ ἱεωσύνης, PG 48, cols. 623-692.

El lector verá aquí con qué maestría, profundidad espiritual y altura teológica el autor trata un tema algo espinoso. A nadie escapa la antigua y, aparentemente, nada fácil de resolver, polémica, entre ortodoxos y catolicorromanos, por una parte, y evangélicos y reformados, por la otra, sobre el tema de la entidad y especificidad del ministerio eclesial. Juan el Crisóstomo, en el conjunto de sus escritos, pone las bases y empieza por donde hay que empezar. En una Bizancio palaciega, clericalizada e intrigante, él determina y fija el estatuto del cristiano "laico", es decir del pueblo cristiano, de a pie.

El cristiano, sus pastores –obispo y presbíteros– y Cristo son un todo. Un todo, orgánicamente estructurado, pero un todo. El comportamiento de Juan es en esto inapelable y un punto referencial para los cristianos de Constantinopla. Él no va por las nubes, ni se pierde en lo que no es fundamental. Focio[2] lo detectó y lo expresa magníficamente, unos siglos más tarde: "Es precisamente por este motivo que experimento desde siempre admiración por este hombre mil veces bienaventurado, porque, en todos sus escritos se ha propuesto, como objetivo constante, el bien de su rebaño, mientras el resto no le ha preocupado mínimamente. Puede parecer que omite algunos conceptos, o bien que no los profundiza con la debida dedicación, pues bien, de lo accesorio y de toda la retahíla de problemas semejantes, no se ocupaba absolutamente, anteponiendo, a todo ello, el bien de los fieles".

La Iglesia, en una fidelidad absoluta a Pablo, pero llevada hasta sus consecuencias más pragmáticas, aparece como un organismo viviente, del cual Cristo es la Cabeza y los cristianos son los miembros. El ejercicio de las diversas funciones de los fieles se explicita y diversifica en una comunidad eclesial, no asamblearia y desestructurada, sino orgánicamente estructurada en sus servicios y moderadora y reguladora de los carismas. Todo ello se prolonga y se concreta, en la vida ordinaria, en la familia y en la sociedad. Juan, y especialmente en sus homilías, subraya la exigencia de que, en la Iglesia, cada uno de los cristianos ha de vincularse a ella, no como un socio a un club, sino como un miembro a su cuerpo: la unidad de la Iglesia es incompatible con la división de los miembros.

---

[2] Photii, *Biblioteca*, cod. CLXXII-CLXXIV, PG 103, cols. 501-506: "Διό μοι καὶ ἀεὶ θαυμάζειν ἔπεισι τὸν τρισμακάριστον ἄνθρωπον ἐκεῖνον, ὅτι ἀεὶ καὶ Ἐν πᾶσιν αὐτοῦ τοῖς λόγις τοῦτο σκοπὸν ἐποιεῖτο, τὴν ὠφέλειαν τῶν ἀκροατῶν, τῶν δ'ἄλλων ἢ οὐδ'ὅλως ἐφρόντιζεν ἢ ὡς ἐλάχιστον, ἀλλὰ καὶ τοῦ δόξαι λαθεῖν αὐτὸν ἔνια τῶν νοημάτων καὶ τοῦ πρὸς τὰ βαθύτερα μὴ πειρᾶσθαι παρεισδύνειν, καὶ εἴ τι τοιοῦτον, ὑπὲρ τῆς τῶν ἀκροωμένων ὠφελείας παντάπασιν ὠλιγώρει".

Juan llega a expresiones fuertes y sorprendentes: entre Cristo que es la Cabeza, y la Iglesia, que es su cuerpo, hay como una relación de consanguinidad: "Cristo no tomó el cuerpo en los cielos, sino su carne de la Iglesia: el cielo mediante la Iglesia, no la Iglesia mediante el cielo".[3] Cristo, el Verbo encarnado, baja del cielo para conformar a sí mismo a su Iglesia.[4] Aquí la visión no es ni jurídica, ni a-jurídica, es la expresión de una fuerte vivencia espiritual. Cuando, para un pastor, la pertenencia a la Iglesia era algo que tenía que ver con la carne de Cristo.

Es en la comunidad cristiana, que Juan llama su "familia" a todos sus hermanos que gozan de la misma dignidad, por el común bautismo. Él llama a los cristianos de a pie (laicos), a participar activamente en la vida de la comunidad por la fuerza del bautismo que habilita los fieles a participar en las funciones de Cristo, siendo así sacerdotes, reyes y profetas. El sacerdocio lo ejercen en la liturgia eucarística, pero también en la diaconía de la caridad hacia los pobres y con su testimonio en la vida de la ciudad. El ejercicio de la función profética los hace puente entre los pastores de la Iglesia y los alejados, ya sean cristianos, herejes o paganos. Condición previa es el testimonio de vida, que el Crisóstomo nunca se cansa de reclamar. El ejercicio de la función real lo realizan, tanto en el interior de la comunidad eclesial, como en la colaboración con las autoridades para crear una sociedad más acorde con los dictados del evangelio.

En la ciudad de Constantinopla las ideas de Juan, el Crisóstomo, jugaron un papel de gran trascendencia. Algunas de ellas y su particular manera de encarnarlas en su propia vida, en el ejercicio pastoral y en su comportamiento hacia los poderosos, le costaron no pocos disgustos, como muy bien se explica en la introducción de este volumen. Pero en la Iglesia de Cristo, un hombre de esta talla y este calibre no puede haber dejado a los cristianos, de todas las épocas y de todas las confesiones, indiferentes. Él es la prueba de que, en las situaciones más difíciles, en los contextos políticos más abigarrados, en los planteamientos eclesiales más comprometidos y agitados, es posible seguir proclamando la novedad del Evangelio de Cristo. A veces uno puede perder, como el

---

[3] Iohannis Crhysostomi, *Homilía ante exilium*, 2, PG 52 429: "οὐρανοῦ σῶμα οὐκ ἀνέλαβεν, Ἐκκλησίας δὲ σάρκα ἀέλαβε Σ διὰ τήν Ἐκκλησίαν ὁ οὐρανὸς, οὐ διὰ τὸν οὐρανὸν ἡ Ἐκκλησία".

[4] *Hom. in Evang. Iohan.*, 47, 3: PG 59, col. 261.

Crisóstomo, en el intento, las seguridades, el prestigio y la tranquilidad personal, pero siempre el cristiano puede hacer oír la palabra de Cristo. En ello, Juan de Antioquia, llamado el Boca de Oro, es un ejemplo a imitar hoy y un cristiano a quien mucho hemos de agradecer.

Barcelona
Pedralbes, 23 de marzo de 2002.

Monseñor JAUME GONZÁLEZ-AGÀPITO
Delegado de Relaciones Interconfesionales
del Arzobispado de Barcelona

Introducción
Un predicador actual

Juan Crisóstomo (Biblioteca Nacional, París)

Juan de Antioquía, un corazón y una voz para Dios

La clave de la popularidad de Juan de Antioquía no hay que buscarla en su boca, sino en su corazón. Sus palabras eran hermosas porque su corazón era hermoso.

A Juan de Antioquía, se le conoce más por el apodo de Crisóstomo, que significa "boca de oro", que por su nombre de origen. Pero esto no debe llevarnos al error de pensar que Juan de Antioquía era solamente un excelente orador cristiano, y que el éxito de su fama se debe a su elocuencia sin más, perdiendo de vista con ello el verdadero carácter de su grandeza personal y su consiguiente significado para el predicador actual.

El sobrenombre de Crisóstomo no se lo dieron sus inmediatos oyentes, sino los admiradores de su vida y de sus escritos muchos años después de su muerte, pues resulta que Juan de Antioquía es una de las figuras más simpáticas de la historia eclesiástica y que más lectores ha cosechado. Esto no quita para nada su bien merecido título de príncipe de la oratoria cristiana. Sus sermones y homilías son una prueba irrefutable de su legendaria fama. Pero la ascendencia de Juan sobre sus oyentes no radicaba en el único aspecto de su elocuencia, que con ser importante no lo era todo. La clave de la popularidad de Juan de Antioquía no hay que buscarla en su boca, sino en su corazón. En él se cumplen a la perfección las palabras de Cristo, "de la abundancia del corazón habla la boca" (Mt. 12:34).

La raíz de toda obra humana, buena o mala, está en el corazón, en lo que la Biblia entiende por el centro de la personalidad. "Del corazón salen los malos pensamientos", dijo Jesús (Mt. 15:19). Por eso se equivocaría de lleno quien piense que basta emular la oratoria de Juan de Antioquía para conquistar el ánimo y la estima de los oyentes. Buenos oradores han existido siempre y en todas partes. Unos más excelentes que otros. Pero lo que conquistaba el interés de sus contemporáneos no sólo era la elocuencia de Juan de Antioquía, sino la limpieza de su alma, su honradez y, sobre todas las cosas, su corazón paternal y fraterno por todos sus oyentes. Sus palabras eran hermosas porque su corazón era hermoso. Juan podía denunciar los pecados de su congregación, reprender a los débiles en espíritu y a los fuertes en autoridad, amenazar con el castigo divino a los disolutos y advertir a los corruptos del juicio de Dios, pero ninguno en sus cabales se sentía acusado desde la falsa prepotencia de su pastor y director espiritual. Todos podían percibir en él la solicitud, la angustia, el amor, la preocupación por el bienestar espiritual y moral de sus oyentes. "Hijitos míos, que sufro dolores de parto hasta que Cristo sea formado en vosotros" (Gá. 4:19), son palabras dichas por san Pablo, igualmente aplicables a Juan de Antioquía.

"Lo que decimos aquí –dice– no son palabras lanzadas por mera locuacidad, sino por el cariño y cuidado y amor de maestro, con el objeto de que no se disipe la doctrina que os hemos dado; el fin es enseñaros y no hacer ostentación" (*Hom. sobre Lázaro*, IV, 9).

No se advierten en él palabras airadas, ni injustas recriminaciones, aunque es duro en sus juicios sobre la ausencia de un auténtico discipulado entre los suyos, lo mucho que falta para vivir conforme a la palabra de Cristo. En un pasaje asombroso, Juan es plenamente consciente de que sus oyentes han olvidado el argumento del sermón que acababa de predicarles el domingo anterior, y que era necesario tenerlo en cuenta para el entendimiento del actual. "Lo tengo presente –dice– y no quiero amonestaros ni haceros cargo alguno." Juan, como buen pastor, sabe que no puede exigir a los demás lo mismo que a él, y esto por una simple razón de tiempo y dedicación: "Cada uno de vosotros tiene esposa, se preocupa de sus hijos, piensa en las necesidades de la casa; algunos sois militares, otros artesanos, y cada uno está ocupado en diversos servicios. Yo, en cambio, no vivo más que de esto, no tengo otro pensamiento y otra ocupación que ésta, en todo momento. Pues más que reprocharos, no tengo palabras sino para alabar vuestro empeño, ya que no dejáis un domingo para venir a encontrarme en la iglesia, a pesar de que tenéis que desentenderos de vuestras ocupaciones" (*Hom*. III, 1). Juan mantiene la correcta proporción entre el ministro y los ministrados, y por eso el pueblo entiende que él está allí para ayudarles, no para recriminarles.

En una ocasión llega a decirles: "Vosotros sois mi padre, vosotros mi madre, vosotros mi vida, vosotros mi alegría; si a vosotros os va bien, me doy por satisfecho. Vosotros sois mi corona y mis riquezas; vosotros sois mi tesoro. Una y mil veces estoy dispuesto a inmolarme por vosotros".

> Juan mantiene la correcta proporción entre el ministro y los ministrados, y por eso el pueblo entiende que él está allí para ayudarles, no para recriminarles.

> En todas las predicaciones se trasluce un hombre que posee una rica y profunda vida espiritual, que alimenta como un ideal posible en él y sus oyentes. Por eso mismo rechaza el conformismo.

La vida del hombre sobre la tierra nunca ha sido desasosegada y tranquila. Desde la maldición del Génesis, el ser humano ha derramado mucho sudor, y más que sudor, y cosechado muchas espinas y abrojos a cambio. Mantener un Estado cuesta mucho, y a medida que éste se burocratiza la vida entera de los ciudadanos se resiente y sufre bajo las exigencias cada vez más gravosas de la administración.

Pasó en Egipto, pasó en Roma, como sigue pasando en la actualidad. Campesinos, artesanos y soldados sólo vivían para alimentar la maquinaria del Imperio, con poco tiempo libre disponible. Juan podía simpatizar perfectamente con los ciudadanos sometidos a tantas cargas y, en la medida de sus fuerzas, buscó en todo momento cumplir en su vida la misión de Cristo, aliviar con la palabra del Evangelio a los cansados y trabajados.

Su apariencia externa tampoco es suficiente para dar razón de su popularidad. Como en el caso del apóstol Pablo, su porte físico no debía ser muy atractivo. Más bien bajo que alto, sus ojos eran profundos bajo una frente alta y surcada de arrugas, coronada por una cabeza calva. Su rostro pálido y hundido terminaba en una pequeña barba puntiaguda. Su cuerpo enflaquecido de asceta y sus largos brazos le daban la apariencia de una araña, según se refirió cómicamente a sí mismo. Pero su alma y su carácter cristiano eran los de un gigante de la fe.

En todas las predicaciones se trasluce un hombre que posee una rica y profunda vida espiritual, que alimenta como un ideal posible en él y sus oyentes. Por eso mismo rechaza el conformismo religioso que consiste en limitarse a la observancia de ciertas prácticas externas, sin beneficiarse internamente de ellas. "¿Creéis que la piedad consiste en no faltar a un oficio? De ninguna manera. Si no sacamos provecho de ello, si no obtenemos nada, más nos vale quedarnos en casa" (*Hom. sobre los Hechos de los Apóstoles*, XXIX, 3). Como en el caso de Tertuliano, Juan es severo en juicios y duro en sus exigencias, porque es un idealista, ganado por completo por el carácter práctico del cristianismo.

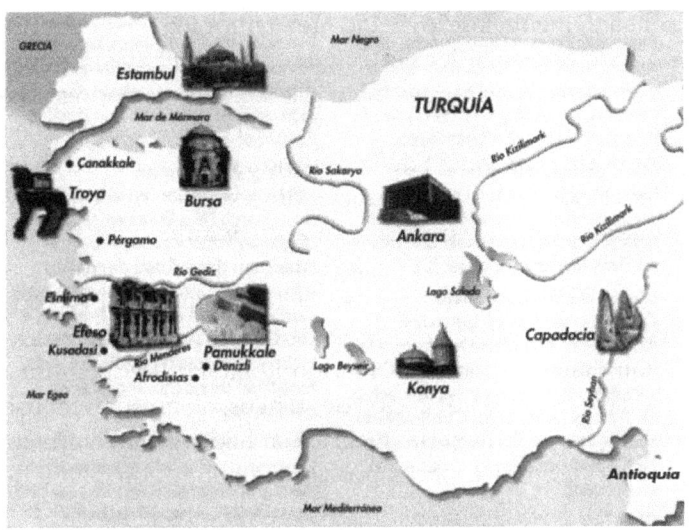

Región central de Asia Menor (hoy Turquía), escenario de la vida de Juan Crisóstomo

Juan nació entre los años 344 y 354 en Antioquía de Siria, importante centro de cultura helenística. Unos 100.000 ciudadanos profesaban la fe cristiana.

Nacimiento y llamado al ministerio

La vida de Juan de Antioquía da argumento para una emocionante y dramática novela de aventuras. Juan nació entre los años 344 y 354 en Antioquía de Siria, la actual ciudad Antakya, en Turquía. Antioquía había sido fundada 300 años a.C., por Seleuco I Nicátor y dedicada a su padre Antíoco, y junto a Pérgamo y Alejandría era un importante centro de cultura helenística. A 22 kilómetros del mar Mediterráneo, mantenía una pujante actividad comercial, evidenciada en sus 200.000 habitantes en tiempos de Juan, de los cuales la mitad profesaba la fe cristiana. La ciudad tenía una gran vía con pórticos a ambos lados, con una anchura media de 30 metros, modelo de muchísimas ciudades del antiguo Oriente. Contaba con muchos teatros, fuentes y lujosas casas. Los emperadores romanos construyeron numerosos edificios, palacios, anfiteatros, circos, estadios, acueductos y termas.

En esta gran ciudad estaba destinado el padre de Juan, de origen latino, llamado Segundo, militar de alto rango, *Magister Militum*. Éste murió siendo Juan muy pequeño. A su viuda dejó una propiedad que bastaba ampliamente para el mantenimiento de la familia y la educación de los hijos. Parece que hubo una hermana mayor, quien

La iglesia de Antioquía, excepcional por su testimonio y celo evangélico, fue la primera comunidad cristiana fuera de Palestina y la primera en recibir el nombre de cristiana.

probablemente murió a edad muy temprana. La madre, de nombre Antusa, griega de origen, y a la que hay que situar en línea con las grandes matronas romanas y madres cristianas como Mónica, de Agustín de Hipona, continuó en Antioquía, encargada de la hacienda y de la educación de Juan. Piadosa y de gran carácter dio a su hijo los elementos esenciales que después le van a distinguir.

Joven y rica viuda de tan sólo veinte años, Antusa era codiciada por algunos pretendientes, a los que tuvo que hacer frente junto a un cúmulo de dificultades económicas y familiares. Aunque su marido le había dejado fortuna suficiente para la educación de su hijos, no quiso hacer uso de ella hasta entregarla íntegra a su hijo en su mayoría de edad. Ella, por su parte, poseía una herencia recibida de sus padres, que daba para cubrir dignamente sus necesidades. Sola al frente de su hogar, tuvo que vérselas con sirvientes insolentes y perversos y planes de parientes aprovechados; resistió los ataques de ávidos pretendientes, y rehusó aliviar su dura condición de viuda contrayendo segundas nupcias. Todo por el bienestar de su hijo, a cuyo cuidado se entregó de cuerpo y alma. "¡Oh dioses, qué mujeres hay entre los cristianos!", exclamó lleno de admiración el retórico pagano Libanio y primer maestro de Juan.

La iglesia de Antioquía, excepcional por su testimonio y celo evangélico, fue la primera comunidad cristiana fuera de Palestina y la primera en recibir el nombre de cristiana. "A los discípulos se les llamó cristianos por primera vez en Antioquía", se dice en el libro de los Hechos (Hch. 11:26). De aquí es la célebre Escuela catequista de Antioquía, fundada seguramente por el presbítero y mártir Luciano de Samosata (muerto en el 312). A ella pertenecieron Diodoro de Tarso (a quien Farrar considera su fundador), Firmiliano de Cesarea y Metodio de Olimpo. Teodoro de Mopsuestia y Juan Crisóstomo serán sus dos discípulos más ilustres. De Antioquía era el obispo Ignacio, famoso por sus cartas y su martirio. El concilio de Nicea (año 325) legalizó la primacía de la iglesia de Antioquía sobre las tierras evangelizadas por ella, elevada así al rango de patriarcado, cuya jurisdicción comprendía las provincias de Siria, Fenicia, Palestina, Mesopotamia, Cilicia, Isauria y Chipre, algunas de las cuales pasaron posteriormente al patriarcado de Jerusalén y Constantinopla.

Pese a la superioridad númerica del cristianismo en Antioquía, el paganismo, sin embargo, regía en la ciudad las mejores escuelas del Imperio romano. Libanio era el maestro más famoso de retórica griega, Juan fue su discípulo aventajado, y durante toda su vida reveló las señales que este ilustre orador pagano imprimió a su manera de comunicarse, aunque a Juan le dejaran bastante frío sus ideas. Andragatio, el filósofo, fue otro de sus maestros, pero ni uno ni otro causaron una impresión duradera sobre la vocación cristiana del muchacho; porque Juan, al igual que su amigo Basilio de Capadocia, estaban ganados por el tipo de "filosofía" más elevado y renovador de la época, como por escrúpulo o arcaísmo aticista llamaban algunos al modo de vivir cristiano.

Como profesor de retórica –*sophistés*–, Libanio fue el más famoso de su siglo, pero no parece que Juan llegara a cobrar un verdadera afecto a su maestro, al que en una ocasión se refiere como "el más supersticioso de todos los hombres", haciendo referencia a su paganismo decadente. Para Libanio la elocuencia estaba en decadencia por culpa de haber abandonado los antiguos dioses. "Es muy natural, en mi opinión –decía–, que ambas cosas, religión y elocuencia, están íntimamente relacionadas." La opinión de Libanio apunta a un hecho de enorme trascendencia histórica. El espíritu pagano estaba agotado, todo lo que quedaba de él era pura retórica, palabras rebuscadas que ya nada tenían que decir. De ahí el fracaso de Juliano, amigo íntimo de Libanio, de resucitar la vieja religión. Juan, con un nuevo tipo de elocuencia a imagen y semejanza de una nueva religión, fresca y espontánea, prefiere al apóstol Pablo, cuya elocuencia es ajena a las leyes y convenciones de la retórica pagana, a los clásicos griegos y latinos.

A los veinte años, Juan ya era abogado y orador de renombre. Hasta su mismo maestro Libanio quería dejarle su cátedra, pero la sensibilidad de Juan estaba ganada por los intereses del reino de los cielos, firmemente inculcados por su madre. A esa edad se inscribió en la lista de los catecúmenos y después de tres años de instrucción cristiana fue bautizado por obispo Melecio el Confesor, armenio de raza, y nombrado lector o *anagnostes* de la iglesia.

En esa época había tres movimientos rivales en la ciudad: los arrianos radicales, los católicos extremistas y

> A los veinte años, Juan ya era abogado y orador de renombre. A esa edad se inscribió en la lista de los catecúmenos y después de tres años de instrucción cristiana fue bautizado por obispo Melecio.

Con Basilio, su compañero de estudios e idéntica mentalidad, Juan planeó entregarse al ideal monástico. No lo hizo debido a los ruegos de su madre.

el partido moderado; cada uno con su propio obispo y organización eclesiástica independiente. El obispo Melecio pertenecía al tercer grupo y es probable que Antusa haya sido fiel a la comunidad meleciana, a juzgar por las relaciones mantenidas con Melecio, que sentía un vivo aprecio por Juan y al que instruyó durante los tres años de catecumenado previo al bautismo, que Juan recibió de manos de Melecio. La iglesia de Antioquía contaba además con un personaje excepcional, el gran Diodoro de Tarso, que en tiempos del emperador Valente había luchado contra el arrianismo, a la vez que tenía una bien merecida fama de santidad. Dialéctico formado en la escuela de Aristóteles y maestro de filosofía, era un teólogo dogmático muy capaz. Diodoro enseñó a Juan a valorar el Nuevo Testamento y le ayudó a poner las bases de su gran conocimiento de la Biblia.

Con Basilio, su compañero de estudios e idéntica mentalidad, Juan planeó entregarse al ideal monástico, que para entonces había sustituido al del martirio. El monje (griego *monos*, único, solitario) o eremita (del griego *eremos*, desierto) soportaba en vida solitaria lo que el mártir en muerte pública ante sus enemigos. Si en aquel momento no llegó a entregarse a la vida de monje fue debido a los ruegos de su madre, que temía perder el único consuelo y la única compañía que justificaba su vida.

En su tratado *Sobre el sacerdocio*, que nosotros hemos titulado *La dignidad del ministerio*, Juan narra la ocasión patética y conmovedora en que su madre le suplicó que permaneciera a su lado en vez de ir a vagar por lugares lejanos para vivir la vida de ermitaño. Le recordó los sacrificios que había hecho por él y le rogó que no le causara otro dolor semejante al que había soportado cuando murió su esposo. Antusa suplicó a su hijo que «no abriera de nuevo esa herida que ahora se había cicatrizado. Espera hasta mi muerte; es probable que parta dentro de poco tiempo. Los que son jóvenes miran hacia adelante y ven muy distante la vejez; pero nosotros que ya hemos envejecido, lo único que esperamos es la muerte. Cuando me hayas entregado a la tierra y juntado mis despojos con los huesos de tu padre, entonces podrás viajar por tierras lejanas y atravesar todos los mares que desees» (*Sobre el sac.*, I,V). Como alguien ha dicho, si es verdad el viejo adagio latino de que los hijos son, ante todo, el reflejo de las madres, podemos reconocer en la fuerza persuasiva y elocuencia de Antusa, un anticipo del futuro Crisóstomo.

Juan cedió provisionalmente a los deseos de su madre. Acababa de cumplir los treinta años de edad, y su madre tenía quizá unos veinte años más que él. Juan no la abandonó ni un momento, pero tampoco renunció a su ideal, simplemente lo adaptó a sus circunstancias. Hizo de su casa un monasterio y de su vida un riguroso cumplimiento de la ascesis o ejercicio del eremita, en compañía de tres amigos que tenían la misma aspiración religiosa.

> **Juan cedió provisionalmente a los deseos de su madre. Pero hizo de su casa un monasterio y de su vida un riguroso cumplimiento de la ascesis o ejercicio del eremita.**

CAPADOCIA
Así como el mártir muere en la arena del circo,
el anacoreta muere a la vida del mundo en la arena del desierto
y las grutas de las peñas,
dedicado a la oración y la ascética

Se retiró a una cueva solo; la mayor parte del tiempo lo pasaba sin dormir, estudiando los testamentos de Cristo para despejar la ignorancia.

Se cree que Antusa murió en el año 373, porque en ese año Juan cumplió su anhelo de hacerse monje. Se retiró a las montañas de Siria para vivir con los monjes que habitaban sus cuevas. Cuatro años pasó entre los monjes aprendiendo la disciplina monástica y otros dos en solitario practicándola con todo rigor en medio de la más completa soledad, dedicado al estudio de la Biblia. "Se retiró a una cueva solo, buscando ocultarse. Permaneció allí veinticuatro meses; la mayor parte del tiempo lo pasaba sin dormir, estudiando los testamentos de Cristo para despejar la ignorancia. Al no recostarse durante esos dos años, ni de noche ni de día, se le atrofiaron las partes infragástricas y las funciones de los riñones quedaron afectadas por el frío" (Paladio, *Diálogo sobre la vida de Crisóstomo*, 5). Las consecuencias de estas privaciones impuestas por su afán de dominio corporal tuvo que pagarlas con el quebrantamiento de su salud y continuos trastornos digestivos, que le hacían vulnerable a la irritabilidad.

Después de estos seis años pasados en el desierto regresó a la gran ciudad de Antioquía en el año 381 para, literalmente, salvar la vida y recuperar en la medida de lo posible la salud perdida. Melecio se encantó de volver a verlo y de contar con él como ayudante en la iglesia. Antes de salir para asistir a un concilio en Constantinopla, lo ordenó de diácono. Melecio murió mientras estaba en Constantinopla. Cinco años después, en el 386, el obispo Flaviano elevó a Juan al rango de presbítero.

Juan se hizo famoso casi enseguida. El entusiasmo que suscitó con sus sermones y el deseo de oírle fue tal que se veía obligado a predicar varias veces al día, desde antes del amanecer y en las primeras horas de la noche, para que también los obreros pudieran escucharle. Los aplausos, no deseados por él, cerraban como un broche de aprobación entusiasta sus sermones. "De ninguna utilidad me son vuestros aplausos –decía–; lo que yo quiero es vuestra enmienda". Y en otra ocasión: "La gloria del orador no está en los aplausos de los oyentes, sino en su fervor en el bien."

La fama, pues, no le hizo perder la cabeza en lo más mínimo, ni rebajar sus ideales espirituales. A luz de la falta de compromiso del pueblo con el Evangelio, que en su mayoría era nominalmente cristiano, no dejó de censurar a los oyentes por lo que consideraba su mayor falta, la falta de voluntad en practicar los preceptos de Cristo, y de animarles al arrepentimiento y a la conversión, siguiendo a aquel que dijo que su "yugo era suave y ligera su carga" (Mt. 11:30).

Juan se hizo famoso casi enseguida. El entusiasmo que suscitó con sus sermones y el deseo de oírle fue tal que se veía obligado a predicar varias veces al día.

Cáliz de Antioquía (Metropolitan Museum, Nueva York), de los tiempos de Crisóstomo, descubierto en 1910. Se creyó que había contenido el Santo Grial, la copa utilizada por Cristo en la Última Cena.

El día de las estatuas rotas

En el año 387 se produjo una revuelta violenta contra el Estado, debido a la cuestión de un nuevo impuesto gubernamental, destinado a costear la guerra contra el tirano Máximo y para atender las necesidades públicas. Sea por lo gravoso del impuesto, o por la forma de exigirlo, un gran malestar se extendió por la ciudad. Una turba enfurecida e incontrolada asaltó los baños y la prefectura, maltratando al prefecto. No contenta con esto, se ensañó con las estatuas del emperador Teodosio y de su esposa Flacila, y las arrastraron por la ciudad. Aquel día, poseído por la furia destructiva, el pueblo rompió los símbolos de la autoridad y unidad imperiales.

La cosa era muy grave desde el punto de vista político, pues las estatuas representaban la autoridad imperial

Durante los veinte días que duró la ausencia del obispo, Juan predicó al pueblo unos impresionantes sermones, el ejemplo más grande de la elocuencia cristiana de la época.

y atentar contra ellas equivalía a delito de lesa majestad, o alta traición. Cuando, pasado el furor de los primeros momentos, el pueblo tomó conciencia de lo que había hecho, cayó en el abatimiento más absoluto, temiendo la venganza y el castigo del emperador. El miedo se apoderó de la ciudad, pues por todo el imperio había ejemplos más que suficientes de atroces castigos ejemplares aplicados a las ciudades díscolas y rebeldes con la administración imperial. Presagios de muerte recorrían las calles de Antioquía.

El obispo Flaviano, asumió el papel de mediador y marchó presuroso a la capital del imperio, Constantinopla, para pacificar los ánimos de Teodosio, llamado el Grande, decidido a arrasar la levantisca ciudad.

Mientras tanto Juan quedaba al frente de la iglesia y con la fuerza de sus palabras logró reanimar los abatidos ánimos y llevarles al arrepentimiento y penitencia, para merecer el perdón de Dios que gestionaba Flaviano. Durante los veinte días que duró la ausencia del obispo, Juan predicó al pueblo unos impresionantes sermones que se conocen con el nombre de *Homilías de las estatuas* –por las estatuas rotas–, el ejemplo más grande de la elocuencia cristiana de la época. El obispo Flaviano logró su propósito de conseguir el indulto del emperador, gracias también a la mediación de los monjes y del clero de la ciudad, y volver con estas buenas noticias a Antioquía después de semanas de angustiosa espera. Se dice que las palabras de Flaviano conmovieron a Teodosio hasta hacerle derramar lágrimas y persuadirle a conceder el perdón solicitado. Con fundamento se sospecha que el discurso pronunciado por el obispo ante el emperador fue preparado y compuesto por Juan, sospecha que se confirma al comparar la homilía 1ª y 3ª con los argumentos del discurso de Flaviano en Constantinopla.

Una consecuencia feliz para la iglesia fue que como resultado de la crisis y del tiempo de angustia un gran número de paganos residentes en la ciudad se convirtieron al cristianismo, dando fe de la superioridad moral de los dirigentes cristianos en las adversidades.

Nacimiento y llamado al ministerio 33

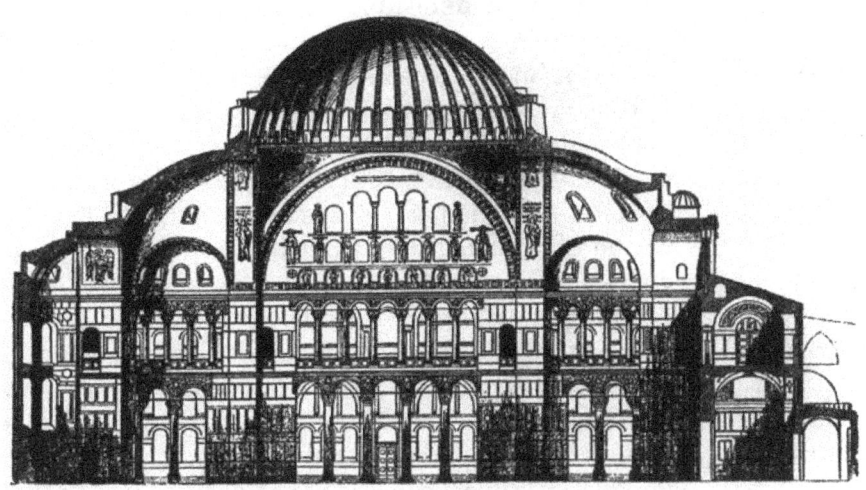

Construida por Justiniano entre los años 532-537,
la iglesia de Santa Sofía, dedicada a la sabiduría divina,
se convirtió en el templo cristiano más importante del Imperio Bizantino,
con una enorme nave central de 68,6 x 32,6 metros.

En 1453, tras la toma de Constantinopla por los turcos,
el edificio fue transformado en una mezquita
y se añadieron los alminares que hoy la flanquean.

El patriarca asceta

Contra su voluntad fue nombrado obispo de Constantinopla por mandato imperial. Fue para él una verdadera calamidad, pues, aparte de su elocuencia, no estaba en absoluto preparado.

En el año 397 quedó vacante la sede episcopal de Constantinopla, por la muerte de su patriarca Nectario. Para su desgracia, pues Juan carecía de lucidez política y habilidad diplomática, la fama de Juan había saltado las fronteras de Antioquía y llegado a la capital del imperio. Contra su voluntad fue nombrado obispo de Constantinopla por mandato imperial. Para evitar la protesta del pueblo de Antioquía, que no estaba dispuesto a dejar marchar a su querido presbítero predicador y pastor de almas, o mejor, removedor de conciencias, se le invitó a visitar una capilla en las afueras de la ciudad y cuando estaba lejos de la población se le ordenó montar en la carroza imperial en la que fue trasladado a Constantinopla, donde fue consagrado obispo por Teófilo de Alejandría, el 26 de febrero de 398. Éste lo hizo obligado bajo mandato imperial, pues, como veremos después, Teófilo estaba convencido de conseguir la sede Constantinopla para su protegido Isidoro, presbítero de Alejandría.

La elección de Juan para el patriarcado de la ciudad más importante del momento, fue para él una verdadera calamidad, pues, aparte de su elocuencia, no estaba en absoluto preparado para ocupar una posición que requería manga ancha en su trato con los ricos y potentados. Socialmente estaba fuera de lugar. De hecho, evitó el contacto social con los personajes principales de la ciudad. Su simpatía personal por la vida ascética, y su severidad para con el clero subordinado no concordaba con la vida alegre de la elegante metrópoli oriental; y al mismo tiempo su rigor ascético desentonaba en las fiestas que se veía obligado a organizar. Debía tener en casa mesa y cubiertos para todos los visitantes eclesiásticos de la residencia episcopal, pero a él le repugnaban los que vivían a expensas de la Iglesia, perpetuamente merodeando por la capital y la corte en lugar de ocuparse de sus respectivas comunidades. Evitaba los banquetes y prefería la comida frugal a solas. Enemigo del lujo no hacía acto de presencia en trajes de gala, desluciendo mucho la imagen que se esperaba de él. Se levantaron muchas voces acusándole de sombrío, orgulloso y asceta amargado, acostumbrados como estaban al papel meramente decorativo de la figura del patriarca.

Su plan de reforma del clero y del laicado era quimérico, teniendo en cuenta los intereses creados y el grado de corrupción de muchos clérigos, y su inflexible adhesión al ideal de vida cristiana no produjo más resultado que el de unir en su contra todas las fuerzas hostiles de la capital, tanto religiosas como seculares.

Constantinopla era una ciudad rica, fundada por los griegos en el año 657 a.C., de nombre Bizancio, hasta que Constantino la convirtió en la capital del imperio, y le dio su propio nombre (*Konstantinou polis*), esta nueva Roma (*Nova Roma*) continuó siéndolo para la parte oriental del imperio hasta su caída en poder los turcos, once siglos después.

Cuando Juan llegó a la ciudad, el noble emperador Teodosio, apodado el Grande, había muerto. Sus dos hijos, en quienes recayó la dirección del imperio, eran totalmente irresponsables e ineptos en el gobierno. Arcadio, que supuestamente gobernaba el Oriente, se dejaba gobernar por el primer ministro o chambelán del palacio, el eunuco Eutropio, hombre nefasto que utilizaba el poder para satisfacer sus propias ambiciones y las de sus adeptos. Fue Eutropio quien se había fijado en los méritos y cualidades de Juan para llevarle a la corte, aunque un político sin escrúpulos como él no se dejaba ganar por razones "místicas", sino porque quería imponer su voluntad a Teófilo, el mencionado patriarca de Alejandría, que buscaba colocar sobre el trono episcopal de Constantinopla a un hombre de su confianza.

Al principio el pueblo receló de su nuevo obispo, tan enemigo del fasto y del esplendor al que estaba acostumbrado en dignidades de este rango, de manera que llegaron a considerar que no tenía las maneras de un obispo. Pero bien pronto cambió de parecer, para prestarle su más firme adhesión. Una vez más, Juan encontró en el pueblo su apoyo más firme y su más fiel aliado en todas las circunstancias. "Una vez tan sólo os he hablado –dijo en una de sus primeras alocuciones– y ya siento hacia vosotros el afecto de los que se han criado juntos. Estoy unido a vosotros por los lazos de la caridad como si de mucho tiempo hubiera gozado de las dulzuras de vuestro trato. Esto proviene no de que yo sea accesible a la amistad precisamente, sino de que vosotros sois amables sobre todo el mundo." Una vez más, Juan mostraba las razones

Al principio el pueblo receló de su nuevo obispo, tan enemigo del fasto y del esplendor al que estaba acostumbrado, pero bien pronto cambió de parecer, para prestarle su más firme adhesión.

Construyó varios hospitales, que resultaron ser de los primeros creados por la Iglesia, al tiempo que exhortaba a los fieles a que tuviera cada uno su hospital doméstico para los pobres.

de su afecto y fama entre el pueblo, no tanto por su espléndida oratoria sino por su amor pronto a derramarse y conquistar la buena voluntad ajena.

Uno de sus primeros actos como patriarca fue poner en orden su propia casa. Examinó con cuidado las cuentas del ecónomo que manejaba los bienes de la Iglesia y encontró varios gastos que le parecieron inútiles y en particular los que se referían a la persona del obispo, que no podía soportar el lujo y comodidades de sus conciudadanos. Otros clérigos se habían hecho ricos y vivían con tanto lujo como los poderosos de la ciudad. Juan exigió a todos que llevaran una vida austera. Las finanzas fueron coladas bajo un sistema de escrutinio detallado. Los objetos de lujo que había en el palacio episcopal fueron vendidos y el producto de su venta aplicado a obras de beneficencia con los pobres y necesitados. Construyó varios hospitales, que resultaron ser de los primeros creados por la Iglesia, al tiempo exhortaba a los fieles que tuviera cada uno su hospital doméstico para los pobres. En esa época la sanidad pública no corría a cargo del Estado, sino de la iniciativa privada.

En el orden de la vida eclesial, y para contrarrestar la influencia de los arrianos, que reunían grandes multitudes en sus cultos matutinos y vespertinos para cantar himnos en los pórticos y al aire libre, el nuevo patriarca ordenó la reapertura de la iglesias por la noche para el culto católico, posibilitando así la asistencia de los que por causa de su trabajo veían imposible asistir a otras horas. Esta medida irritó a los clérigos más amantes de la comodidad que de la edificación del pueblo. Estas nuevas medidas, que en realidad eran antiguas costumbres recuperadas, le ganaron el aprecio del pueblo y del mismo emperador, Arcadio y su esposa Eudoxia, que veían con buenos ojos la dedicación pastoral de su obispo. Durante un tiempo el patriarca y la emperatriz mantuvieron una sana relación de admiración y estima, que para nada presagiaba la tormenta de odios en que se iba a convertir después. Hay que aclarar, frente a los historiadores misóginos que cargan toda la culpa de la desgracia de Juan sobre Eudoxia, que ésta no hubiera emprendido ninguna acción de no haber sido envenenada en su mente por obispos resentidos contra el patriarca, en especial Severiano de Gábala, Acacio de Berea y Antíoco de Ptolemaida, que hicieron todo lo posible para fomentar la enemistad entre ambos, mediante intrigas y rumores tomados de los mismos sermones de Juan, como si estuvieran dirigidos contra la emperatriz y su corte. Es un viejo recurso de los difamadores hacer que sus víctimas parezcan ofensoras de Dios y de las autoridades, cuando en realidad su único delito es denunciar las maquinaciones de los difamadores. Blasfema contra Dios, dice el mal teólogo, cuando alguien critica su endeble sistema. Insulta al rey, dice el adulador, cuando alguien habla mal de su servilismo.

El obispo misionero

En Constantinopla había una importante comunidad compuesta por godos. Algunos eran católicos, pero la mayoría pertenecía a la fe arriana. Juan procuró que algunas porciones de la Biblia fuesen traducidas al idioma vernáculo de este pueblo y que les fuesen leídas por presbíteros godos, a cuyo efecto ofreció la iglesia de San Pablo. Allí tenía lugar la lectura de porciones bíblicas seguida de predicaciones sobre las mismas. Con frecuencia Juan les predicaba auxiliado por un intérprete. Ordenó lectores, diáconos y presbíteros godos e incluso envió misioneros a las tribus godas asentadas en las riberas del río Danubio. Finalmente consagró obispo al galo Unilas (Teodoreto, *Hist. ecl.* V, 30).

Informado del deseo de las tribus nómadas escitas de ser instruidos en la fe cristiana, envió sin tardanza un grupo de misioneros para realizar esta labor, a la vez que escribía al obispo de Ancira, Leoncio, para que seleccionara hombres aptos de su diócesis para realizar este trabajo con eficacia.

Para Juan esta preocupación misionera le era tan querida e importante que incluso en los duros años del exilio no dejó de interesarse por el avance de los trabajos misioneros.

Predicador social

Llevado por su concepción práctica del Evangelio, sin cortapisas ni mixtificaciones, Juan fue desde el principio un predicador social en virtud de la integridad de su fe espiritual. Aunque educado en la holgura de una casa acomodada, dedicado a los estudios, sin verse obligado a

> En Constantinopla había una importante comunidad compuesta por godos. Juan procuró que algunas porciones de la Biblia fuesen traducidas al idioma vernáculo de este pueblo y que les fuesen leídas por presbíteros godos.

Su sensibilidad espiritual y su magnífico conocimiento de la Biblia le inclinaron bien pronto a considerar las necesidades de los más humildes y desfavorecidos por la fortuna.

buscar su sustento diario con el sudor de su frente, su sensibilidad espiritual y su magnífico conocimiento de la Biblia le inclinaron bien pronto a considerar las necesidades de los más humildes y desfavorecidos por la fortuna. Desde sus días de presbítero en Antioquía, Juan había prestado una especial atención en sus sermones a llamar la atención sobre los pobres, llegando a denunciar las injusticias cometidas con los obreros en sus salarios, con la viudas y los huérfanos. Como Santiago podía decir: "La religión pura y sin mácula delante de Dios el Padre es esta: Visitar a los huérfanos y a las viudas en sus tribulaciones, y guardarse sin mancha del mundo" (Stg. 1:27).

Un día comenzó un sermón en Antioquía de la siguiente manera: "Os traigo hoy una embajada, una triste noticia. Al atravesar la plaza he visto yaciendo en tierra, los desgraciados que tiritaban de frío y padecían hambre...". Así era Juan, que padecía con los que padecían y llevaba a la congregación la urgente necesidad de aplicar la misericordia cristiana también en el terreno de la justicia social. ¡Cuántas miserias en la gran ciudad, cuántos lisiados, cuántos mendigos, seres desdichados, cubiertos de tumores y llagas, tirados en la paja o en el estiércol, sin ropa con que cubrirse, muriendo de frío y de hambre! ¡Qué contraste entre los ricos y los pobres! El lujo desmedido en una parte de la sociedad, que en su mayoría dice ser cristiana (100.000 según el cómputo de Juan), y la miseria extrema en la otra (50.000 según el mismo cómputo). "¿Queréis que os ponga en medio a Jesucristo hambriento, desnudo, sujeto, encadenado? –les desafiaba retador– Pues ¿qué rayos del cielo os mereceréis, si no hacéis caso de Él viéndole aun sin el necesario sustento, y en cambio adornáis con tanto empeño las pieles del calzado?" (*Hom. sobre Mateo*, 49).

A veces, sus palabras sonaban amenazadoras, con vistas al arrepentimiento: "El freno de oro de la boca de tu caballo, ese aro de oro en el brazo de tu esclavo, esos adornos dorados en tus zapatos, son señal de que estás robando al huérfano y matando de hambre a la viuda. Después que hayas muerto, quien pase ante tu gran casa dirá: '¿Con cuántas lágrimas construyó ese palacio? ¿Cuántos huérfanos se vieron desnudos, cuántas viudas injuriadas, cuántos obreros recibieron salarios injustos' Y así ni siquiera la muerte te librará de tus acusadores".

Satírico pregunta a su congregación: "Si os fijáis tanto en el color de vuestros zapatos, ¿cuándo podréis mirar al cielo? ¿Cuándo admirará la hermosura de allá arriba el que se pasma de la hermosura de unas pieles y va mirando la tierra?... ¿Has arrojado al fango toda tu alma por ese lujo, no haces caso de verla arrastrarse por la tierra, y te ahogas de zozobra por el calzado? Aprende su buen uso y avergüenzate de la estima en que lo tienes. ¡Para pisar el barro y el cieno y todas las inmundicias del suelo se hicieron los zapatos! ¡Y si esto no puedes oír, suéltatelos y cuélgatelos del cuello, o póntelos en la cabeza! Os reís al oírlo, ¡pues a mí me sobrevienen las lágrimas por la manía y solicitud superflua de cosas tan menudas!"

Enemigo implacable de la avaricia, que daña tanto el cuerpo como el alma, la vida propia como la ajena, dice en un pasaje lleno de interés: "Nada hay más cruel, nada más infame que la usura, tan común entre los hombres. El usurero trafica con la desgracia de los demás; se enriquece con su pobreza, y después demanda su usura como si ellos le debieran una gran obligación. Es desalmado con su deudor, pero tiene temor de aparecer como tal; cuando pretende tener la mejor inclinación por complacer a alguno, más lo aplasta y más lo reduce hasta el extremo de sus posibilidades. Le ofrece una mano y con la otra lo empuja hacia el precipicio. Ofrece ayudar a los náufragos; y en vez de guiarlos hacia puerto seguro dirige su barca contra los arrecifes y las rocas. 'Donde está vuestro tesoro, allí está vuestro corazón', dice el Señor. Puede que hayáis evitado muchos males provenientes de la avaricia, pero si guardáis algún apego a este vicio odioso, de poco os servirá, porque todavía seréis esclavos por muy libres que os imaginéis; y os precipitaréis desde la altura del cielo a ese lugar donde vuestro oro está escondido, y vuestros pensamientos todavía volverán a detenerse complacientemente en el dinero, las ganancias, la usura y el comercio deshonesto.

"¿Qué puede haber peor que este estado miserable? No hay tiranía más triste que la del hombre que se deja subyugar por ese déspota furioso, que destruye todo lo bueno que hay en él, es decir, la nobleza del alma. En tanto tengáis un corazón miserablemente apegado a las ganancias y a las riquezas, todo lo que se os pueda decir en cuanto a la verdad, todo consejo que se os pueda dar para proporcionaros salvación, todo será inútil.

Enemigo implacable de la avaricia, dice en un pasaje lleno de interés: "Nada hay más cruel, nada más infame que la usura, tan común entre los hombres".

A la luz de su preocupación por la justicia social se entiende la importancia que da –y no sólo él– a la *limosna* como obra de misericordia, encaminada a mostrar la justicia del creyente para con las desgracias de los infortunados.

"La avaricia es un mal incurable, un fuego inextinguible, una tiranía que se extiende a diestra y siniestra; porque, quien en esta vida es esclavo del dinero, se carga con cadenas y su destino es cargar con cadenas más pesadas aún, en la vida que ha de venir".

Qué duda cabe que muchos ricos de su congregación se sentirían frecuentemente ofendidos con las invectivas de este molesto predicador, pero también otros se conmovieron hasta las entrañas y pasaron a la acción. En el caso de la iglesia de Constantinopla, se logró socorrer permanentemente en la ciudad a cinco mil necesitados, rivalizando con la de Roma en cuanto ayuda a los pobres. Los que le escuchaban con gusto eran muchos y hubo conversiones de paganos movidos por la solicitud socio-pastoral de Juan (cf. A. Carrillo de Albornoz, *San Juan Crisóstomo y su influencia social en el Imperio bizantino del siglo IV*. Madrid 1934).

A la luz de su preocupación por la justicia social se entiende la importancia que da –y no sólo él– a la *limosna* como obra de misericordia, encaminada a mostrar la justicia del creyente para con las desgracias de los infortunados. Si bien en nuestro idioma tiene una connotación peyorativa, en griego, *eleemosyne*, expresa su carácter de compasión con el sufriente. En una época en que el Estado no se encargaba de las necesidades sociales de los ciudadanos, la institución de la limosna cobraba una importancia singular. Como este tema aparece con frecuencia en sus sermones, se le ha llamado "Juan el limosnero".

Durante sus primeros cinco años en Constantinopla, Juan gozo de un tiempo apacible cuya actividad episcopal puso los elementos del desarrollo ulterior de Constantinopla, según Hans von Campenhausen. Juan dio el primer impulso a la futura grandeza del patriarcado de Constantinopla, inspirándose en el ejemplo de Antioquía y de su influencia en el país sirio.

El amor a los enemigos

Sólo entre algunos miembros de las esferas oficiales se sentía disgusto por los juicios tan severos del patriarca. Eutropio podía consentir que el obispo se dedicase a obras de caridad a costa de su propio bolsillo, pero no estaba dispuesto a ser reprendido por el prelado, que se atrevía a denunciar sus vicios desde el púlpito. Juan no había resultado ser esa clase de obispo servicial y adulador que el chambelán esperaba. Eutropio era una de esas figuras nefastas que aparecen al lado de los gobernantes débiles. Cínico y corrupto, arruinaba las provincias, vendía los cargos, proscribía a los inocentes y se apoderaba de sus bienes y hasta se había empeñado en abolir el derecho sagrado de asilo en el templo, común al cristianismo, para no encontrar estorbo en ninguno de sus atropellos.

Pero por esas cosas de la vida y del cambiante juego político, con sus intrigas y traiciones, el todopoderoso Eutropio cayó en desgracia en el 399, prohibiéndosele bajo pena de muerte presentarse ante el emperador. Sin tener otro amparo al que recurrir, Eutropio no tuvo más remedio que acogerse al asilo de la Iglesia, que él había combatido con tanta saña. Se abrazó a una columna junto al altar. El emperador envió sus guardias para arrancarle de allí a la fuerza. Juan se opuso con toda la fuerza de su autoridad religiosa y no permitió que los soldados entrasen en el templo.

Conducido a la presencia del emperador fue acusado de rebeldía, pero el obispo obtuvo que se respetase no su voluntad, sino un derecho tradicional en la Iglesia, que se extendía incluso a sus enemigos.

El pueblo, que aborrecía al todopoderoso ministro, se dejó llevar por el rencor y el deseo de venganza de todos los agravios, vejaciones e injusticias cometidos. En masa, un gran tropel se personó en la iglesia, rodeando furioso al desesperado Eutropio. Juan sabía por experiencia que la fuerza descontrolada del pueblo podía ser más peligrosa que la del emperador. Consciente de sus deberes pastorales, Juan subió al púlpito para calmar las multitudes de la única manera que sabía hacerlo, mediante la palabra. Pidió un deseo fácilmente de conceder, acordado por todos, la inviolabilidad del asilo santo, y otro mucho más difícil de cumplir, el perdón del hombre más odiado de la ciudad.

Improvisando, y al calor de las circunstancias, el obispo Juan de Antioquía, ahora patriarca de Constantinopla, predicó uno de los sermones más memorables de la historia, como suele ocurrir en estos casos. Su victoria fue total.

Empezó echando en cara a Eutropio sus crímenes, pero de tal modo que aquietara los ánimos de la muche-

> **Consciente de sus deberes pastorales, Juan subió al púlpito para calmar las multitudes de la única manera que sabía hacerlo, mediante la palabra.**

Vanidad de vanidades, todo es vanidad. Sentencia que había de estar grabada en las paredes, en los vestidos, en la plaza, en las casas, en las calles, en las puertas y en los atrios y, sobre todo, en lo íntimo de la conciencia de cada uno para meditarla con frecuencia.

dumbre, mostrando a ésta el triste espectáculo de la desgracia y de la vanidad humanas. "Vanidad de vanidades –dice–, todo es vanidad. ¿Dónde está ahora el esplendor y brillo del consulado? ¿Dónde se esconden las lámparas encendidas que precedían siempre a este hombre en su camino, las danzas y aclamaciones, los banquetes y las fiestas? ¿Qué se han hecho de las coronas y ornatos de su cabeza, el ruidoso entusiasmo de la ciudad y los vítores en el circo?

"Todo esto ha pasado ya. Ha venido inesperadamente la más fuerte borrasca y echó por los suelos las pomposas hojas y se muestra ahora despojado el esqueleto del árbol.

"¿Dónde están los falsos amigos, los convites y cenas? ¿Dónde el enjambre de parásitos...?

"Todo desapareció, no eran más que un sueño de la noche y ha venido el día, se esfumó; eran flores de primavera y pasada ésta se marchitaron, fueron una mera sombra y pasó de largo; humo y se disipó, burbujas de jabón y reventaron, telas de araña y se rompieron. Por eso decimos con frecuencia el dicho del Espíritu Santo: *Vanidad de vanidades, todo es vanidad*. Sentencia que había de estar grabada en las paredes, en los vestidos, en la plaza, en las casas, en las calles, en las puertas y en los atrios y, sobre todo, en lo íntimo de la conciencia de cada uno para meditarla con frecuencia: *Vanidad de vanidades, todo es vanidad.*"

Después de esta reflexión edificante, que apacigua la ira del auditorio ante la desgracia ajena, que algún día puede ser la suya propia, el predicador se vuelve al desgraciado Eutropio y le reconviene:

"¿No te acuerdas que te repetía con insistencia que las riquezas son fugaces? ¿No te añadía que eran siervos ingratos de los que nada podía esperarse? Pero tú cerrabas los oídos y no escuchabas. Pues mira la realidad. Ella te dice ahora elocuentemente que no sólo son siervos fugitivos e ingratos, sino homicidas que te han llevado hasta el trance en que te encuentras...

"¡Contraste aleccionador!

"Aquellos numerosos paniaguados que antes apartaban aduladores delante de ti a los transeúntes cuando tú pasabas por la calle, y por todas partes se deshacían en alabanzas tuyas... huyeron; más aún, niegan tu amistad buscando su propia seguridad en tu peligro... En cambio, la Iglesia por ti tan hostilmente tratada, ha abierto su maternal regazo para acogerte... Te lo decíamos frecuentemente: Combates locamente la Iglesia y con ello te precipitas en la ruina... Y he aquí que hasta la multitud del circo en el que derrochaste el dinero ahora afila contra ti su espada; la Iglesia, en cambio, mira cómo se mueve para poder socorrerte en el peligro que te encuentras".

Como si Juan adivinara el pensamiento de algunos que pudieran reprocharle que se estaba aprovechando de la ocasión para echar en cara al infortunado todas las quejas acumuladas contra él, el predicador, lleno de afecto fraternal y dando pruebas de su gran corazón, se dirige a la multitud y prosigue:

"Digo todo esto, hermanos, no para insultar al desgraciado en su infortunio, no para hundir más al náufrago, sino para enseñanza de los que navegan prósperamente no sea que también ellos se vean caídos un día en el mar profundo. Y también para ablandar vuestro ánimo y llevarle a la conmiseración. Contentaos con la pena ya grande caída sobre él.

"Me decís con indignación, que se acoge a la Iglesia que continuamente insultaba. Así es, pero pensadlo bien. Esto es, precisamente, lo que más glorifica a la Iglesia y muestra su poder y su clemencia. Su poder, porque Eutropio ha llegado a la desgracia por la guerra que le hizo; su clemencia, porque ahora saca ella su escudo y lo defiende en el apurado lance y, olvidada de las injurias pasadas, le abre su seno maternal...

> Esto es el mayor de los trofeos y la más ilustre de las victorias; esto lo que confunde a los judíos y a los gentiles: el que perdona al enemigo vencido y, viéndole rechazado y perseguido por todos, le oculta bajo su manto contra la ira.

"Esto es el mayor de los trofeos y la más ilustre de las victorias; esto lo que confunde a los judíos y a los gentiles: el que perdona al enemigo vencido y, viéndole rechazado y perseguido por todos, ella sola, como una madre cariñosa le oculta bajo su manto contra la ira del pueblo y del mismo emperador. Este es el mayor ornato del altar...

"Vaya un ornato, me contestas: permitir que se acoja a él a un hombre malvado, avaro y rapaz. No digas eso, hijo mío. También la meretriz tocó los pies de Cristo, siendo tan impura; sin embargo no lo juzgó un crimen el Salvador, sino más bien, le dio la mayor alabanza y la admiró, porque no ofendió la impura al puro, sino que el Cristo puro e inculpable purificó con su contacto a la impura y culpable... No seas rencoroso, cristiano, pues somos siervos de aquel Crucificado que dijo: *Padre, perdónalos porque no saben lo que hacen*".

> **La palabra de amor cristiano, que se extiende hasta los enemigos, pronunciada por labios de Juan, había ganado una vez más la victoria.**

El pueblo salió del templo conmovido, implorando misericordia a Dios y clemencia al emperador. La palabra de amor cristiano, que se extiende hasta los enemigos, pronunciada por labios de Juan, había ganado una vez más la victoria.

Más tarde, cuando Eutropio abandonó el refugio de la Iglesia, fue apresado y decapitado en Calcedonia (Sócrates, *Hist. eccl.* VI, 5; Sozomeno, *Hist. eccl.* VIII, 7; Juan Crisóstomo, *Hom. in Eutropio*; *De Capto Eutropio*).

Efigie labrada en marfil de la emperatriz Ariadna
(Palacio de Bargello, Florencia)
Eudoxia, Teodora, Ariadna,
son ejemplos de la fuerte personalidad de
las emperatrices bizantinas

Eudoxia, la emperatriz desairada

Como hemos dicho anteriormente, el corazón pastoral de Juan se estremecía ante los casos de pobreza, tan numerosos en la grande y rica ciudad imperial. Se derrochaba sin medida. La corte era la que daba más motivos de escándalo. Sin concesiones a la diplomacia y política palaciega, el patriarca de la ciudad levantó su voz en nombre de la Iglesia para condenar los abusos de los poderosos, de los de arriba, para que dieran ejemplo a los de abajo, y se preocuparan más de los pobres y menos de los lujos.

Eudoxia, mujer activa y emprendedora, con la caída de Eutropio había pasado a tomar las riendas de la autoridad imperial, dado el carácter pusilánime de su esposo, llegó a albergar celos de la creciente influencia de Juan sobre su esposo. De algún modo le consideraba un estorbo, aunque se veía imposibilitada de acometer ninguna acción contra él, dada sus buenas relaciones con el emperador y el pueblo.

Durante un tiempo, Eudoxia dio muestras de una fervorosa religiosidad, consistente en procesiones y manifestaciones externas, que, de algún modo, gratificaban su ego, cada vez más proclive a la deificación personal, como se evidenció al mandar construirse una estatua de plata a su propia persona, tan frecuente, por otra parte, en la práctica de los gobernadores romanos, con una larga tradición de culto al emperador. Juan detectó con buen ojo de maestro espiritual la banalidad religiosa de la emperatriz, que nada podía hacer para engañar a una persona tan experimentada como él.

Aprovechando que el patriarca tuvo que ausentarse de la capital para atender un problema de disciplina episcopal en Éfeso, ausencia que se prolongó por tres meses, el obispo Severiano, a quien había confiado su autoridad, comenzó a conspirar contra él, con la ayuda de Eudoxia y de algunas damas de su corte, ofendidas por las indirectas del patriarca contra su forma de vida, en especial las viudas Marsa, Castricia y Eugrafia, "que usaban para la ruina de sus almas, las riquezas que sus maridos habían ganado por la extorsión". A su regreso a la capital, Juan se encontró con una hostilidad abierta, a la que hizo frente sin miramientos de palabras. "Reunidme –dijo desde el

---

El obispo Severiano, a quien había confiado su autoridad, comenzó a conspirar contra él, con la ayuda de Eudoxia y de algunas damas de su corte, ofendidas por las indirectas del patriarca.

púlpito– a esos falsos sacerdotes que comen en la mesa de Jezabel, para que les pueda decir: ¿Hasta cuándo estaréis divididos entre dos pensamientos? (1° R. 18:21)."

La alusión resultaba demasiado obvia. En su celo por la integridad religiosa se había dejado llevar por sus impulsos y llamado Jezabel a la emperatriz. Era quizá un juicio severo, en el que no debería haber caído. Eudoxia no se lo perdonaría nunca. Pero mientras Juan fuera un ídolo de las multitudes, no se podía hacer nada contra él. Esto no impedía las intrigas de las damas de palacio y de los clérigos de la iglesia, que no podían superar a su obispo superior, tan "intolerable resultaba a sus ojos enfermos el brillo de las virtudes de Juan" (Paladio).

Teófilo y la controversia sobre Orígenes

Con todo, su enemigo más peligroso era Teófilo, el desairado patriarca de Alejandría, que estaba resentido desde que Juan le había arrebatado –contra su voluntad– el patriarcado de Constantinopla, y obligado, además, a consagrarle. Teófilo era un eclesiástico poderoso, cuya influencia estaba muy difundida en el Oriente. Uno de sus distintivos reside en el hecho de que obtuvo de las autoridades civiles una orden para destruir en Alejandría el famoso templo de Serapis con su gran biblioteca. Otra de sus grandes empresas fue el derrumbe de la reputación tan conocida de Orígenes, el gran escritor y teólogo alejandrino. En esa época, Egipto estaba lleno de monjes que estudiaban y admiraban los escritos de Orígenes. Los monjes muchas veces se convertían en la espina de la carne de los arzobispos, y Teófilo decidió tornar medidas drásticas contra el grupo que más lo había ofendido. A continuación de un sínodo que tuvo lugar en Alejandría y que se declaró en contra de las enseñanzas de Orígenes, Teófilo apeló al prefecto o gobernador de la provincia a fin de que le proporcionara soldados para atacar de noche a los monjes del desierto de Nitria. Cuatro de los dirigentes de los monjes, conocidos con el nombre de los Hermanos Altos, huyeron a Constantinopla para buscar la protección del patriarca Juan.

Éste los recibió con cortesía, pero les negó la comunión mientras la sombra de la herejía pendiera sobre sus cabezas. Cuando ellos apelaron a la emperatriz mientras viajaba por la calle en su coche, ella inmediatamente tomó la iniciativa haciendo traer a Teófilo de Constantinopla para juzgarlo por la acusación de calumnia y persecución, ante un sínodo presidido por Juan.

Esta resolución imperial comprometió la posición de Juan, que trocó en rabia la antipatía de Teófilo, creyendo éste que Juan era el responsable de las acusaciones que hicieron contra él los monjes del desierto de Nitria. Teófilo hizo a Juan responsable de la citación imperial. Más experimentado que su rival en el juego de la política eclesiástica, Teófilo consiguió el auxilio de su amigo Epifanio de Chipre, que gozaba de gran reputación como hombre piadoso y ortodoxo, para entablar lucha contra Juan. Con un gran séquito de obispos y clérigos, Epifanio fue a Constantinopla donde no sólo rechazó la oferta de hospitalidad de Juan, sino que desafió la autoridad del patriarca ordenando a un diácono y luego tratando de persuadir al pueblo y al clero por medio de conferencias y discursos para que se pronunciaran en contra de los conceptos de Orígenes, muerto hacía demasiado tiempo para que los ciudadanos de Constantinopla se preocupasen de él o le tuvieran por enemigo.

> Epifanio intentó conseguir un dictamen de condena de la teología de Orígenes de parte de Juan, pero éste, honradamente, se negó a pronunciarse.

Petulante, el obispo Epifanio intentó conseguir un dictamen de condena de la teología de Orígenes de parte de Juan, pero éste, honradamente, se negó a pronunciarse. En un encuentro con los Hermanos Altos, Epifanio se vio obligado a reconocer que no había leído ni una página de sus escritos, pese a lo cual los había condenado anticipadamente sobre el testimonio de Teófilo. Entonces, el viejo obispo cayó en la cuenta de haberse dejado manipular por Teófilo y decidió retirarse del escenario, para no seguir participando en un juego que había empezado mal. Embarcó rumbo a Chipre, sin alcanzar su destino, puesto que murió en la travesía.

Teófilo, que llegó después, comprendió la situación y que era mejor no hacer caso del problema teológico, así que ignoró a los Hermanos Altos, pues su presa era de mayor envergadura. Prefirió inventar cargos contra Juan, a quien sobre todas las cosas deseaba desacreditar. Teófilo no tenía ningún derecho en la jurisdicción de Juan, pero ni el decoro ni la justicia podían interferir con los proyectos del patriarca alejandrino mientras las autoridades imperiales no intervinieran. Juan, inocente, permaneció a la expectativa. Arcadio, en buena relación con Juan, ordenó la apertura del proceso contra Teófilo, pero Juan, sensible a exagerados escrúpulos jurídicos, y quizá también con la esperanza de reconciliarse con Teófilo, se declaró a sí mismo incompetente para asumir la presidencia.

Teófilo, combativo y astuto, no dudó en gastar grandes sumas de dinero en banquetes y regalos espléndidos para ganarse el favor de los clérigos descontentos con el patriarca. Sin embargo, Juan tenía sus amigos entre los que se contaban cuarenta obispos, como gran número de la población de Constantinopla. En consecuencia, a Teófilo le pareció prudente reunir a sus seguidores fuera de la ciudad, más allá del Bósforo. En total treinta y seis obispos seguidores de Teófilo, y otros tantos venidos de Asia por orden del emperador, de los cuales todos menos siete eran de Egipto y todos enemigos de Juan, en especial Gerontio de Nicomedia, al que había depuesto por un caso de simonía. Este sínodo, llamado de la Encina, barrio de Calcedonia, condenó al patriarca de la capital basándose en veintinueve cargos inventados.

> Los cargos que se le hacían tenían todos los visos de la calumnia más grotesca, y para colmar el vaso de la infamia, de enseñar doctrinas heréticas. La acusación de herejía siempre ha sido el recurso más socorrido de los inquisidores para disfrazar su odio y enemistad personales.

Los cargos que se le hacían tenían todos los visos de la calumnia más grotesca, destinada por todos los medios a desprestigiar al patriarca en aquellos mismos puntos que él había combatido en otros. Así, por ejemplo, se le acusaba de malversar los fondos de la iglesia, de tener relaciones privadas con mujeres, de comer con tanta glotonería como un cíclope pueda hacerlo; de ser tiránico y violento; de violar las reglas del ayuno durante la comunión; de ordenar personas indignas y cómo no y para colmar el vaso de la infamia, de enseñar doctrinas heréticas. La acusación de herejía siempre ha sido el recurso más socorrido de los inquisidores para disfrazar su odio y enemistad personales.

Las sesiones de este singular sínodo duraron catorce días, durante los cuales Juan llamado tres veces a comparecer, pero en vano, pues Juan se negó persistentemente a obedecer la orden de esta "corte episcopal", constituida al mismo tiempo en "juez, acusador y testigo" (Paladio). Entonces fue condenado formalmente y depuesto en agosto del 403 por contumacia.

El cargo de proferir palabras de traición contra la emperatriz fue dejado a la autoridad civil competente, de quien sus enemigos esperaban una sentencia de muerte, que no se pronunció.

El destierro más breve

A instancias de Eudoxia, el emperador Arcadio aprobó la decisión del sínodo y ordenó el destierro del patriarca Juan a Bitinia. Al enterarse, el pueblo se indignó. Los obispos y presbíteros de Juan le ofrecieron su apoyo. Sólo faltaba una orden de Juan para iniciar una revuelta contra Teófilo y los suyos, en la que se vería implicado el mismo emperador. El ambiente se caldeó al máximo. Todos lo sabían. Juan, amante de la paz y de su grey, no quiso hacer nada que pudiera desembocar en una revuelta popular, con el consiguiente derramamiento de sangre y represión de las autoridades. Aceptó resignado el exilio. Durante los tres días que mediaron hasta su partida, predicó a los suyos la necesidad de resignarse a la voluntad divina. Entonces se despidió de ellos y después de haberles bendecido marchó al exilio, que sólo iba a durar un día.

Las calles eran un hormiguero explosivo de gente pronta a amotinarse. Arcadio y Eudoxia no se atrevían a aparecer en público. La guardia se mantenía en palacio. Esa mismo noche la ciudad se estremeció a causa de un terremoto –tan común en esa región del planeta– y todos vieron en él una demostración de la ira de Dios por el destierro del patriarca. La misma emperatriz, religiosa hasta la superstición, quedó tan llena de pánico que inmediatamente dio los pasos necesarios para facilitar el regreso de Juan.

La vuelta del amado patriarca fue algo apoteósico. Una flota de barcos se echó a la mar para recibirle. Como era de noche el Bósforo se iluminó con la luz de las antorchas. En tierra el pueblo salió a la calle en una fiesta de regocijo general, vítores y aclamaciones, con la emperatriz a la cabeza. "Las mujeres, los hombres, los niños de tierna edad, las madres con sus niños en brazos, no dudaban en meterse en el mar, despreciando las olas." Juan pronunció en la iglesia de los Apóstoles un discurso jubiloso que se conserva todavía. "¡Bendito sea Dios! –declaró–. Lo dije al marchar y lo repito al volver y no me cansaré de decirlo. Desterrado bendecía; vuelto sigo bendiciendo. El verano y el estío tienen un mismo fin: la fertilidad de la tierra.

> A instancias de Eudoxia, el emperador Arcadio aprobó la decisión del sínodo y ordenó el destierro del patriarca Juan a Bitinia. El pueblo se indignó.

Bendito sea el Señor que desencadena la tormenta y bendito sea el Señor que restablece la calma."

El patriarca alejandrino y sus aliados permanecieron en la ciudad esperando un cambio en la situación favorable a sus intereses. Ocurrió todo lo contrario. La victoria de Juan sobre sus enemigos fue aplastante. Se cumplió en él la oración del salmista: "Dios mío, en ti confío; no sea yo avergonzado, no se alegren de mí mis enemigos" (Sal. 25:2).

Teófilo tuvo que abandonar a toda prisa la capital rumbo a Alejandría, mientras un sínodo compuesto por 60 obispos anulaba los decretos del sínodo precedente y restablecía a Juan a su sede episcopal.

"Las fieras dañinas han sido exterminadas, han huido los lobos. ¿Quién los ha perseguido? No yo el pastor, sino vosotros las ovejas. ¡Oh nobleza de las ovejas!, en ausencia del pastor han derrotado a los lobos... Ellos se retiraron, fueron lanzados, huyeron sin que nadie los persiguiera. No los acusan los hombres, sino sus conciencias" (*Sermón primero y segundo después del destierro*).

Juan atribuye la victoria al poder de la oración, por la que Dios saca bien de los males. "Ellos pusieron asechanzas, movieron guerra y fueron derrotados. ¿Cómo hicieron la guerra? Con palos. ¿Cómo fueron vencidos? Con oraciones... ¿Acaso movimos las espadas? ¿Acaso tendimos nuestros arcos? ¿Acaso arrojamos saetas? Orábamos y ellos huyeron. Como una tela de araña se disiparon, y vosotros os mantuvisteis como una roca" (*íd.*). "Esta obra se llevó a cabo sin trabajo por nuestra parte. No tuvimos nosotros que ensangrentar las armas, no nos pusimos en las filas de la batalla, no recibimos heridas, no vimos la guerra, y alcanzamos la victoria; del Señor fue la lucha, nuestra la corona" (*Sermón sobre el cementerio y la cruz*).

Parece ser que las relaciones entre el patriarca Juan y la emperatriz Eudoxia se suavizaron un poco, hasta el punto de pensarse en una reconciliación. En un segundo sermón Juan se refirió a la emperatriz en términos elogiosos. En sus propias palabras:

"Os voy a decir una cosa maravillosa. Yo atravesé solo el piélago, llevando conmigo a la Iglesia. Marchaba cuidando de nuestras cosas, separado en cuanto al cuerpo, unido en cuanto al alma. Marchaba suplicando a Dios y unido con vosotros por el amor. Marchaba, y estaba sentado solitario pensando en vuestras cosas, solitario, pensando en mi destierro. De repente, a la medianoche de aquel primer día, esta religiosísima señora me envió una carta, que contenía estas palabras (pues conviene citarlas textualmente): 'No crea su santidad que yo sabía lo sucedido; inocente soy de su sangre. Los impíos y perdidos han armado esta trama. Testigo es de mis lágrimas Dios, a quien ofrezco sacrificios'. ¿Qué libación derramó?, porque sus lágrimas eran una libación. *A quien ofrezco sacrificios*; era ella, en efecto sacerdotisa ordenada por sí misma, que ofrecía a Dios lágrimas, confesión y penitencia, no por el sacerdote, sino por la Iglesia, por el pueblo disperso. Se acordaba, se acordaba, sí, de sus hijos y del bautismo que recibieron: 'Me acuerdo que por tus manos fueron bautizados mis hijos'. Esto decía la emperatriz. Los sacerdotes, en tanto, cegados por el odio, ignoraban el lugar donde yo me había acogido. Y lo que es más admirable, que ella, como si temiera por su hijo, iba a todas partes, no personalmente, sino enviando su tropa militar. Porque no sabía el sitio donde estaba yo, a todas partes enviaba por mí, para que no fuera muerto el pastor cogido con engaño, y perdiera ella el fruto de sus correrías. 'Sólo hago lo que tengo que hacer. Sólo intento que no prevalezcan los contrarios'. Por todas partes me rodeaban los enemigos, extendiendo sus redes para cogerme y tenerme en sus manos. Por eso ella rogaba y se abrazaba a las rodillas del emperador, para hacer a su esposo partícipe de este triunfo. Como hablaba Sara a Abraham, así ella decía al emperador: 'Hemos perdido al sacerdote, volvámosle a traer. No nos queda esperanza alguna en el mundo si no le volvemos. Imposible que yo tenga parte con ninguna de los que han perpetrado tal maldad', y derramaba lágrimas, suplicaba a Dios y no dejaba piedra por remover. Ya sabéis vosotros con cuánta benevolencia me recibió, cómo me admitió en sus brazos como a sus propios miembros, cómo decía que estaba en zozobra y solícita juntamente con vosotros... ¿Diré su ardiente amor? ¿Diré su solicitud para conmigo? Ayer, al caer la tarde, me envió un mensajero con estas palabras: 'Díle, se ha cumplido mi oración, he alcanzado lo que quería; mejor corona he recibido que la misma diadema. He recibido al sacerdote, he restituido la cabeza al cuerpo, el piloto a la nave, el pastor al rebaño,

> Por todas partes me rodeaban los enemigos, extendiendo sus redes para cogerme y tenerme en sus manos. Por eso ella rogaba.

el esposo al lecho nupcial'" (*Segundo sermón después del primer destierro*).

Pero esta situación de calma relativa vio su final solamente dos meses después cuando Juan se lamentó del alboroto y danzas públicas montados alrededor de la dedicación de una estatua de plata que Eudoxia se había mandado hacer y colocar enfrente de la iglesia, a pocos pasos del lugar de culto, estorbando el buen desarrollo del mismo. Juan se quejó al prefecto, quien informó a la emperatriz en una forma que no fue nada favorable para el patriarca. Es posible que Juan no hubiera empleado el lenguaje que se le atribuyó, pero el tenor de su crítica no puede ponerse en duda. Había desaprobado durante mucho tiempo la conducta de la emperatriz y su corte de clérigos serviles, que le recordaban a los sacerdotes de Baal, entre ellos varios compañeros episcopales de Juan, Severiano de Gábala, Acacio de Berea y Antíoco de Ptolemaida, que hicieron lo imposible para fomentar el creciente resentimiento de Eudoxia contra el patriarca.

En la fiesta de san Juan Bautista, el patriarca Juan predicó un sermón en el que dijo entre otras cosas, revelando así el estado de su alma y el rumor de las noticias que habían llegado a sus oídos:

"¿Qué puedo temer yo? ¿La muerte? Ya sabéis que Cristo es mi vida. ¿La pérdida de los bienes? Nada hemos traído a este mundo y nada nos llevaremos de él. Desprecio todos los terrores y no hago caso de los bienes. Ni temo la pobreza ni deseo la riqueza, no me aterra la muerte; y si deseo vivir es únicamente por el bien de vuestras almas".

"¿Sabéis la verdadera causa de mi desgracia? El no haber puesto en mi casa ricos tapices, ni vestidos de oro y de seda, ni halagado a la molicie y a la sensualidad de la gentes. Algo queda aún de la raza de Jezabel y la gracia combate aún a favor de Elías. Herodías sigue pidiendo la cabeza de Juan y por eso danza" (Sócrates, *Hist. eccl.* VI,18; Sozomeno, *Hist. eccl.* VIII, 20).

Para sus enemigos estas palabras constituían una prueba evidente de difamación contra la emperatriz Eudoxia. Esta vez no procuraron atacar su carácter intachable. Escogieron un terreno más firme sobre el cual basar su ataque; le acusaron de cometer irregularidades eclesiásticas. De acuerdo a un canon establecido por un concilio de Antioquía en el año 341, se consideraba ilegal que un obispo que hubiera huido, volviera a ocupar su puesto apelando a la autoridad secular. Alegaban que Juan había violado este requisito cuando volvió a Constantinopla de su abortado destierro, después de haber sido depuesto canónicamente. El hecho de que Juan se decidiera a ocupar la sede de la que había sido depuesto por obediencia a la orden imperial –refrendado por el sínodo que le siguió–, no fue óbice para que sus enemigos llevaran adelante la acusación.

El segundo destierro

El emperador ordenó a Juan que cesara de ejercer las funciones eclesiásticas, cosa que él rehusó hacer. Había recibido el ministerio de la Iglesia de Dios y no lo abandonaría. Si el emperador quería echarlo tendría que hacerlo a la fuerza, sólo así podría justificar delante de Dios su abandono del ministerio.

Cuando llegó el tiempo tradicional de administrar el bautismo a los catecúmenos, en la vigilia de Pascua del año 404, Juan y sus presbíteros procedieron a administrarlo a los más de 3.000 catecúmenos que aguardaban el momento. La guardia imperial, que tenía órdenes de no hacer uso de la violencia, no hicieron nada para impedirlo.

Perplejo, el emperador buscó el consejo de los obispos Acacio y Antíoco, que le instaron a proceder contra Juan mediante el uso de la fuerza. Tranquilizada la conciencia del emperador, los acontecimientos se iban a precipitar en una trágica sucesión de brutalidades. Espada en mano, los soldados irrumpieron en la catedral y obligaron a los catecúmenos a abandonar el edificio. Algunos resultaron heridos y el agua del bautisterio quedó teñida de sangre. "El bautisterio se ha llenado de sangre; corre la sangre donde se perdonan los pecados." Los soldados también se atrevieron a irrumpir en el bautisterio de las mujeres, que fueron llevadas medio desnudas por la calle.

Los catecúmenos dispersos, encendidos por un santo valor y con la fuerza que da sentirse víctima de una injusticia, se reunieron con sus pastores en los baños de Constantino, convertidos en un improvisado bautisterio. Una vez más la irrupción de los soldados transformó el acto en una tragedia, dando lugar a nuevos excesos con un número mayor de heridos y encarcelados. Los horrores de aquella noche quedaron grabados en la mente de quienes los presenciaron y se habló de ellos durante tiempo con escalofrío (Paladio, *op. cit.* 33,34; Sócrates, *Hist. eccl.* 6,18,14).

Aquella Semana Santa del 404 fue una semana terrible para los partidarios de Juan, apodados "joaninos" o "juanistas", muchos de los cuales fueron encarcelados bajo la más leve sospecha de apoyo al patriarca, azotados y torturados para que denunciaran a otros (Juan Crisóstomo, *Epístola ad Innocente*). Mientras tanto, a Juan se le mantuvo encerrado en su palacio episcopal, prohibido como tenía acudir a ninguna iglesia. Juan escribió a los obispos de Roma, Inocencio I, de Milán, Venerio, y de Aquileya, Cromacio, pidiendo que se formara un tribunal que juzgara su caso. Poco después, Teófilo de Alejandría notificaba a Inocencio I la deposición de Juan. Inocencio se negó a aceptarla y pidió que un sínodo compuesto de obispos occidentales y orientales abriera una investigación. Al ser rechazada esta proposición, el obispo de Roma y todo el Occidente, rompieron la comunión con Constantinopla, Alejandría y Antioquía hasta que no se diera cumplida satisfacción.

Finalmente, dos meses después, pasada la fiesta de Pentecostés, el 9 de junio del 404 un notario imperial informaba a Juan que tenía que abandonar la ciudad inmediatamente. Una vez más, para evitar disturbios y, siguiendo el mandato bíblico de obedecer a las autoridades, se entregó a los soldados. En compañía de dos obispos que se negaron a abandonarle, Juan embarcó en una nave que partió al anochecer, buscando el amparo de las sombras, para no ser percibida por el pueblo que reclamaba a su pastor. El destino, todavía desconocido para Juan y sus compañeros, era Cucusa, remota ciudad en las montañas de Armenia, en las mismas fronteras del imperio.

Nada más haberse ido se propagó un incendio en la iglesia catedral que alcanzó el palacio senatorial vecino y otros edificios públicos. La causa del incendio nunca se supo, pero se culpó a los "juanistas" que fueron torturados hasta la muerte y la locura. Muchas personas inocentes, sin distinción de edad ni sexo, fueron entregados al verdugo con la vana esperanza de que inculparan a los miembros principales del partido "juanista". El presbítero Tigrio

---

Teófilo notificaba a Inocencio I la deposición de Juan. Inocencio se negó a aceptarla y pidió que un sínodo compuesto de obispos occidentales y orientales abriera una investigación.

y el lector Eutropio expiraron a manos de sus torturadores. Otros apenas si escaparon con vida, muchos fueron mutilados, y otros terminaron dementes como consecuencia de las torturas a que fueron sometidos (Sozomeno, *Hist. ecl.* VIII, 22-24).

Al sufrimiento del destierro en tierra extraña se unió el sufrimiento de sus seres queridos. El buen pastor veía desconsolado cómo los falsos pastores no perdonaban al rebaño. Los clérigos fieles a Juan fueron depuestos y enviados al exilio. La brutalidad fue tal que algunos no llegaron a su destino con vida.

Juan, por el contrario, llegó a Cucusa a finales de agosto, después de un agotador viaje lleno de humillaciones de parte de sus enemigos, que aprovecharon su caída para vengar viejas ofensas. Pero Juan, firme en su fe, hizo realidad aquello de que en el lugar donde Dios nos plante es preciso saber florecer. Cucusa era una pequeña ciudad fronteriza, con crudos inviernos que aprovechaban las tribus merodeadoras de los isaurios para atacar la población. A pesar de todo, Juan aprovechó el tiempo para mantener una extensa correspondencia que hizo que su influencia llegara a más lugares que cuando era obispo de Constantinopla. A pesar de las inclemencias del tiempo y las amenazas de los invasores, los tres años pasados en Cucusa fueron los más gloriosos de su vida, al decir del historiador Gibbon.

Muchos seguidores de Juan, especialmente los fieles de su antigua congregación de Antioquía, se desplazaban hasta Cucusa para ver a su querido pastor, de modo que llegó a convertirse en un centro de peregrinación. Cuando sus enemigos se enteraron que "la iglesia de Antioquía emigraba a la iglesia de Armenia y que desde allí la sabiduría de Juan, llena de gracia, cantaba a la iglesia de Antioquía desearon cortar rápidamente su vida" (Paladio, *op. cit.* 38).

Juan contemplaba con entusiasmo el fin de su destierro y albergaba la esperanza de volver a sus tareas pastorales, pero sus enemigos maquinaban para verle muerto, y aumentaba en ellos la desesperación en la misma medida que la esperanza en Juan.

Por fin consiguieron que Arcadio diera la orden de que le llevaran aún más lejos, a lugar desierto e inhóspito al noreste de las costas del mar Negro. Los soldados de la escolta no tenían que preocuparse demasiado por la salud del prisionero, dando a entender que no había demasiado interés en que éste alcanzara su destino. Juan había dicho en sus cartas que soportaba muy mal los viajes, por tanto, es seguro, que alguien en Constantinopla tuvo la intención de hacerle perecer al condenarle a realizar un viaje tan largo y a pie.

> **Conducido por regiones inaccesibles, después de tres meses de caminata la salud del envejecido Juan se resintió, omó la comunión, se despidió de los que lo rodeaban y terminó su vida con su más breve sermón.**

Conducido por regiones inaccesibles no se le permitía entrar en ciudades amigas, ni recibir ayuda ni alimentos. Después de tres meses de caminata la salud del envejecido Juan se resintió enseguida. Calcinado por el sol y debilitado por la fiebre, sin darle respiro, cada paso suponía para él un lento martirio. Cuando agotado creyó que había llegado la hora de partir a la Jerusalén celestial, pidió que le llevasen a una pequeña iglesia en el camino de Comana, en el Ponto, tomó la comunión, se despidió de los que lo rodeaban y terminó su vida con su más breve sermón: "Gracias sean dadas a Dios por todas las cosas". Era el 14 de septiembre del 407.

Sus restos mortales fueron enterrados allí mismo, en Comana, en la capilla donde había sido sepultado Basilisco, obispo de la ciudad, martirizado el año 312 bajo el imperio de Maximino. Treinta años después fueron trasladados en solemne procesión, a Constantinopla, el 27 de enero del 438 y enterrados en la iglesia de los Apóstoles. Proclo, antiguo discípulo de Juan ocupaba la sede episcopal de la ciudad. El emperador Teodosio II, hijo de Arcadio y Eudoxia (que había muerto a los pocos meses de iniciarse el destierro de Juan) salió al encuentro del cortejo fúnebre. "Apoyó su rostro sobre el féretro y rogó y suplicó que perdonara a sus padres el daño que le habían ocasionado por ignorancia" (Sócrates, *Hist. eccl.* VII, 45; Teodoreto, *Hist. eccl.* V, 36).

Juan de Antioquía y la Biblia

La producción literaria de Juan de Antioquía es la más voluminosa de todos los Padres de la Iglesia. Una parte importante de ella son sus tratados y sermones de la Biblia, libro que estimaba por encima de cualquier otro, y con el que estaba familiarizado desde la más tierna infancia. Al estudio de las Escrituras había dedicado sus mejores años de reclusión en el desierto, y aunque nunca llegó a ser un teólogo original, si se convirtió en uno de los mejores conocedores de las Escrituras, tomadas siempre por su lado práctico y útil. A la luz de las circunstancias históricas de su época, esto tiene su importancia revolucionaria y hasta original. Rompía con la costumbre oriental inmersa en controversias trinitarias y cristológicas, cuyas predicaciones reproducían los debates dogmáticos de los teólogos, sin apenas prestar atención al lado práctico de la salvación para el pueblo. Quizá si se hubiera prestado más atención al amor a Dios y al prójimo, se hubiesen evitado escenas escandalosas y abiertamente anticristianas.

Discípulo de la escuela de Antioquía presta más atención al sentido gramatical de la Escritura que al alegórico o espiritual, tan común en los alejandrinos. Juan no busca en el texto sagrado lecciones ocultas, sino aquello que la regla de fe y el sentido común expone a la vista de todos. Su interés por la Escritura no es teológico, sino de orden práctico preocupado como estaba por la realización pastoral de los preceptos evangélicos. Para él, la "Escritura es inspirada por Dios, útil para enseñar, para corregir, para instruir en justicia, a fin de que el hombre de Dios sea perfecto, enteramente preparado para toda buena obra" (2ª Ti. 3:16, 17).

En sus días de eremita aprendió a nutrirse de las Escrituras, tal como hacían otros "atletas del desierto", para librar su alma de las tentaciones. Si esto es así para un hombre retirado de los atractivos de la vida social, mucho más debe ser para el fiel envuelto en las luchas del vivir diario. Porque ellos, los monjes, "están asentados lejos del combate. No reciben muchas heridas. Pero tú, que continuamente te ves envuelto en la lucha y que a cada paso recibes golpes, tienes mucha más necesidad de remedios" (*Homilía sobre Lázaro*, III, 1). "No quiero dejar pasar un solo día –dice en otra ocasión– sin alimentaros con los tesoros de la Sagrada Escritura."

Según Suidas y Casiodoro, Juan escribió comentarios a toda la Biblia, de principio a fin, pero no todos han perdurado hasta hoy.

Sus seis años de experiencia eremita en el desierto le libraron después de magnificar un estado del que conocía bien sus defectos y debilidades, de ahí su preocupación de llevar la práctica de la fe a los asuntos del hombre y de

> En sus días de eremita aprendió a nutrirse de las Escrituras, tal como hacían otros "atletas del desierto", para librar su alma de las tentaciones. "No quiero dejar pasar un solo día –dice en otra ocasión– sin alimentaros con los tesoros de la Sagrada Escritura."

Leyendo a los autores de la época, observamos un pueblo que no confunde la fe con la credulidad. No tiene nada de extraño, pues, que llamen a la fe cristiana, "nuestra filosofía", la "verdadera filosofía".

la mujer de la calle. Juan de Antioquía fue antes de la Reforma, el predicador que abrió más vías de santificación y servicio al fiel creyente en medio de sus labores, sin necesidad de retirarse del mundo. De hecho, llegó a escribir contra la vida de algunos monjes que tras su apariencia de piedad llevaban vidas miserables, afanosos por la comodidad. Pensar que la perfección sólo está al alcance del monje constituye un grave error cuando se tiene en cuenta que Cristo llamó a todos los hombres a la santidad, sin hacer distinción entre la vida religiosa o ascética y la vida secular o en el mundo.

Los ascetas escogieron el camino del desierto, los fieles santos tienen que escoger sus propios deberes para elevarse a Dios con un carácter puro y sin mancha, y de este modo conquistar al mundo con el ejemplo de sus vidas inmaculadas. Los milagros de hoy, dice, por los que el mundo tiene que creer, son el milagro de vidas renovadas y transformadas por el poder del Evangelio.

Juan se dirige a un auditorio habituado a los temas teológicos, interesado por los mismos, que discute y da vueltas en el mercado, en los baños y en el lugar de trabajo. No nos engañe la distancia y tendamos a considerar aquellas congregaciones como masas dóciles y prontas a creer en cualquier cosa. No tenían nuestro grado de refinamiento técnico, pero no se olvide que en sus campos de conocimientos eran altamente competentes, acostumbrados a manejar el mundo de ideas. En el terreno eclesial, que es el que nos interesa conocer, muchos de aquellos creyentes sencillos estaban más puestos en doctrina y teología que el creyente medio de la actualidad. "Si os exhorto –dice Juan– no es porque necesitéis de doctrina, sino para mostrar mi genuino amor para con vosotros."

Leyendo a los autores de la época, sea Ambrosio de Milán, Agustín de Hipona, Cipriano de Cartago o Juan de Antioquía, observamos un pueblo que no confunde la fe con la credulidad. Por el contrario, las preguntas retóricas de sus predicadores, las cuestiones que plantean al texto sagrado, revelan mentes altamente especulativas, dadas a la reflexión. No tiene nada de extraño, pues, que siguiendo una tradición antiquísima llamen a la fe cristiana, "nuestra filosofía", la "verdadera filosofía", es decir, ese tipo de conocimiento espiritual que ayuda al hombre a encontrar su lugar en el mundo y a llevar una vida recta. Dios ha redimido al hombre para ser ejemplo de una vida noble. Salvo no por obras, sino para obras, "las cuales Dios preparó de antemano para que anduviésemos por ellas" (Ef. 2:10).

José Fernando Toribio ha contabilizado en los escritos existentes de Juan casi 7.000 citas del Antiguo Testamento y 11.000 del Nuevo, lo que demuestra el vasto conocimiento de Juan de la Escritura y la autoridad que le concedía. Entre estas citas no se encuentran Judit, 1º y 2º Esdras y 1 y 2 Macabeos, ni se menciona el Apocalipsis, 2ª Pedro, Judas y 2ª y 3ª de Juan.

Adelantándose a los objetores que piensan que el estudio de la Escritura es sólo para los pastores y maestros de la Iglesia, Juan responde con verdadero nervio reformador: "Pero dirá alguno, que esto se dirige sólo a los pastores. Pues justamente nuestro discurso pertenece a éstos; pero para prueba de que también se encamina a los fieles, escucha ahora, lo que exhorta a otros en otra carta: "La palabra de Cristo habite en vosotros abundantemente en toda sabiduría" (Col. 3:16). Y en otro lugar: "Vuestro hablar sea siempre con gracia, sazonado de sal, para saber cómo debéis responder a cada uno" (Col. 4:6). Y aquellas palabras: "Estad dispuestos para defenderos" (1ª P. 3:5), se han dicho para todos" (*Sobre el sacerdocio*, VIII).

> Se ha contabilizado en los escritos existentes de Juan casi 7.000 citas del Antiguo Testamento y 11.000 del Nuevo, lo que demuestra el vasto conocimiento de Juan de la Escritura y la autoridad que le concedía.

La dignidad del ministerio

El tratado *Sobre el sacerdocio* (griego *Peri hierosymes*), escrito en griego, como todas sus obras, trata del supremo llamamiento pastoral, para el que muy pocos están calificados, y de todos él menos que ninguno, según expresó, sin falsa humildad, el día de su ordenación:

"¿Es verdad –se pregunta en su primer sermón de ordenado– lo que ha acontecido conmigo? ¿Es realidad lo que acaba de suceder y no estoy alucinando? ¿Es de noche y estamos soñando, o es realmente de día y estamos despiertos? ¿Y quién puede creer que en pleno día, estando todos vigilando y despiertos, un jovencito despreciable y abyecto ha sido elevado a la altura de tan soberana dignidad?" Aunque se llama a sí mismo joven, tenía entonces unos cuarenta años y, desde luego, es sincero en su altísima consideración del ministerio cristiano, a cuya luz todo es indigno e insuficiente.

> A los dones recibidos tiene que poner toda su solicitud en el estudio de la Palabra de Dios, de modo que al predicarla convenza a los pecadores y edifique a los santos. Nada puede disculpar la ignorancia de la Palabra de Dios.

Su escrito sobre el ministerio es, sin duda, el mejor conocido y el que más se ha traducido. A juicio de algunos de sus contemporáneos, sobrepasa a todos los demás escritos de Crisóstomo en sublimidad de pensamiento, pureza de dicción, suavidad y elegancia de estilo. Un verdadero tesoro de la literatura patrística.

No se sabe a ciencia cierta cuándo lo escribió; es posible que durante sus años de diácono (381-386). En él adopta la forma de un diálogo entre Juan y su amigo Basilio, para justificar su conducta con relación a su nombramiento como obispo en el año 373, que rechaza por su alto concepto de tal ministerio. Refuta a quienes sospechaban que declinó esta dignidad por soberbia y vanagloria, demostrando que los que así piensan no tienen una concepción verdadera del ministerio.

Para el autor, el ministro sagrado está expuesto a combates de una fiereza superior a las que tiene que soportar un soldado, pues su lucha no es contra carne y sangre, sino contra principados y potestades del aire. Se requiere de él que sea un piloto experto que sepa conducir la nave de la iglesia a buen puerto, sorteando escollos, acallando motines, cuidando a los enfermos.

Para todo ello se necesita un alma pura, un corazón diligente, un aborrecimiento sincero del afán de gloria y reconocimiento humano. Tiene que hacer frente al terrible monstruo de la envidia y aferrarse a Dios como su superior tesoro y ayuda. Si es bueno en sus labores recibirá críticas envidiosas, si malo ignorado, o soportado con resignación. Si se contentase con eso sería indigno a los ojos de Dios. A los dones recibidos tiene que poner toda su solicitud en el estudio de la Palabra de Dios, de modo que al predicarla convenza a los pecadores y edifique a los santos. Nada puede disculpar la ignorancia de la Palabra de Dios y el descuido de la oración que derriba murallas al mismo tiempo que construye muros alrededor de los elegidos de Dios.

Obra sincera, sin afectación, está en línea con los escritos de confesión personal e íntima, donde el escritor desnuda su alma, sus pecados más ocultos, sus temores y preocupaciones.

Discipulado, arrepentimiento y perdón

Bajo este título se agrupa una serie de homilías y de escritos que tienen por tema central las doctrinas del arrepentimiento, la conversión y la confesión del pecado, tratadas desde un punto de vista original: el discipulado o las exigencias del seguimiento de Jesús. Solamente a la luz de la palabra de Cristo es posible ver el cristiano no sólo lo mucho que le falta para llegar a la meta propuesta, sino las muchas veces que se sale del camino recto. A la conversión, que nos pone en el camino de la vida eterna, sigue una vida de continuo examen personal y arrepentimiento por los pecados que acompañan hasta al creyente más santo. Mediante la confesión el creyente restablece la buena relación con Dios y le es posible comenzar otra vez con nuevas fuerzas.

> Crisóstomo habla con frecuencia de la confesión de pecados, pero se refiere a la confesión pública en presencia de otros o a la efusión del alma en presencia de Dios solamente.

Algunos teólogos católicos han apelado a estos y otros escritos de Juan para demostrar que en su tiempo, tanto en Antioquía como en Constantinopla, prevalecía la costumbre de la confesión privada al sacerdote que se consideraba obligatoria para todos los pecados mortales. Pero este argumento carece de validez, pues como señala el teólogo católico Johannes Quasten, Crisóstomo habla con frecuencia de la confesión de pecados, pero se refiere a la confesión pública en presencia de otros o a la efusión del alma en presencia de Dios solamente, aspecto sobre el que Juan insiste una y otra vez, señalando su necesidad y ventajas. Nunca da a entender que en la confesión hecha delante de Dios incluya también la confesión hecha a un sacerdote que actúe como representante de Dios. De hecho, algunos pasajes excluyen positivamente esta interpretación:

"Por eso os exhorto, ruego y pido que confeséis a Dios constantemente. No te llevo al círculo de tus consiervos, ni te obligo a revelar tus pecados a los hombres. Desnuda tu conciencia delante de Dios, muéstrale a Él tus heridas y pídele a Él las medicinas. Muéstrate a Él, que no te reprochará, sino que te curará. Aunque guardes silencio, Él lo sabe todo" (*Hom. contra Anomoeos*, V, 7).

"¿Qué perdón podemos alcanzar si ni siquiera pensamos en nuestras faltas? Porque si así fuera, todo estaría hecho, pues, así como el que pasa la puerta está dentro, así también el que piensa en sus propios pecados. Si los

Los escritos de Juan sobre el arrepentimiento son imprescindibles por su dinamismo provocador y la claridad espiritual que aportan.

examina todos los días, alcanzará su curación con toda certeza. Pero si dice: 'Soy pecador', y no los examina uno tras otro para decir: 'He cometido este pecado y aquel otro', nunca dejará de pecar, reconociéndose siempre pecador, pero sin procurar seriamente corregirse" (*Hom. 9 en He.* 5).

Preocupado por el aspecto práctico y moral de los escritos bíblicos, aunque en muchas ocasiones se refiere a la salvación gratuita de Dios en Cristo, mediante la fe, Crisóstomo no acaba de penetrar en el núcleo de la doctrina paulina sobre la justificación, pese a la admiración que siente por el apóstol Pablo, sin duda el autor más citado y puesto como ejemplo en todos sus escritos. Con todo, los escritos de Juan sobre el arrepentimiento son imprescindibles por su dinamismo provocador y la claridad espiritual que aportan.

ALFONSO ROPERO

Nota bibliográfica

Juan Crisóstomo, *Obras. Tratados ascéticos*. Trad. D. Ruiz Bueno. BAC, Madrid 1958.

—*Obras completas*, 3 vols. Trad. R. Ramiro Torres. México 1965-1966.

—*Los seis libros sobre el sacerdocio*. Trad. Scio de San Miguel. Madrid 1778/1958.

—*Los seis libros sobre el sacerdocio*. Trad. Daniel Ruiz. Madrid 1945/BAC 1958.

—*La verdadera conversión*. Trad. J. F. Toribio Cuadrado. Ed. Ciudad Nueva, Madrid 1997.

—*La reconciliación*. Trad. Luis Glinka. Ed. Lumen. Buenos Aires 1990.

La dignidad del ministerio

Libro I

1

Una firme amistad

Muchos amigos he tenido sencillos y verdaderos que entendieron y guardan escrupulosamente las leyes de la amistad; pero uno entre estos muchos ha sido el que señalándose en amarme ha procurado dejarlos tan atrás como éstos dejaron a los que sólo tenían conmigo una vulgar correspondencia. Era este uno de aquellos, que jamás se apartó de mi lado; porque habiéndose aplicado a unos mismos estudios, y tenido unos mismos maestros, era siempre una nuestra inclinación y cuidado en las ciencias a que nos aplicábamos, y no diferente el deseo de ambos, porque procedía de unos mismos principios. No duró esto únicamente aquel tiempo que frecuentábamos las escuelas; continuó también cuando habiéndolas dejado fue necesario deliberar sobre el estado más conveniente de vida que debíamos abrazar; aun en este punto fueron muy conformes nuestros sentimientos.

Fuera de éstas había otras muchas causas, por las que se conservaba entre nosotros invariable y constante esta uniformidad. Ninguno de los dos podía vanagloriarse sobre el otro por la nobleza de su patria; ni a mí me sobraban conveniencias, ni él se veía acosado de una extremada pobreza; sino que a la proporción de nuestros haberes correspondía la uniformidad de nuestras voluntades; era igualmente honrada nuestra familia. Finalmente, no había cosa que no conspirase a formar la unión estrecha de nuestros ánimos.

> Muchos amigos he tenido pero uno entre estos muchos que jamás se apartó de mi lado; no había cosa que no conspirase a formar la unión estrecha de nuestros ánimos.

2

Vocación al monacato

Me recibió con los brazos abiertos; pero ni aun así pudimos conservar nuestra primera igualdad: porque habiéndome precedido en el tiempo, y manifestado un ardor de ánimo increíble, se levantaba todavía sobre mí.

Pero cuando llegó el tiempo de que aquel hombre feliz determinase seguir la vida monástica,[1] y profesase la verdadera filosofía;[2] ya desde entonces quedaron desiguales nuestros pesos: su balanza se levantaba en alto, al tiempo que yo, enredado en los deseos del siglo, hacía bajar la mía, y la violentaba a que quedase oprimida, cargándola de pensamientos juveniles. Aun entonces permanecía entre nosotros, del mismo modo que antes, una firme y constante amistad; pero debía interrumpirse nuestro trato. ¿Cómo era posible que pudiésemos mantenerlo continuo, siendo nuestras ocupaciones tan diversas?

Pero luego que comencé yo también, poco a poco, a sacar la cabeza de entre las tempestades de la vida, me recibió en esta ocasión con los brazos abiertos; pero ni aun así pudimos conservar nuestra primera igualdad: porque habiéndome precedido en el tiempo, y manifestado un ardor de ánimo increíble, se levantaba todavía sobre mí, llegando a tocar un punto de elevación muy grande.

---

[1] El monje, como queda dicho en la introducción, se ha convertido en el ideal de los que aspiran a una vida religiosa más profunda, en sustitución de los antiguos mártires, que con la entrega de su vida, uno en la arena del desierto, otro en la del circo, garantiza la seguridad de su salvación.

[2] Era común en aquellos tiempos referirse a la fe cristiana como "nuestra filosofía", y más específicamente, la "verdadera filosofía", entendida la filosofía en su sentido vulgar de actitud ante la vida, y por ende cierto tipo de sabiduría de orden espiritual. Ya a partir de la muerte de Aristóteles la filosofía había descendido de las alturas metafísicas al terreno de la ética y la vida práctica, la era de epicúreos y estoicos.

3
Las atracciones del mundo

Sin embargo, siendo él de una índole muy buena, y haciendo gran aprecio de mi amistad, abandonó la compañía de todos los otros, por pasar en la mía todo el tiempo. Esto es lo que ya mucho tiempo antes vivamente había deseado, pero por mi desidia, como dije, habían quedado burlados sus deseos. ¿Cómo podía yo, asistiendo continuamente a los tribunales, y andando a caza de diversiones en el teatro, tener gusto en conversar familiarmente con aquel, cuyo pensamiento estaba fijo sobre los libros, y que no se dejaba ver jamás en público? De aquí es, que habiendo estado hasta entonces separados, luego que me admitió al mismo género, y método de vida, sin perder un instante de tiempo, me descubrió aquel deseo, que muy anticipadamente había concebido; y no apartándose de mi lado ni una brevísima parte del día, me exhortaba sin cesar, a que dejando cada uno su casa particular, eligiésemos una habitación común. Llegó a persuadirme, y quedamos determinados a ponerlo ya en ejecución.

¿Cómo podía yo, andando a caza de diversiones en el teatro, tener gusto en conversar familiarmente con aquel, cuyo pensamiento estaba fijo sobre los libros, y que no se dejaba ver jamás en público?

4

Las razones de una madre

Pero los continuos halagos de mi madre fueron causa de que yo no le concediese este gusto; mejor diré, que no recibiese de él este beneficio.

Pero los continuos halagos de mi madre fueron causa de que yo no le concediese este gusto; mejor diré, que no recibiese de él este beneficio. Porque apenas ella llegó a entender la deliberación que yo quería tomar, tomándome de la mano, me introdujo en un cuarto retirado de la casa, y haciéndome sentar junto a la cama, en donde me había parido, prorrumpió en un mar de lágrimas, y añadiendo palabras, que movían más que su llanto, comenzó a lamentarse de esta manera:

"Hijo mío –dijo–, no me fue permitido disfrutar largamente las virtudes de tu padre, porque Dios así lo dispuso; a los dolores que yo tuve cuando te parí, sucedió su muerte, dejándote a ti huérfano y a mí viuda antes de tiempo y entre los males y trabajos de una viudez, que sólo pueden comprender las que los han experimentado.

"¿Qué palabras pueden bastar para explicar aquella tempestad, y turbación que sufre una mujer joven, cuando apenas salida de la casa de su padre, y sin experiencia alguna de las cosas, de repente se halla en medio de un dolor insoportable, y se ve obligada a entrar en pensamientos superiores a su sexo, y a su edad? Porque debe, según pienso, atender a corregir el descuido de los domésticos, observando sus malos procederes, haciendo frente a las asechanzas de los parientes, y soportando con generosidad de ánimo las molestias de aquellos que administran los intereses del público, y su dureza en exigir los tributos. Y si el que ha muerto deja sucesión, si es femenina, aun así, deja un cuidado no pequeño a la madre; pero libre de gasto, y de temores; mas si es varonil, cada día la aumenta nuevos sobresaltos y mayores cuidados. Deja a un lado el consumo de dinero que se necesita hacer, si desea que tenga una educación correspondiente a su estado. Con todo, ninguna de estas cosas han podido inducirme a que yo abrazase un segundo matrimonio, y que introdujese otro esposo en la casa de tu padre; sino que he permanecido en esta tempestad y torbellino, y no he rehusado el trabajoso ardor de la viudez, asistida principalmente de la gracia del Señor. Ni contribuyó poco para esto el gran consuelo que recibía, viendo continuamente tu semblante, en donde registraba vivamente copiada la imagen de tu difunto padre. De aquí que siendo tú niño, y que no sabías aún articular las palabras, que es cuando más gusto reciben los padres de los hijos, yo tenía en ti gran consuelo.

"Ni tú podrás decirme, o culparme con verdad, que aunque generosamente haya soportado la viudez, no obstante por las incomodidades de ésta, te he disminuido el patrimonio, como sé que ha sucedido a muchos, que han tenido la desgracia de quedar huérfanos como tú. Pues yo te he conservado intacto todo lo que era tuyo; a pesar de que nada dejé de gastar de cuanto fuera preciso para tu educación, gastando de lo que era mío, y de lo que tenía cuando salí de la casa de mis padres.

"Y no pienses que te digo esto por recriminarte lo más mínimo: solamente te pido por todo esto una gracia; y es, que no me envuelvas en una segunda viudez, despertándome un dolor, que está ya enteramente adormecido; sino que esperes mi muerte, que tal vez ya no tardará. Se puede esperar que los jóvenes lleguen a una larga vejez, pero nosotros, que hemos comenzado ya a envejecer, sólo podemos esperar la muerte. Luego que me hayas enterrado, y puesto mis huesos junto a los de tu padre, puedes emprender largas peregrinaciones; entrar en el mar que quisieres, pues no tendrás alguno que te lo impida; pero mientras que yo respiro, sufre el vivir en mi compañía. No quieras temerariamente, y sin consejo ofender a Dios, poniéndome en tan grandes trabajos, sin que de mi parte hayas tenido motivo para ello. Y si tú puedes culparme de que yo te arrastro a los cuidados de la vida, y de que te obligo a atender a tus cosas, niégate enhorabuena a las leyes de la naturaleza, a la educación que te he dado, a la compañía, y a todos los otros motivos; huye de mí, como de un enemigo que te pone asechanzas. Pero si no omito diligencia, para que te sea más fácil y llevadero el camino de esta vida, ya que no otro respeto, a lo menos este lazo te detenga junto a mí. Pues aunque tú digas ser infinitos aquellos que te aman; ninguno podrá hacer que goces de una libertad como ésta; porque ninguno hay que estime tu reputación como yo."

Éstas, y otras cosas me dijo mi madre, y yo se las repetí a aquel generoso varón, que no sólo no se conmovió de semejante discurso, sino que insistió con mayor tesón en su primera resolución e instancia.

> Mientras que yo respiro, sufre el vivir en mi compañía. No quieras temerariamente, y sin consejo ofender a Dios, poniéndome en tan grandes trabajos, sin que de mi parte hayas tenido motivo para ello.

5

Elección para el episcopado

Un rumor se esparció por la ciudad. Que seríamos promovidos a la dignidad episcopal. Quedé sorprendido de temor y perplejidad.

Hallándonos, pues, en estos términos, e instándome él continuamente a que condescendiese con sus súplicas, pero sin acabar yo de resolverme, nos puso a los dos en confusión un rumor que se esparció por la ciudad. Era éste, que seríamos promovidos a la dignidad episcopal.[3]

Luego que yo oí semejante voz, quedé sorprendido de temor y perplejidad; de temor porque no me obligasen a abrazar contra mi voluntad aquel estado; y de perplejidad, porque no acababa de entender cómo pudo venir al pensamiento de aquellos varones el resolver una cosa como ésta de mi persona; pues volviendo a mirar sobre mí mismo, no encontraba en mí cosa que fuese digna de tal honor.

Por lo que toca a aquel joven valeroso, vino a buscarme a solas; me dio parte de las voces que corrían y creyendo que yo las ignorase, me rogaba que en esta ocasión, como en todas las antecedentes, se viese que nuestras acciones y deliberaciones eran unas; que él por su parte estaba dispuesto a seguir con prontitud de ánimo, cualquier camino que yo le mostrase; ya conviniese rehusar, ya abrazar aquel estado.

Viendo, pues, una resolución tan noble, y creyendo que podría causar no pequeño daño a todo el común de la Iglesia, si por mi debilidad privaba al rebaño de Jesucristo de un joven tan bueno y tan útil para el gobierno de los hombres, no le descubrí lo que sentía de estas cosas; aunque hasta entonces jamás había podido sufrir el ocultarle alguno de mis sentimientos. Y añadiéndole ser muy conveniente dejar para otro tiempo (por no ser cosa que urgiese mucho) el resolver sobre este negocio, lo persuadí sin dificultad a que dejase por entonces este pensamiento y a que confiase en que si llegaba el caso de abrazar aquel estado yo le acompañaría en la determinación.

---

[3] El pueblo, como ya hemos indicado en la introducción, intervenía directamente en esta elección a la dignidad episcopal, aunque Juan no pasaba inadvertido al obispo Melecio, que después de instruirle en la fe, lo bautizó y le nombró lector de la iglesia.

Pero no pasó mucho tiempo, cuando llegó allí el que nos había de ordenar; yo me oculté, y él, ignorante de lo que pasaba, fue con otro pretexto conducido a recibir el yugo, esperando, por lo que yo le había prometido, que sin dificultad lo seguiría, o que tal vez era él el que me seguía, pues algunos de los que se hallaban presentes [esto es, de los electores], viéndole inquieto por esta especie de violencia, lo engañaron diciendo que era cosa indigna que aquel a quien todos tenían por atrevido (señalándome a mí), hubiese cedido con tanta sumisión al juicio de los Padres; y que él, que era más modesto y prudente, se mostrase soberbio y amigo de vanagloria, rehusando, repugnando, y contradiciendo.

Habiendo cedido a estas razones, luego que supo que yo me había ocultado, fue a buscarme; y entrando en mi cuarto con un aire de semblante muy triste, se sienta junto a mí, quería decir alguna cosa. Pero impedido por la angustia, no podía manifestar con palabras la violencia que padecía; luego que abría los labios para proferir alguna, la opresión interna se la cortaba antes que pasase de los labios.

Viéndolo tan afligido y tan lleno de turbación, y sabiendo yo la causa, no pude dejar de prorrumpir en risa por el gran gusto que sentía; y cogiéndolo de la mano me arrojaba a abrazarle glorificando a Dios de que mis artificios hubiesen tenido el feliz suceso que yo siempre había deseado.

Luego que advirtió en mí una alegría tan extraordinaria, conociendo que yo hasta entonces lo había engañado, tanto más se inquietaba y lo sentía.

> Llegó el que nos había de ordenar; yo me oculté, y él, ignorante de lo que pasaba, fue con otro pretexto conducido a recibir el yugo, esperando, por lo que yo le había prometido, que sin dificultad lo seguiría.

6

Reprensión de Basilio

> ¿Cómo podrán darme crédito, cuando me oigan decir que tú has puesto a Basilio en el número de aquellos a quienes conviene ocultar tus cosas?

Finalmente, volviendo algún tanto sobre sí de aquella turbación de ánimo dijo:

"Ya que tú enteramente has abandonado mis intereses, y que tan poco caso haces de mí, sin que yo pueda entender el motivo, debías, a lo menos, atender a tu reputación. Tú al presente has abierto la boca a todos, y todos a una voz dicen que llevado del amor de una gloria vana has rehusado este ministerio; no hay alguno que te libre de este cargo. Yo no me atrevo a presentarme en público; tantos son los que vienen a encontrarme y los que cada día me acusan. Luego que llegan a descubrirme en cualquier parte de la ciudad, tomándome separadamente los que tienen alguna familiaridad con nosotros, cargan sobre mí la mayor parte de esta culpa. 'Sabiendo, me dicen, el ánimo de éste (pues te eran patentes sus secretos), no convenía que nos lo hubieses ocultado, sino que debías haberlo comunicado con nosotros; pues no nos hubiera faltado modo de cogerle en sus mismas redes'.

"Yo por mi parte no me atrevo, antes me avergüenzo de responderles, que he ignorado la resolución, que tú ya habías tomado mucho antes, para que no crean que es pura ficción nuestra amistad. Pues aunque ello sea así, como verdaderamente lo es, lo que tú mismo no podrás negar, por lo que acabas de hacer conmigo; con todo, es bueno que se oculten nuestras faltas a los de afuera, que tienen de nosotros un mediano concepto. Yo no tengo cara para descubrirles la verdad del hecho, ni el estado de nuestras cosas; por lo que no me queda otro recurso, sino callar, fijar la vista en el suelo, y evitar, retirándome, el encuentro con los que me pueden preguntar. Y aun en el caso de que pueda librarme de la primera acusación, con todo es necesario que me convenzan de embustero. ¿Cómo podrán darme crédito, cuando me oigan decir que tú has puesto a Basilio en el número de aquellos a quienes conviene ocultar tus cosas?

"Pero sobre esto no quiero alargarme más, porque tú así lo has querido. Paso a otras cosas, que de ningún modo podremos sufrir sin vergüenza, porque unos te acusan de arrogante, otros de vanaglorioso, y los que no son tan moderados en la censura, nos culpan de uno y otro; y añaden al mismo tiempo injurias contra los que nos han hecho este honor, diciendo que les está muy bien, aunque por nuestra causa tuvieran más que sufrir; porque habiendo despreciado a tales, y a tantos varones, han promovido de repente a una dignidad de tanto honor, que ni aun por sueños la hubieran podido esperar, a unos jovencillos, que no hace dos días que se hallaban envueltos en los cuidados de la vida, porque de poco tiempo a esta parte comenzaron a arrugar la frente, a vestir de negro, y a fingir tristeza en su semblante. Y que los que se han ejercitado en la vida ascética desde sus primeros años hasta la edad más decrépita, se ven obligados a obedecer, y a que los manden sus mismos hijos, que ignoran las leyes con que se debe administrar este empleo. Estas y otras muchas cosas oigo continuamente de los que se acercan a mí. Ahora yo no sé qué he de responder a todos estos cargos; por lo que te ruego me sugieras alguna cosa. Pues yo no me puedo persuadir que, temerariamente y sin consejo hayas hecho esta fuga, y querido granjearte una enemistad tan grande con varones tan esclarecidos; sino que esto lo has hecho con toda reflexión y movido de alguna razón particular; por lo que conjeturo que tú las tendrás muy prontas para la defensa. Dime, pues, ¿qué excusa justa podremos dar a los que nos acusan?

"De lo que tú me has ofendido no pido satisfacción, ni de que me has engañado, ni de haberme vendido, ni tampoco del bien que has disfrutado en el tiempo pasado. Yo por mi parte, por decirlo así, he llevado y puesto mi alma en tus manos; tú has usado conmigo de la misma cautela que pudieras con aquellos enemigos, de quienes debieras guardarte. Si sabías que era útil este tu consejo, no debías rehusar la utilidad que de él resultase; y si por el contrario lo conocías nocivo, podías librar también del daño a quien siempre decías estimar sobre los otros. Pero tú todo lo has dispuesto para que yo cayese en el lazo. ¿Necesitabas tú usar de engaños y de ficciones con aquel que ha acostumbrado decir y hacer todas sus cosas sin recelarse de ti, y con la mayor sencillez? Pero de nada de esto, como ya te he dicho, te acuso al presente, ni te doy en cara con la soledad en que me has dejado, habiendo cortado aquellos ratos de conversación, de que sacábamos

> Los que no son moderados en la censura, nos culpan; y añaden al mismo tiempo injurias contra los que nos han hecho este honor. De lo que tú me has ofendido no pido satisfacción.

Yo no cesaba de traerte continuamente a la memoria estas cosas; ser los tiempos trabajosos; crecido el número de los que nos ponen asechanzas; haberse perdido la sinceridad en el amor, y haber entrado en su lugar la peste de la envidia.

tan gran utilidad, y entretenimiento. Dejo todo esto, y lo sufro con silencio, y con paciencia, no porque tú hayas faltado levemente contra mí, sino porque desde aquel día en que comencé a frecuentar tu amistad, me puse la ley de no ponerte en obligación de responder, ni defenderte de aquellas cosas en que quisieras causarme sentimiento. Que no ha sido pequeño el que me has dado, tú mismo lo puedes conocer, si es que tienes presentes los discursos que frecuentemente hacían de nosotros los extraños, y los que pasaban también entre los dos. Éstos se reducían, a que nos sería muy útil el permanecer unidos de voluntades, y defendidos con una mutua amistad. Todos los otros decían que la concordia de nuestros ánimos traería no pequeña utilidad a otros muchos. Yo, por lo que toca a mí, estaba persuadido de que de ningún modo podría ser útil a alguno; pero decía que nos resultaría no poca ganancia de una tal concordia; esto es, la dificultad con que nos podrían vencer los que intentasen combatirnos. Yo no cesaba de traerte continuamente a la memoria estas cosas; ser los tiempos trabajosos; crecido el número de los que nos ponen asechanzas; haberse perdido la sinceridad en el amor, y haber entrado en su lugar la peste de la envidia; caminar nosotros en medio de los lazos y pasearnos sobre las almenas de las ciudades; ser muchos, y de muchos lugares, los que estaban prevenidos para alegrarse de nuestros males, si nos ocurría alguna cosa contraria; ninguno, o muy pocos los que se compadeciesen de nosotros. Mira, pues, no sea que nuestra desunión cause la risa de muchos, o algún mal mayor todavía que la risa: Un hermano asistido por otro, es como una ciudad fuerte, y como un reino bien pertrechado.[4] No quieras deshacer la sinceridad de esta hermandad, ni romper esta firmeza.

"Estas y otras muchas cosas te decía yo continuamente, no sospechando de ti una cosa semejante; sino que creyendo enteramente que tú me tuvieses un ánimo sincero, yo por un exceso de amor, quería curarte, aun estando sano; pero no reparaba, como he visto por experiencia, que aplicaba medicinas a un enfermo. Y ni aun así,

---

[4] Cf. Proverbios 18:19, 20: "El hermano ofendido es más tenaz que una ciudad fuerte, y las contiendas de los hermanos son como cerrojos de alcázar".

¡miserable de mí!, he adelantado cosa alguna, ni he sacado algún fruto de esta tan exquisita providencia.

"Porque tú, desechando enteramente todo esto, y no queriendo darle entrada en tu ánimo, me has entregado a un mar inmenso, como un navío sin lastre, y sin considerar la furia de las olas, que necesariamente había de padecer. Y si en lo sucesivo aconteciere que muevan contra mí una calumnia, o que me hagan alguna burla, afrenta, o algún otro daño (pues es necesario que sucedan estas cosas muchas veces) ¿a quién he de recurrir? ¿Con quién comunicaré yo mis turbaciones de ánimo? ¿Quién querrá defenderme? ¿Quién podrá contener a los que me den que sentir; o hará que no lo hagan en lo sucesivo? ¿Quién me dará consuelo, o me preparará para sufrir con paciencia las insolencias de otros? Ninguno por cierto, habiéndote apartado tú tan lejos de esta tan peligrosa guerra, que no podrás jamás oír, ni aun mis clamores. ¿Sabes tú, por ventura, el grande mal que has hecho? ¿Conoces siquiera, después de haberme herido, qué herida tan mortal es la que me has dado? Pero dejemos estas cosas (pues no es posible deshacer lo que ya está hecho, ni hallar camino para lo que no le tiene), ¿qué diremos a los extraños? ¿Qué responderemos a sus acusaciones?"

¿Sabes tú el grande mal que has hecho? ¿Conoces siquiera, después de haberme herido, qué herida tan mortal es la que me has dado? ¿Qué diremos a los extraños? ¿Qué responderemos a sus acusaciones?

7

Defensa de Juan

> En nada he ofendido al que entre todos estimo, y que conmigo usa tal respeto, que ni aun quiere acusarme de las ofensas que dice haber recibido de mí; y que descuidando enteramente sus intereses, sólo atiende a los míos.

Ten buen ánimo –le dije yo– porque no sólo estoy dispuesto a darte cuenta de estas cosas, sino que procuraré defenderme, en cuanto pueda, de todas aquellas de que tú has querido dejarme libre. Y si lo quieres así, de la defensa de estas daré principio a mis razones; pues sería un hombre muy necio, y sin consideración, si haciendo caso de la opinión de los extraños y no omitiendo diligencia para que dejasen de acusarme, no pudiera también persuadir de que en nada he ofendido al que entre todos estimo, y que conmigo usa tal respeto, que ni aun quiere acusarme de las ofensas que dice haber recibido de mí; y que descuidando enteramente sus intereses, sólo atiende a los míos; y al mismo tiempo, si se viese que yo he tenido con él más descuido, que el cuidado que él ha manifestado de mí.

¿Qué es, pues, en lo que yo te he ofendido? Porque he determinado entrar desde aquí en el piélago de mi defensa. ¿Es acaso porque te he engañado, y te he ocultado mi determinación?

Pero esto lo he hecho atendiendo a tu utilidad, que has sido el engañado, y a la de aquellos en cuyas manos te he puesto, engañándote. Y si, universalmente hablando, es malo todo engaño, y no es permitido usar de él alguna vez para una cosa útil, yo estoy pronto a sufrir la pena que tú quisieres darme; o mejor diré (pues no tendrás valor para tomar satisfacción de mí), yo mismo me condenaré a aquellas penas a que condenan los jueces a los malhechores, cuando sus acusadores los convencen de algún delito.

Pero si éste no es siempre dañoso, sino que viene a ser bueno o malo, según el fin e intención de quien lo usa; dejando a un lado el que yo te haya engañado, me has de probar que lo haya hecho con fin malo. Y si nada de esto hay, justa cosa será, que los que pretenden parecer rectos en sus juicios no solamente no muevan acusaciones y cargos, sino que alaben al que usa semejantes artificios. Es tan grande la utilidad que resulta de un engaño de estos, hecho a tiempo, y con rectitud de intención, que muchos, por no haberlo utilizado, frecuentemente han pagado la pena.

Estratagemas de guerra y paz

Y si quieres buscar con diligencia los capitanes que han florecido en todos los siglos, hallarás que la mayor parte de sus trofeos son frutos de un ardid, y que han merecido mayor alabanza que los que vencieron en campo abierto. Pues éstos dan fin a las guerras con mayor dispendio de hombres y de dinero; de modo que no les queda alguna utilidad de la victoria, padeciendo los vencedores no menor pérdida que los vencidos, destruida la gente y agotados los erarios.

Fuera de esto, los vencidos no los dejan disfrutar enteramente de la gloria de la victoria, no siendo pequeña la parte que toca a los que cayeron en el campo; porque quedando vencedores en los ánimos, sólo fueron vencidos en los cuerpos; de suerte, que si hubiera estado en su mano el no ser muertos, y la muerte que sobrevino no los hubiera hecho cesar de su ardor, de ningún modo hubieran desistido de él.

Pero aquel que ha podido vencer por alguna astucia, no solamente envuelve a sus enemigos en la miseria, sino que los expone a la risa del mundo. Pero así como en el primer caso no llevan los unos y los otros iguales alabanzas por su fortaleza, así tampoco aquí por su prudencia, sino que todo el premio es de los vencedores; y lo que no es menos apreciable que lo dicho, conservan entero a sus ciudades todo el gusto que resulta de la victoria. Ni pueden compararse de algún modo la abundancia de dineros, o el número de los cuerpos con la prudencia del ánimo; puesto que aquellos, al paso que sin cesar se consumen en la guerra, se apuran, y faltan a sus poseedores; pero esta, cuanto más se ejercita, tanto más se aumenta naturalmente.

Y no solamente en la guerra, sino también en la paz se encontrará muy necesario, y conveniente el uso de los engaños: lo es en los negocios públicos, y en los domésticos; al marido respecto de la mujer, a la mujer respecto del marido; al padre con su hijo, al amigo con el amigo, y aun a los hijos con su mismo padre. La hija de Saúl no hubiera podido librar de otra suerte a su marido de las

No solamente en la guerra, sino también en la paz se encontrará muy necesario, y conveniente, el uso de los engaños: lo es en los negocios públicos, y en los domésticos.

manos de Saúl, sino engañando a su padre.[5] Ni el hermano de ésta, que ya le había librado, viéndole en peligro nuevamente, y queriéndole salvar, uso de otras armas, que de las que se valió la mujer.[6]

---

[5] "Saúl envió luego mensajeros a casa de David para que lo guardasen, y lo matasen a la mañana. Mas Mical su mujer lo descubrió a David, diciendo: Si no salvares tu vida esta noche, mañana serás muerto. Y descolgó Mical a David por una ventana; y él se fue, y huyó, y escapó. Tomó luego Mical una estatua, y la puso sobre la cama, y le acomodó por cabecera una almohada de pelos de cabra, y la cubrió con una ropa. Y cuando Saúl envió mensajeros que tomasen a David, ella respondió: Está enfermo" (1° S. 19:11-14).

[6] "David pues se escondió en el campo, y venida que fue la nueva luna, se sentó el rey a comer pan. Y el rey se sentó en su silla, como solía, en el asiento junto a la pared, y Jonatán se levantó, y se sentó Abner al lado de Saúl, y el lugar de David estaba vacío. Mas aquel día Saúl no dijo nada, porque se decía: Le habrá acontecido algo, y no está limpio; no estará purificado. El día siguiente, el segundo día de la nueva luna, aconteció también que el asiento de David estaba vacío. Y Saúl dijo a Jonatán su hijo: ¿Por qué no ha venido a comer el hijo de Isaí hoy ni ayer? Y Jonatán respondió a Saúl: David me pidió encarecidamente le dejase ir hasta Belén. Y dijo: Te ruego que me dejes ir, porque tenemos sacrificio los de nuestro linaje en la ciudad, y mi hermano mismo me lo ha mandado; por tanto, si he hallado gracia en tus ojos, haré una escapada ahora, y visitaré a mis hermanos. Por esto pues no ha venido a la mesa del rey. Entonces Saúl se enardeció contra Jonatán, y le dijo: Hijo de la perversa y rebelde, ¿no sé yo que tú has elegido al hijo de Isaí para confusión tuya, y para confusión de la vergüenza de tu madre? (1° S. 20:24-30).

8

La simulación en los médicos

Pero nada de esto me toca a mí –dijo Basilio–, pues yo no soy enemigo oculto, ni declarado, ni de aquellos que intentan ofender a otro, sino todo lo contrario; pues he dejado siempre a tu arbitrio todas mis cosas, habiendo seguido por aquel camino, por donde tú me has mandado.

Por lo mismo, ¡oh amigo bueno y admirable! –le respondí–, con prevención te he dicho que no solamente en la guerra y con los enemigos, sino en la paz y con los más amigos, es bueno usar de la astucia. Y en prueba de que ésta sea útil, no sólo a los que engañan, sino también a los engañados, acércate a algunos de los médicos, y pregúntales cómo curan a los enfermos, y te dirán que no se contentan solamente con el arte, sino que hay ocasiones en que valiéndose del engaño, y acompañando su socorro, restituyen por este medio la salud a los enfermos. Cuando el hastío de éstos, y la gravedad de la dolencia no dan lugar a los consejos de los médicos, es necesario en tal caso ponerse la máscara del engaño para poder ocultar, como sucede en una escena, la verdad del hecho.

Y si quieres, yo te contaré uno de los muchos que acostumbran usar. Se vio uno en cierta ocasión acometido de calentura muy ardiente: crecía el ardor y el enfermo rehusaba tomar todo aquello que pudiese mitigar el fuego, y por el contrario apetecía, y hacía grandes instancias, pidiendo a todos los que entraban a visitarle, que le alargasen vino puro con abundancia y le diesen con qué saciar este mortal deseo. No hay duda de que si alguno hubiera condescendido con su gusto, lejos de mitigarle el ardor, hubiera puesto fuera de sentido a aquel desgraciado. Viéndose, pues, el arte perplejo, y no encontrando algún otro medio, y quedando enteramente inútil, entró en su lugar el engaño, y dio tales pruebas de su virtud, y eficacia, como oirás ahora de mí. Tomando, pues, el médico una vasija de tierra que acababa de salir del horno, y habiéndola puesto en una buena cantidad de vino hasta empaparse, la sacó vacía, y llenándola de agua, mandó que oscureciesen el cuarto donde yacía el enfermo, poniendo muchas cortinas para que la luz no descubriese el

Es bueno usar de la astucia. Y en prueba de que ésta sea útil, no sólo a los que engañan, sino también a los engañados, acércate a algunos de los médicos, y pregúntales cómo curan a los enfermos.

> Se hallará también, que no solamente los que curan los cuerpos, sino también los que atienden a las enfermedades del alma, han aplicado frecuentemente esta medicina.

artificio y se la alargó para que bebiese, como si estuviera llena de vino puro. El enfermo antes de tomarla en las manos, engañado luego del olor que salía del vaso, no se detuvo a indagar curiosamente qué era lo que se le había dado, sino que persuadido del olor, y deslumbrado por la oscuridad, agitado del deseo, tragó con gran ansia lo que le habían presentado, y saciándose, apagó en el punto aquel ardor, y evitó el peligro que le amenazaba.

¿No ves la utilidad de un engaño? Y si quisiera alguno reducir a número todas las astucias que usan los médicos, alargaría infinitamente su discurso.

Ejemplos bíblicos de simulación o engaño

Se hallará también, que no solamente los que curan los cuerpos, sino también los que atienden a las enfermedades del alma, han aplicado frecuentemente esta medicina. De este modo redujo el apóstol San Pablo aquellos tantos millares de judíos.[7] Con este fin circuncidó a Timoteo,[8] el mismo que amenazó a los gálatas que Cristo nada aprovecharía a los que se circuncidasen.[9] Por esto permanecía bajo el yugo de la Ley; bien, que juzgaba dañina, después de la fe en Jesucristo, la justificación que proviene de la Ley.[10]

Grande es la fuerza de un engaño, como no se practique con propósito engañoso. Ni se puede esto llamar engaño, sino una cierta economía, sabiduría, y arte propia,

---

[7] "Entonces Pablo tomó consigo aquellos hombres, y al día siguiente, habiéndose purificado con ellos, entró en el templo, para anunciar el cumplimiento de los días de la purificación, hasta ser ofrecida ofrenda por cada uno de ellos" (Hch. 21:26).

[8] "Este quiso Pablo que fuese con él; y tomándole, le circuncidó por causa de los judíos que estaban en aquellos lugares; porque todos sabían que su padre era griego" (Hch. 16:3).

[9] "He aquí yo Pablo os digo, que si os circuncidareis, Cristo no os aprovechará nada" (Gá. 5:2), que contrasta frontalmente con los judaizantes: "Algunos que venían de Judea enseñaban a los hermanos: Que si no os circuncidáis conforme al rito de Moisés, no podéis ser salvos" (Hch. 15:1).

[10] "Pero las cosas que para mí eran ganancias, helas reputado pérdidas por amor de Cristo. Y ciertamente, aun reputo todas las cosas pérdida por el eminente conocimiento de Cristo Jesús, mi Señor, por amor del cual lo he perdido todo, y lo tengo por estiércol, para ganar a Cristo, y ser hallado en Él, no teniendo mi justicia, que es por la ley, sino la que es por la fe de Cristo, la justicia que es de Dios por la fe" (Fil. 3:7-9).

para buscar camino donde no le hay, y para corregir los vicios del alma. Ni podré yo llamar homicida a Finés, aunque de un solo golpe mató a dos;[11] ni tampoco a Elías después de los cien soldados con sus oficiales,[12] y después de aquel abundante arroyo de sangre que hizo correr con la muerte de esos que se habían consagrado a los demonios.[13] Si esto concediéramos, y pretendiéramos examinar las cosas en sí mismas, y desnudas del fin e intención de los que las ejecutaron, podría cada uno, sin dificultad, condenar a Abraham de parricidio,[14] y del mismo modo acusará a su nieto y biznieto de malicia y engaño. Pues aquél se usurpó la primogenitura[15] y el otro pasó al campo de los israelitas las riquezas de los egipcios.[16]

Pero no es esto así, no. No permita Dios semejante atrevimiento. Pues no sólo no culpamos a estos tales, sino que por el contrario los admiramos por semejantes hechos; pues ellos por los mismos merecieron la aprobación divina. Será digno de ser llamado engañador, aquel que use del engaño con fin malvado; pero no el que lo hace con buena intención. Muchas veces es necesario usar de la astucia y por medio de este artificio ocasionar grandísimo bien. Aquel, pues, que camina sin esta cautela, ocasiona gravísimos daños a quien no ha querido engañar.

> Será digno de ser llamado engañador, aquel que use del engaño con fin malvado; pero no el que lo hace con buena intención. Muchas veces es necesario usar de la astucia y por medio de este artificio ocasionar grandísimo bien.

---

[11] "Lo vio Finés, hijo de Eleazar, hijo de Aarón el sacerdote, y se levantó de en medio de la congregación, y tomó una lanza en su mano: Y fue tras el varón de Israel a la tienda, y los alanceó a ambos, al varón de Israel, y a la mujer por su vientre. Y cesó la mortandad de los hijos de Israel" (Nm. 25:8).

[12] "Elías respondió, y dijo al capitán de cincuenta: Si yo soy varón de Dios, descienda fuego del cielo, y consúmate con tus cincuenta. Y descendió fuego del cielo, que lo consumió a él y a sus cincuenta. Volvió el rey a enviar a él otro capitán de cincuenta con sus cincuenta; y le habló, y dijo: Varón de Dios, el rey ha dicho así: Desciende pronto. Y le respondió Elías, y dijo: Si yo soy varón de Dios, descienda fuego del cielo, y consúmate con tus cincuenta. Y descendió fuego del cielo, que lo consumió a él y a sus cincuenta" (2º R. 1:10-14).

[13] "Les dijo Elías: Prended a los profetas de Baal, que no escape ninguno. Y ellos los prendieron; y los llevó Elías al arroyo de Cisón, y allí los degolló" (1º R. 18:40).

[14] "Y dijo: Toma ahora tu hijo, tu único, Isaac, a quien amas, y vete a tierra de Moriah, y ofrécelo allí en holocausto sobre uno de los montes que yo te diré" (Gn. 22:2).

[15] "Y Jacob dijo a su padre: Yo soy Esaú tu primogénito; he hecho como me dijiste; levántate ahora, y siéntate, y come de mi caza, para que me bendiga tu alma" (Gn. 27:19).

[16] "Habla ahora al pueblo, y que cada uno demande a su vecino, y cada una a su vecina, vasos de plata y de oro" (Éx. 11:2).

La dignidad del ministerio

Libro II

1

El buen fin

Pudiera detenerme a probar más largamente, que se puede usar para un fin honesto de la eficacia de la astucia; y que esta no debe llamarse engaño, sino una cierta admirable economía. Pero bastando lo expuesto hasta aquí para demostrarlo, sería una cosa molesta y pesada alargar superfluamente mi discurso. A ti sí tocaría ahora el hacerme ver que yo no he usado de ésta, atendiendo únicamente a tu provecho.

A esto respondió Basilio: ¿Y qué utilidad me ha venido de esta tu economía, sabiduría, o como quieras llamarla? ¿Pretendes acaso persuadirme con esto, que no me has engañado?

Pues qué utilidad mayor –le dije yo– que practicar aquellas cosas que el mismo Cristo dijo ser las pruebas del amor hacia sí. Hablando, pues, al príncipe de los apóstoles, Pedro, le dijo, ¿me amas? Y habiendo éste confesado que sí, añade: Si tú me amas, apacienta mis ovejas.[17]

El Maestro pregunta al discípulo si lo amaba; no para saberlo; ¿qué necesidad tenía de esto, quien penetra los corazones de todos?, sino para manifestarnos cuán grande es el cuidado que tiene de que se apacienten estos rebaños. Lo cual, siendo por sí tan claro, igualmente lo será también ser grande e inefable aquel premio que está reservado para los que trabajan en aquellas cosas que tanto aprecia Jesucristo.

Y si nosotros, cuando vemos que algunos miran con cariño a nuestros domésticos o bestias, contamos este cuidado como un testimonio del amor que nos tienen, aunque todas ellas sean cosas que se adquieren por dinero; el que no por dinero, ni por cosa semejante, sino que con su misma muerte compró este rebaño, dando por precio de él su misma sangre, ¿qué dones no tendrá preparados para los que se emplean en apacentarlo?

De aquí es que respondiendo el discípulo: "Tú sabes, Señor, que yo te amo", y poniendo por testigo de su amor

> El Maestro pregunta al discípulo si lo amaba; no para saberlo, sino para manifestarnos cuán grande es el cuidado que tiene de que se apacienten estos rebaños.

---

[17] Juan 21:15.

¿Y cuál fue la causa de no haber perdonado Dios a su Hijo Unigénito, sino que aun siendo único lo entregó? ¿Y por qué derramó su sangre? Para tener la posesión de aquellas ovejas que encomendó a Pedro y a todos sus sucesores.

al mismo que amaba, el Salvador no se paró aquí, sino que añadió la prueba del amor. No quería manifestar entonces, cuánto era lo que Pedro lo amaba (porque esto ya se había conocido en muchos lances); sino que quiso, que Pedro, y todos nosotros supiésemos cuánto era lo que Él amaba a su Iglesia, para que nos aplicásemos a esto con el mayor esmero.

¿Y cuál fue la causa de no haber perdonado Dios a su Hijo Unigénito, sino que aun siendo único lo entregó? Para reconciliar a aquellos que eran sus enemigos, y formarse un Pueblo escogido.[18] ¿Y por qué derramó su sangre? Para tener la posesión de aquellas ovejas que encomendó a Pedro y a todos sus sucesores.

Justamente decía Cristo: "¿Quién es el siervo fiel y prudente a quien el Señor ha puesto para gobernar su casa?"[19] He aquí por segunda vez palabras de uno que duda; y el que hablaba, las profería sin dudar. Si no que como cuando preguntando a Pedro, si lo amaba, no lo preguntaba porque necesitase saber el amor del discípulo, sino porque quería manifestar el exceso de su amor; así en nuestro caso, cuando dice: *¿Quién es el siervo fiel, y prudente?* no dijo esto porque ignorase quién es este siervo fiel y prudente, sino que quería manifestar lo raro del ministerio, y la grandeza de este grado. Observa ahora cuán grande es el premio: le pondrá en la administración de todos sus bienes. Querrás acaso discutir aún que yo no he hecho bien en engañarte, debiendo de ser puesto en la administración de los bienes de Dios y practicar aquellas cosas, que practicando Pedro, afirmó el Señor, había de sobresalir entre los demás apóstoles, diciéndole: Pedro, *¿me amas más que estos? apacienta mis ovejas.* Podía muy bien hablarle de esta suerte: si me amas, ayuna, duerme sobre la tierra desnuda, vela sin cesar, asiste a los que padecen injustamente, sé padre de los huérfanos y sirve de marido a la madre de estos. Ahora, pues, dejadas a un lado todas estas cosas, que es lo que dice: *Apacienta mis ovejas.*

---

[18] "El que aun a su propio Hijo no perdonó, antes le entregó por todos nosotros" (Ro. 8:32). "De tal manera amó Dios al mundo que ha dado a su Hijo unigénito" (Jn. 3:16). "Y reconciliar por la cruz con Dios a ambos en un mismo cuerpo, matando en ella las enemistades" (Ef. 2:16); "Que se dio a sí mismo por nosotros para redimirnos de toda iniquidad, y limpiar para sí un pueblo propio, celoso de buenas obras" (Tit. 2:14).

[19] Mateo. 24:45.

2

La grandeza del ministerio

Todas las cosas que acabo de decir pueden fácilmente practicar muchos de aquellos que son súbditos, y no solamente los hombres, sino también las mujeres; pero cuando se trata de gobernar la Iglesia, y de tomar a su cargo el cuidado de tantas almas, sepárese de la grandeza de este ministerio todo el sexo de aquéllas, y la mayor parte de los hombres, y sean presentados aquellos que sobresalen entre todos con exceso, y que son tanto más altos que los otros en la virtud del ánimo, cuanto lo era Saúl sobre toda la nación de los hebreos en la altura del cuerpo, y aun mucho más. Ni se busque aquí solamente la medida de la estatura, sino que cuanta es la diferencia que hay de los brutos a las criaturas racionales, otra tanta distancia ha de haber entre el pastor y las ovejas, por no decir, que ha de ser aun mayor, pues el peligro es de cosas mucho mayores. Porque aquel que perdió las ovejas, o porque las cogieron los lobos, o asaltaron los ladrones, o las sorprendió la peste, o alguna otra desgracia de estas, podrá tal vez esperar algún disimulo del dueño del ganado; y cuando éste quiera pedirle satisfacción, el daño se recompensa con dinero. Pero aquel a quien están confiados los hombres, que son el rebaño racional de Cristo, padece en primer lugar el daño, no en el dinero, sino en su misma alma por la pérdida de las ovejas.

Le queda además de esto una contienda mayor y más difícil: no son lobos a los que ha de hacer frente, ni tiene que recelarse de ladrones, ni que procurar apartar el contagio del rebaño. ¿Pues con quién tiene esta guerra? ¿Con quién debe pelear? Oye al bienaventurado Pablo, que dice: "Nosotros no tenemos guerra con la sangre, y con la carne, sino con los principados, y con las potestades; con los mundanos rectores de las tinieblas de este siglo, contra las espirituales malicias en las partes celestiales".[20]

---

[20] Efesios 6:12.

La lucha contra poderes invisibles de maldad

¿No has visto la terrible muchedumbre de enemigos, los fieros escuadrones, no armados de hierro, sino que por toda armadura tienen bastante con su propia naturaleza maligna?

¿No has visto la terrible muchedumbre de enemigos, los fieros escuadrones, no armados de hierro, sino que por toda armadura tienen bastante con su propia naturaleza maligna? ¿Quieres ver aún otro ejército cruel y fiero que pone asechanzas a este rebaño? Este lo verás desde la misma atalaya. El mismo que habló de aquellas cosas nos muestra estos mismos enemigos, hablando de esta suerte: "Son manifiestas las obras de la carne, las cuales son: la fornicación, el adulterio, la impureza, la deshonestidad, la idolatría, los maleficios, las enemistades, las riñas, los celos, las iras, las contiendas, las detracciones, los chismes, las hinchazones de ánimo, las sediciones, y otras muchas cosas".[21] No las redujo todas a número, sino que dejó que de estas se comprendiesen las demás.

Y por lo que toca al pastor de los seres irracionales, los que quieren destruir el rebaño, si ven que huye el que lo cuida, no se detienen a combatir con él, sino que se contentan con llevarse el ganado; pero en nuestro caso, aun después de haber cogido todo el ganado, no dejan al que lo apacienta, sino que lo acometen con mayor furia y toman mayor ardor, no desistiendo de su empresa, hasta haberle derribado o quedar ellos vencidos. Se junta a todo esto que las enfermedades de las bestias se conocen fácilmente: ya sea hambre, ya peste, ya herida, o cualquiera otra cosa que las infeste; lo que no sirve de poco alivio para librarlas de los males que las molestan. Y aun se encuentra otra mayor ventaja que esta, la que hace que se apresure la curación del mal. ¿Y cuál es? Que los pastores, con gran potestad, obligan a las ovejas a recibir la curación, cuando de buena voluntad no la admiten; pues sin dificultad las atan cuando conviene aplicar el fuego, o el hierro; y las tienen cerradas mucho tiempo, y las conducen de un pasto a otro y alejan de las aguas, cuando todo esto les es conducente. Del mismo modo sin el menor trabajo aplican todas las otras cosas, que creen pueden conducir para su curación.

---

[21] Gálatas 5:19; 2ª Corintios 12:20.

3

Las enfermedades del alma

Pero por lo que respecta a las enfermedades de los hombres, no es fácil al principio que un hombre las conozca: "Porque ninguno conoce las cosas del hombre, sino el espíritu del hombre que está dentro de él".[22] ¿Cómo, pues, podrá uno aplicar el remedio a una enfermedad, cuya condición no conoce, y que muchas veces, ni aun puede saber si está enfermo aquel a quien lo aplica? Aun cuando el mal se manifiesta, no es por eso menor la dificultad. Porque no se pueden curar todos los hombres con la misma facilidad con que cura el pastor las ovejas. Se puede muy bien atar aquí, apartar del pasto, usar del hierro y del cauterio; pero la libertad de recibir la curación está no en quien aplica la medicina, sino en el enfermo. Conociendo esto aquel varón admirable, decía a los de Corinto: "Nosotros no dominamos vuestra fe, sino que somos cooperadores de vuestro gozo".[23]

Principalmente a los cristianos, es a quienes entre todos es menos permitido el corregir con la fuerza las caídas de los pecadores. Los jueces externos, cuando cogen a los delincuentes que han faltado contra las leyes, ejercitan su gran poder, y por fuerza los obligan a cambiar de costumbres. Pero en nuestro caso, las persuasiones, y no la fuerza son las que han de mejorar a este hombre. Porque ni las leyes nos han dado facultad tan grande para reprimir a los delincuentes; y aunque nos la hubieran dado, no tendríamos ocasión en que emplear esta autoridad; porque Dios corona a aquellos que se abstienen del pecado por elección, y no por necesidad.

De aquí es que se necesita una gran habilidad para que los que están enfermos puedan ser persuadidos a que voluntariamente se sujeten a la curación de los pastores; y no solamente esto, sino que conozcan la gracia que reciben en curarlos. Y si alguno, estando atado, él mismo se golpea (pues está en su mano el hacerlo), hará el mal

> Se necesita una gran habilidad para que los que están enfermos puedan ser persuadidos a que voluntariamente se sujeten a la curación de los pastores; y no solamente esto, sino que conozcan la gracia que reciben en curarlos.

---

[22] 1ª Corintios 2:11.
[23] 2ª Corintios 1:24.

A los cristianos, es a quienes entre todos es menos permitido el corregir con la fuerza las caídas de los pecadores. Porque Dios corona a aquellos que se abstienen del pecado por elección, y no por necesidad. más incurable; y si no hiciere caso de las palabras que cortan a semejanza de cuchillo, con este desprecio añadirá otra herida, y la ocasión de la cura vendrá a ser materia de enfermedad más difícil; pues no hay alguno que le obligue, ni que pueda contra su voluntad curarle.

4

Consejos para la cura de almas

¿Qué es, pues, lo que aquí se puede hacer? Si te portas con demasiada blandura con aquel que necesita de mucho rigor, y no dieres el corte profundo a quien tiene necesidad de esto, cortarás una parte de la herida, y dejarás otra; y si dieres sin misericordia un corte justo, sucederá muchas veces, que exasperado aquel de dolor, arrojándolo todo desconsideradamente, la medicina y la ligadura, se precipitará a sí mismo, haciendo pedazos el yugo y rompiendo las ataduras.

Pudiera contarte aquí muchos que llegaron a los últimos males por haberles aplicado las penas que merecían sus delitos; porque no se debe aplicar sin consejo el castigo a proporción de las culpas, sino que es necesario explorar primero el ánimo de los que pecan, no sea que queriendo reparar lo que está roto, lo hagas más irreparable, y queriendo levantar lo caído des ocasión a otra mayor caída.

Los que son débiles, y relajados, y que por la mayor parte se hallan entregados a los placeres del mundo, y que pueden blasonar no poco por su nobleza y poder, reduciéndolos blandamente, y poco a poco, a que reconozcan sus pecados, podrán, ya que no en todo, a lo menos en parte, librarse de los males que los aprisionan; pero si alguno sin medida aplicare la corrección, los privará aun de aquella menor enmienda.

El ánimo, pues, cuando una vez ha sido obligado a pasar los límites de la vergüenza, cae en la indolencia, y después no cede a razones suaves, ni se dobla por amenazas, o mueve con los beneficios, sino que viene a hacerse peor que aquella ciudad, a quien reprobando el profeta, decía: "Te has hecho semejante a una ramera; has perdido con todos la vergüenza".[24]

De aquí es que el pastor necesita de mucha prudencia y de mil ojos para considerar por todas partes el estado de un alma; porque así como muchos se inquietan hasta

> No se debe aplicar sin consejo el castigo a proporción de las culpas, sino que es necesario explorar primero el ánimo de los que pecan, no sea que queriendo reparar lo que está roto, lo hagas más irreparable, y queriendo levantar lo caído des ocasión a otra mayor caída.

---

[24] "Has tenido frente de mala mujer, ni quisiste tener vergüenza" (Jer. 3:3, RV).

el extremo de una locura, y caen en una desesperación de su salud, por no poder sufrir los remedios ásperos; también hay otros que, por no haber pagado el castigo correspondiente a sus delitos, se entregan al desprecio y descuido, y se hacen mucho peores, y son como llevados por la mano a cometer mayores excesos. Conviene, pues, no dejar cosa alguna de estas sin examen. Después de haberlas considerado todas con la mayor atención, ha de aplicar todo cuanto esté de su parte el pastor, para que su cuidado no le salga inútil. Y no sólo para esto, sino para reunir los miembros que están separados de la Iglesia, conocerá cualquiera que tiene mucho que hacer; porque un pastor de ovejas tiene su rebaño, que le sigue por cualquier parte que lo guíe; y si algunas se extraviaren del camino recto, y dejados los pastos buenos, se apacientan en lugares estériles y escabrosos, le basta gritar con fuerza para reducir de nuevo, y hacer volver al rebaño la que se había separado. Pero si un hombre se apartare de la verdadera creencia necesita el pastor de mucha industria, constancia y paciencia; pues no podemos traerle por fuerza, ni obligarle con el temor, sino que es necesario persuadirlo a que vuelva a la verdad, de donde desde el principio se había extraviado. Se requiere, por tanto, un ánimo generoso para no desfallecer, ni desesperar de la salud de los que andan perdidos; de suerte, que continuamente vayan rumiando y diciendo: "Mira no sea que Dios les dé arrepentimiento, para que conozcan la verdad, y queden libres de los lazos del diablo".[25] Por esto mismo, hablando el Señor con sus discípulos, les dijo: "¿Quién es el siervo fiel, y prudente?"[26]

Porque aquel que atiende a perfeccionarse a sí mismo, reduce solamente a sí toda la utilidad; pero el provecho del ministerio pastoral se extiende a todo el pueblo. Y aquel que distribuye el dinero a los necesitados, y que por otra parte defiende a los que padecen injustamente, en la realidad no deja de aprovechar a sus prójimos, pero tanto menos que un pastor, cuanta es la distancia que hay entre el cuerpo y el alma. Justamente dijo el Señor, que el cuidado de su rebaño es una señal de amor hacia Él.

---

[25] "Que con mansedumbre corrija a los que se oponen; si quizá Dios les dé que se arrepientan para conocer la verdad, y se zafen del lazo del diablo, en que están cautivos a voluntad de él" (2ª Ti. 2:25-26).
[26] Mateo 24:45.

Basilio rechaza las razones de Juan

—"¿Pues qué, tú no amas a Cristo?", dijo Basilio.

—Yo le amo, y nunca dejaré de amarlo; pero temo enojar al mismo que amo.

—¿Y qué enigma más oscuro que éste? Porque si Cristo ha ordenado que apaciente sus ovejas aquel que le ama, ¿cómo dices que tú no las apacientas, porque amas al mismo que manda esto?

—No es enigma –respondí– este modo de hablar, sino muy claro, y sencillo. Porque si yo, hallándome con las fuerzas suficientes que Cristo pide para administrar este cargo, con todo lo rehusase, podías, en tal caso, dudar de lo que digo; pero haciéndome inútil para tal ministerio la debilidad de mi ánimo, ¿qué duda puede quedar de mis palabras? Temo, pues, no suceda, que recibiendo el rebaño de Cristo, grueso, y bien alimentado, por mi falta de experiencia lo eche a perder, irritando contra mí a un Dios, que lo ama con tanto extremo, que se dio a sí mismo por precio de su salud y redención.

—¿Te burlas cuando dices esto?, porque si hablas en serio, yo no sé verdaderamente con qué otras razones podrías probar mejor ser justo mi sentimiento que con las que has procurado apartar de mí esta tristeza; porque yo, aunque desde el principio he visto muy bien que he sido engañado, y vendido por ti; pero ahora que has querido dar satisfacción a mis cargos, conozco y entiendo mucho más claramente en qué abismo de males me has metido; porque si tú has huido de este ministerio por el conocimiento que tenías de que tu ánimo no podría sufrir el peso de este cargo, debías haberme librado de él a mí el primero; y esto, aun en el caso de haber yo manifestado mucho deseo de alcanzarlo, y no en el de haber puesto en tus manos todas mis deliberaciones. Pero ahora veo que atendiendo solo a tu comodidad has olvidado enteramente la mía. ¡Y ojalá fuera sólo haberla olvidado; así me daría por contento! Pero me has puesto asechanzas, para que con mayor facilidad me pudiesen coger los que quisieran hacerlo.

Ni tienes que recurrir a la disculpa de haber sido engañado del concepto de muchos, por el cual quedaste persuadido de algunas grandes y admirables prerrogativas que en mí hayan hallado; porque yo no puedo entrar

> Temo que recibiendo el rebaño de Cristo, grueso, y bien alimentado, por mi falta de experiencia lo eche a perder, irritando contra mí a un Dios, que lo ama con tanto extremo.

Semejantes cosas necesitan de mucha consideración; y aquel que debe dar un sujeto idóneo para el sacerdocio, no ha de atender sólo a la fama y opinión del pueblo, sino que se debe informar.

en el número de los que pueden ser admirados o llamarse ilustres; y aunque todo esto fuera así, debía prevalecer en tu estimación la verdad a la opinión del vulgo. Si yo nunca te hubiera dado pruebas de lo mismo, por mi trato, podía quedarte algún pretexto razonable para haber sentenciado, siguiendo la opinión del vulgo; pero si ninguno ha sabido tan bien todas mis cosas, antes bien tenías conocido mi ánimo, mejor aun que los mismos que me engendraron, y criaron, ¿qué razón probable podrás dar, con que puedas persuadir a los que te oigan, que tú involuntariamente me has puesto en este peligro? Pero dejemos a un lado todo esto, porque yo no intento obligarte a responder sobre ello. Dime solamente, ¿qué excusa hemos de dar a los que nos culpan?

Elogio de las virtudes de Basilio

Yo no pasaré, le respondí, a hablar de estas cosas, sin que primero dé satisfacción a las que pertenecen a ti, aunque tú mil veces quieras librarme de responder a tus cargos.

Tú dices que por la ignorancia podía tener algún perdón, y aun quedar libre de todo cargo, si ignorante de tus cosas, te hubiera reducido a estos términos; pero que por haberte entregado, no ignorante, sino bien informado de todas ellas, no me queda algún pretexto razonable con qué defenderme justamente. Pues yo digo todo lo contrario. ¿Y por qué? Porque semejantes cosas necesitan de mucha consideración; y aquel que debe dar un sujeto idóneo para el sacerdocio, no ha de atender sólo a la fama y opinión del pueblo, sino que juntamente con ella, se debe, sobre todo, informar del modo de portarse de aquel sujeto.

Diciendo el bienaventurado Pablo: "Conviene que tenga también un buen testimonio de aquellos que son de fuera",[27] no quita el diligente y cuidadoso examen, ni lo pone como principal indicio de semejante pesquisa; porque habiendo apuntado antes otras muchas circunstancias, añade por último ésta, manifestando que no le debe bastar ésta sola para tales elecciones, sino que necesita acompañarla con las otras; porque sucede, no pocas veces,

---

[27] 1ª Timoteo 3:7.

ser falsa la opinión del vulgo. Pero cuando han precedido unas pruebas diligentes, no queda que temer para lo sucesivo algún peligro por aquella. De aquí es que después de otras muchas calidades, añade el testimonio de los extraños; porque no dijo simplemente, conviene que tenga un buen testimonio, sino que insertó la voz, también, queriendo significar que, antes de la opinión de los extraños, se debe hacer una inquisición diligente de su persona. Justamente, pues, por esto; esto es, por saber yo todas tus cosas, mejor aún que los mismos que te engendraron, como tú mismo has confesado, sería justo que yo quedase libre de toda culpa.

–Justamente por esto –dijo Basilio–, no podrás ser absuelto si alguno quisiere acusarte. ¿No te acuerdas, y no me has oído decir frecuentemente, y por las mismas obras has podido conocer cuán poca es la fortaleza que se halla en mi alma? ¿No me has burlado continuamente como a hombre de poco espíritu, porque yo, fácilmente, al menor contratiempo perdía el ánimo?

–Bien me acuerdo –respondí yo–, haberte oído muchas veces semejantes discursos, ni yo lo negaría; pero si alguna vez me he burlado de ti, ha sido por una gracia, y no seriamente.

Cuando han precedido unas pruebas diligentes, no queda que temer para lo sucesivo algún peligro por aquella.

5

El amor, señal del cristiano

Este singular bien, este distintivo de los discípulos de Cristo, y que se pone sobre todos los dones divinos, lo he visto fuertemente plantado en tu alma.

Al presente no es mi ánimo altercar contigo sobre este punto. Te pido sí, que uses conmigo de igual sinceridad, cuando yo quiera hacer memoria de alguna de las cosas buenas que en ti se hallan; porque aunque tú pretendas redargüirme de que falto a la verdad, no me detendré en demostrar que tú más hablas así por modestia que por hacerla obsequio; y para confirmación de lo dicho, no me valdré de otro testimonio, que del de tus mismas palabras y de tus hechos.

Quiero, en primer lugar, que me respondas a esto: ¿Sabes bien cuál es la fuerza del amor? Cristo, dejando a un lado todos los milagros que debían ser obrados por los apóstoles dijo: "En esto conocerán los hombres, que vosotros sois mis discípulos, en que os amáis unos a otros".[28] Y Pablo dice: "Que el cumplimiento de la ley es el amor";[29] y que faltando éste, son inútiles todos los dones de Dios. Este singular bien, este distintivo de los discípulos de Cristo, y que se pone sobre todos los dones divinos, lo he visto fuertemente plantado en tu alma, y brotar frutos muy abundantes.

Yo confieso –respondió Basilio–, que no es pequeño el cuidado que tengo sobre este punto; y confieso también, que pongo la mayor atención en este mandamiento; pero que yo, ni aun la mitad de él haya cumplido, tú mismo podrás ser buen testigo, si dejando a un lado toda lisonja, quisieres hacer honor a la verdad.

---

[28] Juan 13:35.
[29] 1ª Corintios 13:3.

6

Modestia y verdad

Así que me volveré –dije–, a los argumentos, y cumpliré ahora lo que te tengo amenazado, manifestando que tú das más importancia a la modestia que a la verdad. Contaré un caso que sucedió hace poco tiempo, para que ninguno tenga que sospechar que trayendo aquí cuentos viejos, intento, por el mucho tiempo que ha pasado, oscurecer la verdad; no permitiendo ésta, que yo añada alguna cosa aun a lo que dijese sólo por gusto.

Cuando uno de nuestros confidentes fue, por calumnia, acusado de ultraje y de soberbia, se vio en el último peligro; tú entonces, sin que ninguno te llamase a la causa, y sin que te lo rogase el mismo que había de peligrar, tú mismo te arrojaste en medio de los peligros. El hecho fue de esta manera.

Y para convencerte con tus mismas palabras, haré también aquí memoria de lo que tú dijiste. Porque no faltando unos que desaprobaban aquel ardor tuyo, y otros, que por el contrario lo alabasen y admirasen: "¿Qué otra cosa, pues, debo yo hacer?" dijiste a los que reprendían tu conducta; yo no sé amar de otra manera, si no es ofreciendo mi vida, cuando fuere necesario, para salvar a alguno de mis amigos. Repetiste, aunque con diferentes palabras, pero en el mismo sentido, lo que Cristo dijo a sus discípulos, queriendo señalar los términos de un perfecto amor: "Ninguno tiene –dijo– mayor amor que éste; que es poner su propia vida por sus amigos".[30] Pues si no se puede encontrar mayor que éste, llegaste ya al término de él, y por lo que ejecutaste, y dijiste, has llegado ya a la cumbre. Este es el motivo que he tenido para haberte vendido, y por esto he urdido aquel engaño. ¿Quedas ahora persuadido, que ni por mala voluntad, ni por querer ponerte en peligro, sino por saber que serías muy útil, te hemos traído a este estadio?

"¿Y piensas tú –dijo–, que pueda ser bastante la fuerza del amor para la corrección de los prójimos?

"Ninguno tiene mayor amor que éste; que es poner su propia vida por sus amigos." Pues si no se puede encontrar mayor que éste, llegaste ya al término de él.

---

[30] Juan 15:3.

Si quieres que yo produzca aquí también pruebas de tu prudencia, pasemos a hablar de ésta y manifestemos que eres aun más prudente que amante.

Sin duda –respondí–, que puede este contribuir en mucha parte para esto; y si quieres que yo produzca aquí también pruebas de tu prudencia, pasemos a hablar de ésta y manifestemos que eres aun más prudente que amante.

Basilio se sonrojó al oír estas razones, y cubierto su rostro de vergüenza dijo:

Dejemos por ahora lo que a mí toca, pues no es por eso sobre lo que desde el principio quería pedirte cuenta. Si tienes alguna causa razonable con qué poder responder a los de fuera, de esta te oiría hablar con mucho gusto. Déjate, pues, de pelear contra una sombra y dime qué defensa podré yo alegar a los otros, tanto a los que nos han hecho este honor, como a los que se compadecen de ellos, como ultrajados por nosotros.

7

Evitar malentendidos

Yo ya me apresuraba a llegar a esto –respondí–; porque concluido el discurso por lo que pertenece a ti, fácilmente me volveré también a esta parte de defensa. ¿Qué es, pues, en lo que estos nos acusan, y cuáles son los delitos?

–Dicen que nosotros los hemos injuriado, y que han recibido un ultraje muy grave, porque no hemos aceptado la honra que nos han querido hacer.

–Pues yo, lo primero que digo, es que no se debe hacer caso de la injuria que resulta a los hombres, cuando por conservarles el honor, nos vemos obligados a ofender a Dios.

Ni puedo tampoco creer que puedan, sin peligro, indignarse los que llevan esto mal; antes bien estoy persuadido que encierra en sí un gravísimo daño: Porque aquellos que están dedicados a Dios, y que miran a Él sólo en todas sus acciones, deben estar tan religiosamente dispuestos, que no cuenten por injuria una cosa de esta clase; y esto, aunque mil veces fueran ultrajados. Pero que yo, ni aun por pensamiento, haya tenido semejante atrevimiento, lo puedes conocer de lo que diré: Si yo por soberbia, o por vanagloria (de lo que tú has dicho, que con frecuencia nos calumnian muchos), hubiera venido a esto, sería, sintiendo con mis acusadores, uno de los que hubieran faltado más gravemente, por haber despreciado a unos varones grandes, y admirables, y sobre todo nuestros bienhechores. Y si es digno de castigo el ofender a aquel que no te ha ofendido, ¿cuánta pena merecerá el corresponder con obras contrarias, a los que por sí mismos se movieron a honrarnos? Ni alegue alguno, que por haber recibido de mí algún beneficio, o grande o pequeño, han querido premiar este servicio.

Ni aun en tiempo alguno nos ha pasado semejante cosa por el pensamiento; antes bien, hemos huido de tan grave carga por otro fin muy diverso; ¿por qué, ya que no nos perdonan, no quieren aprobar mi hecho?, sino que nos acusan de que hemos mirado por nuestra alma.

Ya que no todos, al menos algunos que encuentran su gusto en maldecir, hubieran tenido ocasión de sospechar y de hablar muchas cosas de mí, que atendiendo a las riquezas, me habían promovido a este grado.

Yo, pues, he estado tan distante de injuriar a tales varones, que por el contrario, estoy por decir, que han recibido de mí un gran honor, con rehusar el que me hacían; y no te admires, si te parece alguna paradoja lo que digo: oirás muy prontamente la razón de todo esto.

En este caso, ya que no todos, al menos algunos que encuentran su gusto en maldecir, hubieran tenido ocasión de sospechar y de hablar muchas cosas de mí, que era el ordenado, y también de los que me habían elegido. Dirían, que atendiendo a las riquezas, y admirando la nobleza de la cuna, y lisonjeados por mí, me habían promovido a este grado; y no me atrevo a asegurar, si se hallaría tal vez alguno, que sospechase haber sido inducidos por dinero. Cristo, añadirían, ha llamado a esta dignidad pescadores, artífices de tiendas, y publicanos; pero estos no se dignan admitir a los que se mantienen con su trabajo cotidiano; y si encuentran alguno que se haya aplicado a las letras humanas, y que pase en ocio toda la vida, a este alaban, y a este admiran. ¿Por qué, pues, desprecian a los que han sufrido innumerables sudores en utilidad de la Iglesia, y en un punto han elevado a semejante honor, al que ni aun ligeramente ha gustado jamás alguno de estos trabajos, sino que ha gastado toda su vida en la vana aplicación a las ciencias profanas?

8

El ministerio no es para chiquillos

Estas, y otras muchas cosas hubiesen podido decir, si hubiéramos admitido esta dignidad, pero no al presente; pues con esto se les ha cortado todo pretexto de maldecir. Ni pueden acusarme de adulación, ni tampoco a aquellos de haber recibido regalos, sino es que haya algunos, que voluntariamente quieran dar en semejante manía. ¿Cómo puede componerse, que el que sigue la adulación, y gasta el dinero por llegar a un puesto de honor cuando está a punto de conseguirlo, lo ceda a los otros?

Esto sería lo mismo que si un hombre después de haber tolerado muchos trabajos en cultivar la tierra, para que la mies viniese cargada de mucho fruto y el vino rebosase en los lagares después de innumerables fatigas y excesivo gasto de dineros, cuando llegase el tiempo de segar, y de recoger la uva, dejase a los otros la cosecha de los frutos.

¿Ves como en este caso, aunque sus discursos fueran muy distantes de la verdad, con todo quedaba algún pretexto a los que quisieran calumniarlos de haber hecho la elección sin un recto discernimiento de razón? Pero ahora no les hemos dejado lugar para respirar, ni aun para abrir simplemente la boca.

Estas, e incluso otras cosas mucho mayores hubieran dicho en el principio; pero después de haber comenzado a ejercitar el ministerio, no hubiéramos bastado a defendernos cada día de los acusadores; y esto, aunque en todo nos hubiéramos portado irreprensiblemente; ¿qué sería cuando por la poca experiencia, y por la corta edad nos hubiéramos visto obligados a errar en muchas cosas?

En nuestro caso los hemos librado de este cargo; y en el otro, los hubiéramos expuesto a innumerables oprobios. Quién en tal caso no hubiera dicho: han sido confiadas a muchachos sin juicio cosas grandes y maravillosas; han destruido el rebaño de Dios.

¡La religión de los cristianos se ha convertido en juegos de niños y en irrisión!

Y si por lo que toca a ti dijeren todas estas cosas, prontamente los harás conocer por las obras, que ni la prudencia se mide por la edad.

Pero ahora "todos los malos cierren su boca".[31] Y si por lo que toca a ti dijeren todas estas cosas, prontamente los harás conocer por las obras, que ni la prudencia se mide por la edad, ni se hace prueba por las canas de la vejez; ni se debe apartar enteramente al joven de tal ministerio, sino sólo al que es neófito,[32] habiendo entre uno y otro grandísima diferencia.

---

[31] Salmos 107:42.

[32] Cf. "Palabra fiel: Si alguno apetece obispado, buena obra desea. Conviene, pues, que el obispo sea irreprensible... No un *neófito*, porque inflándose no caiga en juicio del diablo" (1ª Ti. 3:1-6).

La dignidad del ministerio

Libro III

1

Exculpación de soberbia

Para probar que no hemos rehusado este honor con intención de injuriar a los que nos han honrado, ni pretendiendo por esto hacerles algún ultraje, pudiéramos alegar lo que dejamos dicho. Pero que tampoco lo hemos rehusado, arrebatados de alguna especie de soberbia, procuraré ahora, en cuanto me sea posible, hacerlo también patente; porque si se dejara a mi elección el aceptar un gobierno militar, o un reino, y yo abrazara este sentimiento, con razón podría alguno sospechar esto de mí; o en tal caso, ninguno me culparía de soberbia, sino que todos me tendrían por un loco.

Pero proponiéndoseme el pastorado, que es tanto más excelente que un reino, cuanta es la distancia que hay entre el espíritu y la carne, ¿tendrá alguno el atrevimiento de acusarme de soberbia? ¿No es, pues, una cosa absurda, tratar y acusar de locos a los que desprecian cosas de poca monta, y a los que hacen esto con otras de mucho mayor consideración, absolviéndolos de locura, acusarlos de soberbia? Esto es lo mismo que tratar, no como a soberbio, sino como a hombre privado de sentido, a aquel que rehusara gobernar una magnífica manada de toros si no quisiera ser vaquero; y que del que se negase a recibir el imperio de todo el mundo, y el mando de todos los ejércitos de la tierra, se asegurase, no que estaba loco, sino poseído de soberbia.

Pero no, no es esto así; los que hablan de este modo, se desacreditan más a sí mismos, que a nosotros; porque el pensar solamente que la naturaleza humana pueda despreciar tan gran dignidad, es un indicio suficiente de la opinión que tienen de ella, los que profirieron esto; porque si no la tuvieran por una cosa de poca consideración y monta, de ningún modo les hubiera venido al pensamiento una sospecha semejante.

¿Cuál es, pues, la causa de que ninguno jamás ha tenido el atrevimiento de formar semejante pensamiento sobre la naturaleza de los ángeles, y de decir, que hay un alma humana, que por soberbia no se dignaría de aspirar a la dignidad de aquella naturaleza? Son grandes las cosas

Proponiéndoseme el pastorado, que es tanto más excelente que un reino, cuanta es la distancia que hay entre el espíritu y la carne, ¿tendrá alguno el atrevimiento de acusarme de soberbia u orgullo?

que nos figuramos de aquellas potestades; y esto no nos permite creer que pudiese el hombre pensar cosa mayor que aquel honor; por lo tanto, con más razón pudiera alguno acusar de soberbia a nuestros mismos acusadores; porque no podrían sospechar de los otros una cosa como ésta, si ellos primero no la despreciasen como de ningún valor.

2

Exculpación de vanagloria

Si después dicen que hemos hecho esto, atendiendo a la gloria, se manifestarán repugnantes, y que se contradicen a sí mismos. A la verdad, yo no sé qué otras razones más eficaces que estas podrían alegar, si quisieran defendernos de ser acusados de vanagloria.

Si hubiera entrado en mi ánimo semejante deseo, debía yo antes haberlo aceptado, que rehusado; ¿y por qué? porque de esto me hubiera resultado mucha gloria. Porque hallándome en tal edad, y que hace poco aparté de mí los pensamientos del siglo, si de repente hubiera comparecido para con todos tan admirable que pudiese ser preferido a los que han consumido toda su vida en tan grandes fatigas y hubiese tenido más votos que ellos, ¿no hubiera sido esta una cosa que a todos los hubiera movido a pensar que en mí se hallaban prerrogativas tan grandes y admirables, y que me hubiera ganado el respeto y veneración de todos?

Pero ahora, a excepción de algunos pocos, la mayor parte de la Iglesia no me conoce, ni aun por el nombre; de modo, que no todos saben, sino algunos pocos, que yo lo haya rehusado; y de estos, no creo que todos tengan una idea clara de lo sucedido. E incluso es probable que la mayor parte crea que no fue en absoluto elegido, y los demás, que si me eligieron, me rechazaron luego por no haberles parecido apto, y no que voluntariamente me he retirado.

> Hallándome en tal edad, y que hace poco aparté de mí los pensamientos del siglo, si de repente hubiera comparecido para con todos tan admirable que pudiese ser preferido a los que han consumido toda su vida en tan grandes fatigas y hubiese tenido más votos que ellos, ¿no hubiera sido esta una cosa que a todos los hubiera movido a pensar que en mí se hallaban prerrogativas tan grandes y admirables, y que me hubiera ganado el respeto y veneración de todos?

3

No hay que esperar alabanzas, ni temer críticas

Porque el pastorado se ejercita en la tierra, mas pertenece al orden de las cosas celestiales, y con razón; porque no ha sido algún hombre, ni ángel, ni arcángel, ni alguna otra potestad creada, sino el mismo Paráclito el que ha instituido este ministerio. De aquí resulta que el pastor debe ser tan puro como si estuviera en los mismos cielos entre aquellas potestades.

—Bien, pero no cabe duda –dijo Basilio– que aquellos que están informados de la verdad, no podrán menos de admirarse.

—Pero estos –tú decías–, que nos acusaban de vanagloria, y de soberbia. ¿De dónde, pues, podemos prometernos alabanzas? ¿Del vulgo? Éste no sabe bien la verdad del hecho. ¿De algunos pocos? Pero aun en este caso nos ha salido todo al contrario. Ni tú por otro motivo has entrado en este discurso, sino por saber qué podríamos responder a éstos. Ahora bien, ¿por qué trato estas cosas con tanta sutileza? Aunque todos supiesen la verdad, quiero que esperes un poco, y que conozcas claramente, que ni aun así debíamos ser condenados de soberbia, o de vanagloria.

Fuera de esto, verás también claramente, que no es pequeño el peligro que amenaza, no sólo a los que tengan semejante atrevimiento, si es que se encuentra alguno, que no me lo puedo persuadir, sino también a los que tienen esta sospecha de los otros.

La grandeza celestial del ministerio

Porque el pastorado se ejercita en la tierra, mas pertenece al orden de las cosas celestiales, y con razón; porque no ha sido algún hombre, ni ángel, ni arcángel, ni alguna otra potestad creada, sino el mismo Paráclito el que ha instituido este ministerio, y el que nos ha persuadido a que permaneciendo aún en la carne concibiésemos en el ánimo el ministerio de los ángeles.

De aquí resulta que el pastor debe ser tan puro como si estuviera en los mismos cielos entre aquellas potestades. Terribles a la verdad, y llenas de horror eran las cosas que precedieron el tiempo de la gracia, como las campanillas, las granadas, las piedras preciosas en el pecho, y en el humeral, la mitra, la cidaris, o tiara, el vestido talar, la lámina de oro, el *sancta sanctorum*,[33] y la gran soledad que se observaba en lo interior de él.[34] Pero si alguno atentamente considerase las cosas del N.T. hallará que en su comparación son pequeñas aquellas tan terribles y llenas de horror, y que se verifica aquí lo que se dijo de la ley: "Porque aun lo que fue glorioso, no es glorioso en este respecto, en comparación con la gloria más eminente".[35]

Porque cuando tú ves al Señor sacrificado[36] y humilde, y el sacerdote que está orando sobre la víctima,[37] y a todos teñidos de aquella preciosa sangre, ¿por ventura crees hallarte aún en la tierra entre los hombres, y no penetras de inmediato sobre los cielos, y apartando de tu alma todo pensamiento carnal, con un alma desnuda, y con pensamiento puro no registras las cosas que hay en el cielo?

¡Oh maravilla! ¡Oh benignidad de Dios para con los hombres! ¡Aquel que está sentado en el cielo a la diestra del Padre, se pone en aquel momento en las manos de todos; todos pueden entonces contemplarle con los ojos de la fe!

¿Te parecen, por ventura, dignas de desprecio estas cosas, o ser tales, que alguno pueda levantarse contra tan soberanos misterios? ¿Quieres también por otra maravilla conocer la excelencia de este misterio? Imagínate que tienes delante de los ojos al profeta Elías, y una innumerable muchedumbre que le rodea, la víctima puesta sobre las piedras, y a todos los otros en una gran quietud y silencio, y sólo al profeta en oración; después mira cómo el fuego que baja del cielo consume el sacrificio. Maravillosas son estas cosas, y llenas de asombro.

> ¡Oh maravilla de Dios para con los hombres! Aquel que está sentado en el cielo a la diestra del Padre, se pone en aquel momento en las manos de todos; todos pueden entonces contemplarle con los ojos de la fe.

---

[33] Referencia a Éxodo 28.

[34] Cuando el Sumo Sacerdote entraba, una vez al año, en la fiesta de la expiación.

[35] 2ª Corintios 3:10.

[36] Referencia a la Eucaristía o Santa Cena; Juan Crisóstomo está, desde luego, convencido de la presencia real de Cristo en ella. "Lo que está en el cáliz es aquello que manó del costado... ¿Qué es el pan? El cuerpo de Cristo" (*Hom. 24 en 1ª Co.* 1).

[37] Bien pronto la simbología sacerdotal del Antiguo Testamento se aplicó en la Iglesia al sacramento eucarístico, dotándole de un carácter sacrificial ajeno al Nuevo Testamento. "Sacrificio tremendo y terrible" (*Hom. 24 en 1ª Co.*). "No hacemos otro sacrificio, como lo hacía entonces el pontífice, sino que siempre ofrecemos el mismo, o mejor: hacemos conmemoración del sacrificio" (*Hom. 17 en He.* 3).

Pasa después de allí a las cosas que se hacen al presente, y las encontrarás, no sólo maravillosas, sino que exceden toda admiración. Se presenta, pues, el sacerdote,[38] no haciendo bajar fuego del cielo, sino al Espíritu Santo; y permanece en oración, no para que consuma las cosas propuestas una llama encendida en lo alto, sino para que descendiendo la gracia sobre el sacrificio, abrase las almas de todos los asistentes y queden más brillantes que la plata acrisolada por el fuego.

¿Quién, pues, podrá despreciar este tremendo misterio, a menos que esté loco y fuera de sí? ¿Ignoras, acaso, que sin particular auxilio de la gracia de Dios no habría alma humana capaz de soportar la prueba de ese fuego, sino que nos consumiría a todos de un modo absoluto?

---

[38] Sacerdote, gr. *hieros*, es un título nunca aplicado a los ministros del Nuevo Testamento, pero entró en el lenguaje de la Iglesia tan pronto se equiparó la celebración de la Santa Cena a la conmemoración del sacrificio incruento de Cristo en la cruz. Primero fue el rito, después la necesidad del oficiante.

4

El poder del perdón

Porque si alguno considerase atentamente lo que en sí es, el que un hombre envuelto aún en la carne y en la sangre, pueda acercarse a aquella feliz e inmortal naturaleza; se vería bien entonces, cuán grande es el honor que ha hecho a los sacerdotes la gracia del Espíritu Santo. Por medio, pues, de éstos se ejercen estas cosas y otras también nada inferiores, y que tocan a nuestra dignidad y a nuestra salud. Los que habitan en la tierra, y hacen en ella su mansión, tienen el encargo de administrar las cosas celestiales y han recibido una potestad que no concedió Dios a los ángeles ni a los arcángeles; porque no fue a estos a quienes se dijo: "Lo que atareis sobre la tierra, quedará también atado en el cielo, y lo que desatareis, quedará desatado".[39] Los que dominan en la tierra tienen también la potestad de atar, pero solamente los cuerpos; mas la atadura de que hablamos, toca a la misma alma y penetra los cielos; y las cosas que hicieren acá en la tierra los sacerdotes, las ratifica Dios allá en el cielo, y el Señor confirma la sentencia de sus siervos.

¿Y qué otra cosa les ha dado, sino toda la potestad celestial? "De quien perdonareis, dice, los pecados, le son perdonados, y de quien los retuviereis, les son retenidos".[40] ¿Qué potestad puede darse mayor que ésta? "El Padre ha dado al Hijo todo el juicio".[41] Pero veo que toda esta potestad la ha puesto el Hijo en manos de sus ministros. Como si hubieran sido ya trasladados a los cielos, y levantándose sobre la humana naturaleza, y libres de nuestras pasiones, así han sido ensalzados a tan gran poder.

Fuera de esto, si un rey hiciese tal honra a uno de sus súbditos, que a su voluntad encarcelase, o por el contrario librase de las prisiones a todos los que quisiese, ¿no sería éste mirado como feliz, y con respeto por todos? ¿Y el que

> Los que habitan en la tierra, y hacen en ella su mansión, tienen el encargo de administrar las cosas celestiales y han recibido una potestad que no concedió Dios a los ángeles.

---

[39] Mateo 18:18.
[40] Juan 20:23.
[41] Juan 5:22.

ha recibido de Dios tanto mayor potestad, cuanto es más precioso el cielo que la tierra, y las almas que los cuerpos, podrá parecer a algunos que ha recibido una honra de tan poca consideración, que pueda, ni aun pasarles por el pensamiento, que a quien se confiaron estas cosas, pueda despreciar el beneficio? ¡Dios nos libre de semejante locura!

> Locura manifiesta, sin duda, sería el despreciar una dignidad tan grande, sin la cual no podemos conseguir, ni la salud, ni los bienes que nos están propuestos.

Porque locura manifiesta, sin duda, sería el despreciar una dignidad tan grande, sin la cual no podemos conseguir, ni la salud, ni los bienes que nos están propuestos. "El que no naciere de agua y del Espíritu, no puede entrar en el reino de Dios".[42] Y aquel que no come la carne del Señor, y no bebe su sangre, es excluido de la vida eterna.[43] Ni todas estas cosas se hacen por medio de algún otro, sólo por aquellas santas manos; quiero decir, por las del sacerdote. ¿Cómo, pues, podrá alguno, sin estos, escapar del fuego del infierno, o llegar a alcanzar las coronas que están reservadas en la gloria?

Estos, pues, son a quienes están confiados los partos espirituales y encomendados los hijos que nacen por el bautismo. Por ellos nos vestimos de Cristo y nos unimos con el Hijo de Dios haciéndonos miembros de aquella bienaventurada cabeza; de modo que para nosotros justamente han de ser más respetables, no sólo que los potentados y que los reyes, sino aun que los mismos padres; porque estos nos han engendrado de la sangre y de la voluntad de la carne, pero aquellos son causa de nuestro nacimiento en Dios, de aquel dichoso nuevo nacimiento, de la verdadera libertad y de la adopción de hijos según la gracia.[44]

---

[42] Juan 3:5.

[43] Cf. Juan 6:53, 54: "Si no comiereis la carne del Hijo del Hombre, y bebiereis su sangre, no tendréis vida en vosotros. El que come mi carne y bebe mi sangre, tiene vida eterna; y yo le resucitaré en el día postrero".

[44] En defensa de su actitud, al rechazar la oferta del episcopado, Juan argumenta poniendo al ministerio cristiano en un plano tan elevado que anula los medios de gracia y la responsabilidad individual, excepto el del sacerdocio. Todo lo reduce al ministerio sacerdotal, pero el texto al que aquí alude atribuye la regeneración claramente a la obra de Dios mediante la fe en Cristo: "Mas a todos los que le recibieron, les dio potestad de ser hechos hijos de Dios, a los que creen en su nombre; los cuales no son engendrados de sangre, ni de voluntad de carne, ni de voluntad de varón, sino de Dios" (Jn. 1:12, 13).

5

Sacerdotes del Antiguo y del Nuevo Pacto

Los sacerdotes de los judíos tenían potestad de curar la lepra del cuerpo, mejor diré, no de librar, sino de aprobar solamente a los que estaban libres de ella.[45] Y tú no ignoras con qué empeño era disputado entonces el estado sacerdotal. En cambio, nuestros sacerdotes han recibido la potestad de curar, no la lepra del cuerpo, sino la inmundicia del alma; no de aprobar la que está limpia, sino de limpiarla enteramente.

De modo que los que a estos desprecian, son mucho más execrables y merecen mayor castigo que Datán y quienes le siguieron.[46] Aunque aquellos pretendían una dignidad que no les correspondía, tenían de ella al mismo tiempo una opinión maravillosa, lo que manifestaron con el mismo hecho de desearla tan ardientemente. Éstos en cambio, en el tiempo en que el sacerdocio se halla en un grado de tanto honor y ha tomado tan gran incremento, han manifestado un atrevimiento mucho mayor que aquéllos, aunque de diverso modo. Porque no es lo mismo, por lo que toca a razón de desprecio, el desear un honor que no te conviene, o el despreciarlo; sino que esto es tanto peor que aquello cuanta es la diferencia que hay entre el despreciar una cosa y admirarla. ¿Cuál es, pues, aquella alma desgraciada, que desprecie bienes tan grandes? Yo no diré que hay alguna, si no es que fuere agitada de un furor diabólico.

Pero nuevamente vuelvo al lugar de donde salí. No solamente por lo que toca a castigar, sino también para beneficiar, dio Dios mayor potestad a los sacerdotes que a

---

[45] Véase Levítico 14.
[46] "Coré, hijo de Izhar, hijo de Coat, hijo de Leví, y Datán y Abiram hijos de Eliab, y Hon, hijo de Pelet, de los hijos de Rubén, tomaron gente, y leventáronse contra Moisés con doscientos cincuenta varones de los hijos de Israel, príncipes de la congregación, de los del consejo, varones de renombre. Y se juntaron contra Moisés y Aarón y les dijeron: ¡Basta ya de vosotros! Porque toda la congregación, todos ellos son santos, y en medio de ellos está Jehová; ¿por qué, pues, os levantáis vosotros sobre la congregación de Jehová?" (Nm. 16:1-3).

¿Cuánta virtud, tanto propia como sobrenatural, te parece que necesita para no errar aquel a quien tocó por suerte el adornar la Esposa de Cristo?

los padres naturales. Y hay entre unos y otros tan gran diferencia como la que hay entre la vida presente y la venidera; porque aquéllos nos engendran para ésta, y éstos para aquélla. Aquéllos no pueden librar a sus hijos de la muerte corporal, ni defenderlos de una enfermedad que los asalte; pero éstos han sanado muchas veces nuestra alma enferma y próxima a perderse, haciendo a unos la pena más llevadera y preservando a otros desde el principio para que no cayesen; y no solamente enseñándoles y amonestándoles, sino también socorriéndolos con oraciones. Y esto, no sólo cuando nos vuelven a engendrar, sino porque después de esta generación, conservan la potestad de perdonarnos los pecados. "¿Enferma alguno entre vosotros? Llame a los ancianos de la iglesia, y éstos rueguen sobre él, ungiéndole con óleo en el nombre del Señor, y la oración de la fe salvará al enfermo, y el Señor le aliviará; y si hubiere hecho pecados, le serán perdonados".[47] Fuera de esto, los padres naturales, si sus hijos ofenden a algún gran príncipe, o potentado, en nada los pueden favorecer; porque los sacerdotes los han reconciliado, no con los príncipes, o con los reyes, sino con el mismo Dios enojado. ¿Y habrá alguno, después de todas estas cosas, que se atreva a acusarme de soberbia y orgullo por no haber aceptado el sacerdocio?

Yo creo que, por lo que dejo dicho, quedarán las almas de los que me escuchen tan ocupadas de religioso temor, que no condenarán de soberbia o atrevimiento a aquellos que huyen, sino quienes por sí mismos se apresuran a procurar este honor. Porque si aquellos a quienes se encomendó el gobierno de las ciudades las arruinaron cuando no se han portado con la mayor prudencia y cautela, y se perdieron a sí mismos, ¿cuánta virtud, tanto propia como sobrenatural, te parece que necesita para no errar aquel a quien tocó por suerte el adornar la Esposa de Cristo?

---

[47] "¿Está alguno enfermo entre vosotros? llame a los ancianos de la iglesia, y oren por él, ungiéndole con aceite en el nombre del Señor. Y la oración de fe salvará al enfermo, y el Señor lo levantará; y si estuviere en pecados, le serán perdonados" (Stg. 5:14, RV).

6

La tremenda responsabilidad del ministerio

Ninguno amó más a Cristo que Pablo, ninguno dio muestras de mayor cuidado que él, ninguno fue hecho digno de mayor gracia. Con todo, después de tantas prerrogativas, teme aún y tiembla por esta potestad y por aquellos que le están encomendados. "Temo que como la serpiente engañó a Eva con su astucia, sean corrompidos así vuestros sentidos en alguna manera, de la simplicidad que es en Cristo."[48] Y en otro lugar: "Estuve yo con vosotros con flaqueza, y mucho temor y temblor".[49] Un hombre arrebatado al tercer cielo, y hecho participante de los arcanos de Dios, y que sufrió tantas muertes como días vivió después de su conversión; un hombre que no quiso usar de la potestad que había recibido de Cristo, para que no se escandalizase alguno de los fieles. Si él, que aun se excedía en la custodia de los divinos mandamientos, y que de ningún modo buscaba lo que era suyo, sino el bien de los demás, estaba siempre con tanto temor cuando volvía la consideración a la grandeza de este ministerio, ¿qué será de nosotros, que frecuentemente sólo buscamos nuestros intereses, que no sólo no sobrepasamos los divinos mandamientos, sino que por la mayor parte no los cumplimos? ¿Quién, dice él, enferma, y yo no enfermo? ¿Quién se escandaliza, y yo no me siento abrasar?[50] Tal ha de ser necesariamente el sacerdote, y no solamente así; porque estas cosas son de poca, o de ninguna consideración, respecto de las que diré.

¿Y cuáles son estas? Yo deseaba, dice, ser anatema de Cristo por mis hermanos unidos a mí según la carne.[51] Si alguno puede proferir semejante palabra, si alguno tiene un alma que toque en este deseo, merece justamente ser reprendido, si es que huye. Pero si alguno se halla tan

---

[48] 2ª Corintios 11:3.
[49] 1ª Corintios 2:3.
[50] 2ª Corintios 11:29.
[51] "Porque deseara yo mismo ser apartado de Cristo por mis hermanos, los que son mis parientes según la carne" (Ro. 9:2 RV).

Son en mucho mayor número las olas que combaten con tempestades el ánimo del ministro que los vientos que inquietan el mar.

necesitado de esta virtud como yo me hallo, justo es que sea abominado, no cuando huye sino cuando acepta. Porque si se propusiese la elección para una dignidad militar, y los que hubieran de conceder este honor, poniendo en medio un herrero, o un zapatero, u otro artesano de esta clase, le confiasen el mando del ejército, yo no alabaría a este infeliz, si no huyera e hiciera cuanto estuviera de su parte, para no caer en una ruina inevitable; porque si basta simplemente el ser llamado pastor, y desempeñar de cualquier modo que sea este ministerio, ni en este se encuentra peligro alguno, puede enhorabuena acusarnos de vanagloria todo aquel que quisiere.

Pero si el que toma sobre sí este cuidado necesita tener una gran prudencia, y aun más que ésta, una gracia muy grande de Dios, rectitud de costumbres, pureza de vida, y mayor virtud que la que puede hallarse en un hombre, ¿me negarás el perdón, porque no he querido sin consejo, y temerariamente, perderme? Porque si uno, conduciendo una nave mercantil, bien pertrechada de remeros y colmada de inmensas riquezas, y haciéndome sentar junto al timón, me mandase doblar el mar Egeo o Tirreno; yo, al oír la primera palabra, rehusaría semejante comisión; y si alguno me preguntase, por qué; le respondería, que por no echar a pique el navío.

Pues si donde la pérdida se extiende tan solamente a las riquezas, y el peligro a la muerte corporal, ninguno puede acusar a los que usen de la mayor cautela, cuando a los que naufragan, les espera no caer en este mar, sino en un abismo de fuego, y les aguarda una muerte, no la que separa el alma del cuerpo, sino la que envía la una juntamente con el otro a una pena eterna.

¿Te enojarías conmigo, y me aborrecerías, porque precipitadamente no me había arrojado a tan grande ruina? No, no así, te ruego, y suplico. Conozco bien este ánimo débil, y enfermo; conozco la grandeza de aquel ministerio, y la dificultad grande que encierra en sí este negocio. Son, pues, en mucho mayor número las olas que combaten con tempestades el ánimo del ministro que los vientos que inquietan el mar.

7

Bestias y escollos en el ministerio

Y sobre todos los males, aquel terrible escollo de la vanagloria, más peligroso que aquel de las Sirenas que fantasearon los poetas. Muchos, en la realidad, pudieron, navegando, pasar junto a él sin recibir daño alguno; pero a mí me parece tan peligroso el otro, que aun ahora, cuando ninguna necesidad me arrebata a semejante abismo, apenas puedo verme libre de este mal.

Si alguno pusiese en mis manos semejante carga, sería lo mismo que si me atase las manos atrás, y me diese por presa a las bestias que habitan en aquel escollo, para que cada día me despedazasen.

¿Y cuáles son estas bestias? La ira, la tristeza, la envidia, la contienda, las calumnias, las acusaciones, la mentira, la hipocresía, las asechanzas, las imprecaciones contra los que no han hecho mal alguno, la alegría en los trabajos de los ministros, la tristeza por su buen porte en el cumplimiento de su obligación, el amor de las alabanzas, el deseo de honra (que es lo que sobre todas cosas precipita el ánimo humano), las doctrinas acomodadas al gusto de los oyentes, las viles adulaciones, las lisonjas bajas, el desprecio de los pobres, los obsequios a los ricos, los honores inconsiderados y las gracias dañosas, que igualmente son peligrosas a los que las hacen y a los que las reciben; el temor servil, y que solamente conviene a los esclavos más viles; el no tener libertad para hablar; una humildad toda aparente, pero ninguna en la realidad; el no aplicar las represiones y el castigo, o tal vez emplearlas sin medida contra personas humildes, no habiendo quien se atreva, ni aun a abrir la boca contra aquellos que tienen el gobierno.

> ¿Cuáles son estas bestias? La ira, la tristeza, la envidia, la contienda, las calumnias, las acusaciones, la mentira, la hipocresía, las asechanzas, las viles adulaciones, las lisonjas bajas.

La mujer no tiene acceso a este ministerio

Estas son las bestias, y otras aun mayores, que mantiene en su seno aquel escollo; de las cuales, los que una vez llegaron a ser sorprendidos, caen por necesidad en una esclavitud tan grande, que no pocas veces hacen a gusto

La ley divina ha excluido las mujeres de este ministerio; pero ellas procuran con el mayor tesón introducirse en él; y ya que por sí mismas nada pueden, lo hacen todo por medio de otros.

de las mujeres muchas cosas, que tengo por conveniente no explicar.[52]

La ley divina las ha excluido de este ministerio; pero ellas procuran con el mayor tesón introducirse en él; y ya que por sí mismas nada pueden, lo hacen todo por medio de otros, y es tan grande el poder que se han arrogado, que a su voluntad aprueban, o excluyen a los que se les antoja. Aquí se ve bien cumplido lo que se dice proverbialmente, que lo de arriba abajo, y de abajo arriba, pues los que debieran mandar obedecen, y los que habrían de obedecer mandan. Y menos mal, si por lo menos fueran hombres, y no aquellas a quienes no se ha permitido el enseñar; ¿y qué digo el enseñar?, ni aun hablar en la iglesia les permitió el apóstol Pablo.[53]

Yo he oído contar a alguno que se han tomado tanta libertad que han llegado a reprender a los mismos prelados de las iglesias y les gritaban más ásperamente que los señores a sus propios esclavos. Ni crea alguno que yo pretendo comprender a todos en los cargos que acabo de decir; porque hay muchos, sí, muchos hay que se libraron de estas redes, y son en mucho mayor número, que los que han quedado aprisionados en ellas.

---

[52] Cf. 1ª Corintios 14:34: "Vuestras mujeres callen en las congregaciones; porque no les es permitido hablar, sino que estén sujetas, como también la ley dice".

[53] "Porque no permito a la mujer enseñar, ni tomar autoridad sobre el hombre, sino estar en silencio" (1ª Ti. 2:12).

8

El mal de buscar autoridad y dominio

Ni tampoco podría acusar al sacerdocio de estos males; no sería yo tan desatinado. Porque todos aquellos que tienen juicio, no culpan del homicidio al puñal, ni al vino de la embriaguez, ni a la fuerza de la violencia, ni a la fortaleza de un atrevimiento inconsiderado, sino a los que abusan de los dones que recibieron de Dios: a éstos son a quienes castigan; porque el sacerdocio justamente nos acusará, que no le tratamos con rectitud. No es este causa de los males que dejamos dichos, sino nosotros, que en cuanto está de nuestra parte, lo afeamos con tantas manchas, confiándolo a cualquier persona.

Porque estos, sin entrar primero en el conocimiento de sus propias almas, y sin atender a la gravedad de la empresa, reciben alegremente lo que se les da; pero cuando llegan a la práctica, deslumbrados de su poca experiencia, envuelven en mil males a los pueblos que les han sido confiados. Esto, pues, esto es lo que ha faltado poco para sucederme a mí, si Dios prontamente no me hubiera preservado de tales peligros, mirando por su Iglesia, y por mi alma. ¿De dónde, dime, juzgas que nacen tan grandes inquietudes en las iglesias?, yo creo que no proceden de otra parte, sino de hacerse sin consejo, y sin reparo las elecciones de los prelados; porque es necesario que sea muy robusta la cabeza, para que pueda regir, y poner en orden los malos vapores que suben de la parte inferior de lo restante del cuerpo; pero si por sí misma es débil, y enferma, y no puede desechar aquellos insultos de que se engendran las enfermedades, se debilita de día en día más y más, y juntamente consigo pierde lo restante del cuerpo; para que no sucediese esto al presente, me ha conservado Dios en el orden de los pies, que por suerte me tocó desde el principio.

Otras muchas cosas hay, ¡oh Basilio!, otras muchas cosas hay además de las dichas, que deben hallarse en el pastor, que nosotros no tenemos; y la primera de todas es que ha de tener el alma enteramente pura del deseo de esta dignidad; porque si se inclina con un afecto desordenado

Otras muchas cosas hay, además de las dichas, que deben hallarse en el pastor, que nosotros no tenemos; y la primera de todas es que ha de tener el alma enteramente pura del deseo de esta dignidad.

a semejante dignidad, después de haberla conseguido, enciende una llama mucho más vehemente; y dejándose llevar por la fuerza, a cambio de mantenerse en el puesto alcanzado, se ve obligado a incurrir en infinitos males, ya siguiendo la adulación, ya sufriendo cosas indignas y serviles, ya derramando y consumiendo mucho dinero. Y porque no parezca tal vez a algunos que cuento cosas increíbles, paso ahora en silencio, que muchos peleando por esta dignidad, han cubierto de cadáveres las iglesias y han dejado desiertas las ciudades.

Debía, pues, según yo pienso, mirarse con tanta religión este ministerio que debía rehusarse al principio como carga; y después de hallarse en ella, no esperar los juicios de los otros, si acaeciese incurrir en algún delito que mereciese la deposición, sino previniéndolo, eximirse por sí mismo de esta dignidad; porque así es probable, que se inclinaría Dios a misericordia. Pero el retener con obstinación esta dignidad contra lo conveniente, es privarse de todo perdón, es irritar más la ira de Dios, añadiendo al primer pecado otro mayor; pero no, no habrá alguno tan obstinado. Porque mala cosa es sin duda, mala, el apetecer esta dignidad. Ni yo me opongo, diciendo esto, a lo que escribe San Pablo; antes entiendo, que voy enteramente conforme con sus palabras. ¿Qué es, pues, lo que dice? "Si alguno desea el obispado, desea una buena obra."[54] No digo que es malo el desear la obra, sino el apetecer la autoridad, la dominación.

---

[54] 1ª Timoteo 3:1.

9

Padecer por el ministerio

Este es aquel deseo, que juzgo yo se debe desterrar del ánimo con el mayor cuidado, procurando no dar lugar desde el principio, a que quede ocupado de este deseo, para poder obrar con libertad en todas las cosas. Aquel que no se deja arrastrar de alguna ambición de manifestarse brillante con esta potestad, tampoco teme el dejarla; y no temiendo, puede obrar en todo con aquella libertad que conviene a los cristianos. Pero los que están recelosos, y temen el ser removidos, sufren una esclavitud amarga, y llena de muchos males, y se ven obligados frecuentemente a ofender a Dios y a los hombres. Conviene, pues, que no tengamos un ánimo dispuesto de esta suerte; sino que así como en las guerras vemos combatir con denuedo, y morir con fortaleza a los soldados valerosos, del mismo modo los que entran en este ministerio, deben estar dispuestos a ejercer los empleos del pastorado y a dejar la dignidad como corresponde a hombres cristianos, y que saben que semejante dejación no trae consigo menor corona que el mismo ministerio; porque cuando uno sufre y padece un caso semejante, por no incurrir en una cosa indecente e indigna de aquella dignidad, atrae mayor castigo a los que injustamente le han depuesto, y para sí consigue un premio más colmado. Dice la Escritura: "Vosotros sois bienaventurados, cuando os ultrajaren, persiguieren y dijeren todo mal contra vosotros, mintiendo por ocasión mía, alegraos, y regocijaos, porque vuestro premio es grande en los cielos".[55] Y esto cuando sea depuesto por los de su mismo orden, o por envidia, o por congraciarse con otros, o por odio, o por otro motivo poco justo; pero cuando sucede sufrir esto de los contrarios, creo que no se necesitan palabras para demostrar la utilidad que les ocasionan con su malicia. Lo que conviene, pues, observar por todas partes con la mayor atención es que no quede escondida alguna centella de este deseo. No será poco de estimar que los que desde el principio tienen pura el alma

> Los que entran en este ministerio, deben estar dispuestos a ejercer los empleos del pastorado y a dejar la dignidad como corresponde a hombres cristianos, y que saben que semejante dejación no trae consigo menor corona.

---

[55] Mateo 5:11.

Si alguno, aun antes de conseguirlo, alimenta dentro de sí esta cruel y terrible fiera, no te podré explicar en qué incendio tan grande se arroja.

de esta pasión, puedan librarse de ella cuando lleguen a este grado. Pero si alguno, aun antes de conseguirlo, alimenta dentro de sí esta cruel y terrible fiera, no te podré explicar en qué incendio tan grande se arroja después de haberlo conseguido. Nosotros, pues (ni creas que por modestia quiero en modo alguno disimularte la verdad) tenemos el alma muy poseída de este deseo; y este es el motivo, que no nos ha espantado menos que todos los otros, y que nos ha dado ocasión para esta fuga. Porque así como los que aman los cuerpos mientras pueden estar cerca de las personas amadas, sufren su pasión con mayor impaciencia; pero cuando les sucede estar apartados, cuanto les es posible, de los objetos de su cariño, destierran al mismo tiempo aquella manía; del mismo modo los que apetecen este grado, cuando se acercan a él se les hace un mal insoportable; pero cuando han depuesto la esperanza, juntamente con ella han apartado de sí el deseo. Ésta, pues, es una causa no despreciable, la que aunque fuera sola, bastaría por sí misma para tenernos lejos de esta dignidad.

10

Atención y solicitud

Pero se añade otra, que no es menor. ¿Cuál es ésta? Es necesario que el pastor sea vigilante, perspicaz,[56] y que por todas partes tenga innumerables ojos, como aquel que no vive para sí sólo, sino también para tan gran muchedumbre.

Ahora bien, tú mismo confesarás que yo soy perezoso, omiso, y que apenas me basto para procurar mi salvación; aunque por el amor que me tienes procuras, más que todos, ocultar mis defectos. No me tienes que alegar aquí el ayuno, las vigilias, el dormir sobre la tierra desnuda, ni otras austeridades y maceraciones del cuerpo porque sabes muy bien cuán lejos estoy yo de todas estas virtudes; y aunque con diligencia las practicara, ni aun así por esta lentitud me podrían aprovechar cosa alguna para este ministerio. No hay duda de que podrían ser muy útiles a un hombre, que metido en su aposento, atendiese y cuidase solamente de sus cosas; pero respecto de aquel que está dividido para atender a tan gran muchedumbre, y que tiene sus particulares cuidados sobre cada uno de sus súbditos, ¿qué utilidad de alguna consideración pueden traer para el provecho de éstos, si no tiene un ánimo muy fuerte y varonil?

> Es necesario que el pastor sea vigilante, perspicaz, y que por todas partes tenga innumerables ojos, como aquel que no vive para sí sólo, sino también para tan gran muchedumbre.

---

[56] "Conviene, pues, que el obispo sea irreprensible, marido de una mujer, *solícito*" (1ª Ti. 3:2).

11

Necesidad de dominio propio

Una ira desordenada ocasiona grandes males al que es poseído de ella, y a los prójimos. Como una bestia fiera acosada por todas partes de innumerables personas, no podrá jamás vivir en quietud.

Y no te admires si junto con tan gran tolerancia, pido en el alma otra prueba de valor. Vemos, en verdad, que muchos, sin dificultad desprecian los manjares, las bebidas, la cama blanda, y particularmente, aquellos que tienen una naturaleza un poco agreste y que se han criado así desde sus primeros años; y a otros muchos también, a quienes por la disposición del cuerpo y por la costumbre es fácil y llevadera la aspereza que se encuentra en estos trabajos.

Pero sufrir una injuria, un daño, una palabra molesta, las burlas de los inferiores, vengan o no vengan al caso, las quejas vanas e inconsideradas, tanto de los superiores como de los inferiores, no es de muchos, sino de uno u otro. Verás que los que se manifiestan fuertes en esas cosas padecen en estos trances, hasta el punto de enfurecerse mucho más que las bestias feroces. A este género de sujetos, los tendremos principalmente apartados del pastorado.

Porque de que un obispo no sea inclinado a la abstinencia de las viandas, ni a caminar descalzo, no por esto dañará al común de la Iglesia; pero una ira desordenada ocasiona grandes males al que es poseído de ella, y a los prójimos. Contra los que no ejercitan aquellas cosas, no hay amenaza alguna de parte de Dios; pero a los que inconsideradamente se dejan llevar de la ira, se les amenaza con el infierno, y con el fuego del infierno.[57]

Así el que ama la vanagloria cuando llega a tener la dominación de muchos suministra al fuego mayor materia; y del mismo modo, el que ni consigo mismo, ni en una conversación de pocos puede dominar la ira, fácilmente se deja transportar por ella; y si llega el caso de que se le fía el gobierno de todo un pueblo, como una bestia fiera acosada por todas partes de innumerables personas, no podrá jamás vivir en quietud y ocasionará males infinitos a los que están confiados a su fe.

---

[57] "Mas yo os digo, que cualquiera que se enojare locamente con su hermano, será culpado del juicio; y cualquiera que dijere a su hermano, Raca, será culpado del concejo; y cualquiera que dijere, Fatuo, será culpado del infierno del fuego" (Mt. 5:22).

12

La ira descalifica para el ministerio

Ninguna cosa, pues, impide tanto la pureza del ánimo, ni embota la perspicacia del entendimiento como una ira desordenada y que se transporta con gran ímpetu. Porque ésta, dice la Escritura, pierde a los prudentes.[58]

Del mismo modo que en una batalla dada de parte de noche, ofuscada la vista del alma, no sabe distinguir los amigos de los enemigos, ni a los que tienen honor de los que no lo tienen, sino que los trata a todos sin diferencia alguna; y aunque deba recibir algún mal, todo lo sufre fácilmente por saciar el placer del ánimo. Es el ardor de la ira un cierto placer que tiraniza al alma con más rigor que el mismo deleite, turbando enteramente toda la tranquilidad de su constitución; porque con facilidad la levanta a la soberbia y la excita a enemistades fuera de propósito y a un odio inconsiderado; y con frecuencia la dispone a hacer ofensas temerariamente, y sin juicio, y la obliga a ejecutar, y decir otras cosas semejantes; siendo, entretanto, el alma arrastrada de la furia de la pasión, sin tener donde, apoyando su fuerza, pueda resistir a un ímpetu tan fuerte.

No puedo sufrirte ya más tiempo que hables con tal disimulo –cortó Basilio–. ¿Quién es, pues, dime, el que ignora, cuán ajeno estás de semejante enfermedad?

¿Qué quieres –respondí yo–, oh feliz varón, ponerme cerca de la llama, e irritar una fiera que se está quieta? ¿Ignoras, acaso, que no me ha sucedido esto por virtud propia, sino por el amor que tengo a la quietud, y a la soledad? El que se siente tocado de este achaque podrá librarse de aquel incendio, permaneciendo en soledad y frecuentando el trato de uno u otro amigo solamente; pero no si se mete en un abismo de tantos cuidados. En este caso, no sólo arrastra a sí mismo al precipicio de la perdición, sino a otros muchos también en su compañía y los hace que atiendan menos a cultivar la mansedumbre.

---

[58] "La blanda respuesta quita la ira; mas la palabra áspera hace subir el furor" (Pr. 15:1).

El pastor, espejo de virtudes para los fieles

> No es posible que estén ocultos los defectos de los pastores; antes bien, aun los más pequeños se hacen públicos prontamente. Aquellos hombres que pasan una vida privada y libre de negocios, tienen en la soledad un velo que cubre sus defectos; pero si se presentan en público, se ven obligados a despojarse de la soledad que les servía como vestido y a manifestar a todos desnudas sus almas, por los movimientos externos.

Sucede, pues, naturalmente, que la multitud de los que deben obedecer, se miren frecuentemente como en un ejemplar original en las costumbres de los que los gobiernan, procurando asemejarse a ellos. ¿Cómo podrá uno que padece tumores, hacer cesar las inflamaciones en los súbditos?, ¿y cuál será en un pueblo, el que deseará moderar prontamente los ímpetus de la ira, viendo al superior iracundo? Porque no es posible, no, que estén ocultos los defectos de los pastores; antes bien, aun los más pequeños se hacen públicos prontamente. El atleta puede a la verdad ocultarse, aunque sea muy débil, mientras se está quieto en casa sin entrar en lucha con alguno; pero cuando despojándose desciende al combate, fácilmente se descubre lo que es. Igualmente, pues, aquellos hombres que pasan una vida privada y libre de negocios, tienen en la soledad un velo que cubre sus defectos; pero si se presentan en público, se ven obligados a despojarse de la soledad que les servía como vestido y a manifestar a todos desnudas sus almas, por los movimientos externos.

Así como sus buenas acciones son a muchos de gran utilidad, convidándolos a una igual imitación, así también sus delitos los hacen más perezosos en la práctica de la virtud y los disponen a que se entorpezcan en las fatigas de las buenas obras. De todo lo cual resulta ser necesario que por todas partes brille la hermosura de su alma para que pueda alegrar e iluminar las de aquellos que los miran. Porque los pecados de la gente ínfima, hechos como a lo oscuro, sirven de ruina solamente a los que los cometen; pero el de un hombre de consideración, y conocido de muchos, trae un daño común a todos, haciendo que los que han caído, sean más remisos en los sudores de las cosas buenas, y excitan a soberbia a los que quieren atender a sí mismos.

Fuera de esto, las caídas de la gente ínfima, aunque lleguen a publicarse, a ninguno ocasionan una herida tan profunda; pero los que se hallan puestos en lo alto de este grado, están, en primer lugar, patentes a todos, y después, aunque sean muy tenues las cosas en que falten, se descubren estas muy grandes a los otros; porque no miden el pecado por la grandeza del hecho, sino por la dignidad de aquel que lo ha cometido. Se necesita, pues, que el pastor esté pertrechado de un gran cuidado y de una perpetua vigilancia sobre su vida, como de unas armas de diamante, y que vele con la mayor atención, para que no haya alguno, que encontrando algún lado descubierto y abandonado le dé una herida mortal. Porque todos le cercan dispuestos a herirle y derribarle; y no sólo toda clase de enemigos, sino muchos también de aquellos que se le venden por amigos.

Es por tanto necesario que sean elegidas tales almas, como en otro tiempo manifestó la gracia de Dios fueron los cuerpos de aquellos santos en el horno de Babilonia.[59] No es el sarmiento, ni la pez, o la estopa alimento de este fuego, sino otro mucho más nocivo. Porque no es lo que tienen debajo, aquel fuego sensible; sino que es la llama de la envidia, la que los cerca, y la que consumiéndolo todo, se levanta por todas partes y los asalta escudriñando su vida con más diligencia, que hizo entonces el fuego con los cuerpos de aquellos niños. Luego que encuentra una pequeña porción de estopa, inmediatamente se pega; y no sólo consume aquella parte débil y viciada, sino que abrasa y oscurece con aquel humo toda la restante estructura, aunque fuera más resplandeciente que los rayos del sol.

Siempre que la vida del pastor estuviere por todas partes bien compuesta, no podrá ser cogida por asechanzas; pero si tuviere el menor descuido, por pequeño que sea (como es creíble que sucederá a un hombre que pasa este mar de la vida lleno de tantos extravíos), nada le aprovechan todas las otras buenas acciones para poder librarse de las lenguas de sus acusadores; por el contrario, aquella pequeña falta basta para oscurecer todo lo restante.

Todos quieren juzgar al pastor, no como a un hombre vestido de carne, a quien le ha tocado una naturaleza de hombre, sino como a un ángel libre de toda otra enfermedad.

Cuidarse de los compañeros de ministerio

Así como todos temen y adulan a un tirano mientras se mantiene en el dominio, porque no pueden derribarle

---

[59] Véase Daniel, cap. 3.

Aquellos que poco antes le honraban y respetaban, luego que encuentran un mínimo pretexto, se preparan fuertemente para derribarlo, no sólo como a tirano, sino como a una cosa peor aún que tirano.

de aquel puesto pero cuando ven que sus intereses toman otro semblante contrario, dejada la máscara de aquel fingido honor, los que poco antes se manifestaban sus amigos, se le convierten de repente en contrarios y enemigos declarados, y registrando cuál es el lado que tiene más flaco, le embisten y privan del imperio. Así con los pastores, aquellos que poco antes, y cuando se hallaba sobre el candelero, le honraban y respetaban; luego que encuentran un mínimo pretexto, se preparan fuertemente para derribarlo, no sólo como a tirano, sino como a una cosa peor aún que tirano.

Y así como el tirano teme principalmente a su propia guardia personal; así el pastor ha de temer también, más que a todos, a los que le sirven en el ministerio; porque ningún otro desea tanto su dignidad, ni sabe sus flaquezas tan bien como estos; estando a su lado, si comete algún desliz lo saben antes que los otros, y pueden fácilmente ser creídos; aunque sea calumniándoles, y haciendo grandes las cosas de poco cuerpo, pueden cogerle sorprendido con este engaño.

Así se verifica en sentido contrario el dicho del apóstol: "Si padece algún miembro, se alegran todos los miembros; y si es honrado un miembro, padecen todos los miembros";[60] a no ser que alguno de señalada piedad pueda mantenerse fuerte contra todas estas cosas.

¿Y es posible que nos envíes a una guerra tan grande? ¿Has juzgado, acaso que mi ánimo bastará para mantener una batalla tan varia y de tan diferentes especies? ¿De dónde y de quién lo supiste? Porque si Dios te lo ha revelado, muéstrame el oráculo y yo obedezco; y si no puedes mostrármelo, sino que das tu voto siguiendo el concepto de los hombres, aparta tu ánimo de semejante error; porque por lo que toca a nuestras cosas, es justo que sigamos antes nuestro juicio que el de los otros: "Pues ninguno conoce las cosas de un hombre, sino el espíritu que está dentro de él".[61] Que nosotros nos hubiéramos hecho ridículos a nosotros mismos, y a los que nos hubie-

---

[60] "Por manera que si un miembro padece, todos los miembros a una se duelen; y si un miembro es honrado, todos los miembros a una se gozan" (1ª Co. 12:26).

[61] 1ª Corintios 2:11.

ran elegido, en el caso de haber aceptado esta dignidad, y que con gran daño hubiéramos tenido que volvernos a este estado de vida, en que al presente nos hallamos, ya que no antes, a lo menos al presente, creo que quedarás persuadido por estos discursos. Porque no solamente la envidia, sino otra cosa más terrible aún que la envidia, suele armar a muchos contra aquel que la tiene. Porque como los hijos codiciosos de dinero no pueden sufrir la larga vejez de sus padres, así algunos de estos tales, cuando ven que el pastorado dura mucho tiempo, ya que el matarlo no pueden porque esto sería una iniquidad, procuran derribarlo de aquel grado, deseando todos entrar en su lugar, y esperando cada uno que recaerá en él el ministerio.

Como los hijos codiciosos de dinero no pueden sufrir la larga vejez de sus padres, así algunos de estos tales, cuando ven que el pastorado dura mucho tiempo, ya que matarlo no pueden porque sería una iniquidad, procuran derribarlo de aquel grado, deseando todos entrar en su lugar, y esperando cada uno que recaerá en él el ministerio.

13

Partidos y luchas en la elección pastoral

Ve y atiende a las fiestas públicas en que se acostumbran hacer las elecciones de las dignidades de la Iglesia y verás al pastor acosado de tantas acusaciones, cuanto es el número de aquellos a quienes preside.

¿Quieres que te muestre otro género de esta contienda llena de mil peligros? Ve, pues, y atiende a las fiestas públicas en que se acostumbran hacer las elecciones de las dignidades de la Iglesia y verás al pastor acosado de tantas acusaciones, cuanto es el número de aquellos a quienes preside. Todos los que tienen parte en la colación de esta dignidad se dividen en esta ocasión en muchos partidos, sin que alguno pueda ver aquel congreso de presbíteros, ni concordes entre sí, ni con aquel que ha obtenido el obispado; sino que cada uno forma su partido, queriendo uno a éste y el otro a aquél. La causa de esto es el que no miran todos a una cosa, que es a la que sólo debían mirar, esto es, a la virtud del ánimo; sino que se mezclan otros motivos, por los que se confiere esta dignidad. Como por ejemplo: uno dice, elíjase éste, porque es de ilustre nacimiento; el otro, porque posee inmensas riquezas, y no tendrá necesidad para mantenerse de las rentas de la Iglesia; otro, porque del partido de los enemigos ha pasado al nuestro. Quién procura adelantar su amigo a los otros, quién al pariente, quién al adulador y ninguno quiere atender al que es idóneo, ni hacer la prueba de la virtud del ánimo.

Ahora, estoy yo tan lejos de creer que son estas causas suficientes para la prueba de los pastores, que ni aun si se encontrara alguno adornado de una gran piedad, que sin duda no conduce poco para este ministerio, ni aun a éste me atrevería a elegir inconsideradamente por solo este título, si no juntaba a la piedad una prudencia consumada. Porque yo he conocido a muchos, que habiéndose macerado, y afligido con ayunos, mientras han podido permanecer en la soledad y atender a sus cosas solamente, merecieron la divina aceptación y añadieron cada día a aquella filosofía una porción no pequeña; pero después que entraron a gobernar un pueblo y se vieron obligados a corregir las ignorancias del vulgo, los unos no pudieron, ni aun a los principios, mantenerse en el ministerio, y los otros obligados a permanecer en él, luego que abandonaron aquella primera diligencia y austeridad, ocasionaron a sí mismos un gravísimo daño y a los otros no sirvieron de algún provecho.

Pero ni aunque uno hubiera permanecido toda la vida en el ínfimo grado de este ministerio, y hubiera llegado así a la última vejez, no promoveríamos a éste inconsideradamente a un grado más alto por respeto de sus años. ¿Pues qué, si pasada ya toda esta edad, permanece aún menos apto? Ni yo digo esto, pretendiendo defraudar las canas del honor que les es debido, ni tampoco establecer una ley por la que enteramente sean removidos de este ministerio los que vienen del orden solitario, habiendo habido muchos venidos de él, que resplandecieron en esta dignidad; lo que intento demostrar, es que si ni la piedad por sí sola, ni una larga vejez son suficientes para hacer digno del pastorado al que las posee, mucho menos podrán los motivos que dejamos dichos.

Pero no faltan algunos que proponen otros más absurdos: unos son alistados en el orden clerical para evitar que se inclinen al partido de los contrarios; y otros por su misma iniquidad, para que olvidados, no ocasionen mayores males. ¿Puede darse cosa más inicua que ésta, que unos hombres malvados y llenos de mil vicios sean honrados por aquellas mismas cosas por las cuales deberían ser castigados, y que por las que ni aun podrían atravesar los umbrales de la Iglesia, por estas mismas suban a la dignidad sacerdotal? ¿Y buscamos aún, dime por tu vida, cuál sea la causa de la divina indignación, cuando confiamos las cosas más santas, y más tremendas a hombres inicuos, y de ningún valor, para que todas las trastornen? Porque cuando han llegado a la administración de cosas, que de ningún modo conviene a unos, o son muy superiores a las fuerzas de los otros, hacen que la Iglesia en nada difiera del Euripo o mar revuelto.

Yo, a la verdad, me reía antes de los príncipes seculares porque reparten los cargos honoríficos, no en atención a la virtud y dotes del alma, sino por consideración a las riquezas, al número de los años, o patrocinio de los hombres; pero después que he oído haberse introducido también en nuestras cosas el mismo modo irracional, no he tenido ya por tan grande este desorden. ¿Qué maravilla, pues, que se vean cometer estos errores por unos hombres entregados a los placeres de la vida, amigos de repu-

Cuando han llegado a la administración de cosas, que de ningún modo conviene a unos, o son muy superiores a las fuerzas de los otros, hacen que la Iglesia en nada difiera del Euripo o mar revuelto.

Yo juzgo ser igualmente malo el tener apartadas a las personas útiles, que el introducir a las inútiles. Y esto se hace para que el rebaño de Cristo no pueda por parte alguna hallar algún consuelo, ni aun siquiera respirar.

tación para con la muchedumbre, y que todo lo hacen con el fin de amontonar riquezas? Cuando aquellos que fingen vivir libres de todo esto, no se hallan más bien dispuestos, sino que altercando por las cosas celestiales, como si se deliberase sobre algunas yugadas de tierra u otra cosa semejante, eligiendo temerariamente a hombres de ninguna consideración, los ponen en el gobierno de unas cosas por las que el Unigénito Hijo de Dios no rehusó vaciarse de su gloria, hacerse hombre, tomar la forma de siervo, ser afeado con salivas, ser azotado y sufrir, según la carne, una muerte ignominiosa.[62]

Y no paran en esto, sino que añaden otros absurdos mucho mayores: porque no solamente admiten a los indignos, sino que excluyen a los que son útiles. Y como si se debiese arruinar por las dos partes la firmeza de la Iglesia, o como si no bastase la primera causa para irritar la divina indignación, así añaden esta segunda, que no es menos grave. Porque yo juzgo ser igualmente malo el tener apartadas a las personas útiles, que el introducir a las inútiles. Y esto se hace para que el rebaño de Cristo no pueda por parte alguna hallar algún consuelo, ni aun siquiera respirar.

¿No son estas cosas dignas de mil rayos? ¿No merecen un infierno mucho más terrible que el que nos está amenazando? ¿Y con todo, sufre y tolera estos males aquel que no quiere la muerte del pecador, sino que se convierta y viva?[63] ¿Quién podrá admirar bastante su bondad y amor para con los hombres? ¿Cómo no quedará pasmado de su misericordia? Las personas dedicadas a Cristo destruyen la heredad de Cristo mucho más aun que sus mismos contrarios y enemigos. Y el buen Señor usa aún de clemencia e invita al arrepentimiento. Gloria a ti, ¡oh Señor!

---

[62] "Cristo Jesús: El cual, siendo en forma de Dios, no tuvo por usurpación ser igual a Dios. Sin embargo, se anonadó a sí mismo, tomando forma de siervo, hecho semejante a los hombres; y hallado en la condición como hombre, se humilló a sí mismo, hecho obediente hasta la muerte, y muerte de cruz" (Fil. 2:5-8); "Y pusieron sobre su cabeza una corona tejida de espinas, y una caña en su mano derecha; e hincando la rodilla delante de Él, se burlaban, diciendo: ¡Salve, Rey de los Judíos! Y escupiendo en Él, tomaron la caña, y le herían en la cabeza" (Mt. 27: 29, 30).

[63] "¿Quiero yo la muerte del impío? dice el Señor Jehová. ¿No vivirá, si se apartare de sus caminos?" (Ez. 18:23).

gloria a ti. ¡Qué abismo de amor para con el hombre hay en ti! ¡Qué inmensidad de paciencia! Aquellos que por tu nombre, de hombres viles y oscuros llegaron a los honores y se hicieron respetables y visibles, se sirven de este honor contra el mismo que los honró. Tienen el atrevimiento de ejecutar las cosas más indignas, desacreditan las cosas santas, dejan a un lado y excluyen a los buenos, para que los malvados puedan sin estorbo, y con la mayor seguridad trastornarlo todo a su placer.

Una nave llena de sediciosos

Y si quieres saber las causas de este mal, las encontrarás semejantes a las primeras; pero que tienen por raíz, o digámoslo así, por única madre, a la envidia. Estas, a la verdad, no son de una misma suerte, sino que difieren entre sí; porque uno dice se deseche aquél, porque es joven; el otro, porque no sabe adular; otro, porque ha ofendido a fulano; el uno, porque fulano no se disguste, viendo reprobado el que él ha propuesto, y elegido éste; el otro, porque es moderado y de costumbres apacibles; el otro, porque es terrible a los que obran mal; y otro por otras causas semejantes, porque no les faltan pretextos, cuantos quieran. Y aun, cuando no tengan otro, traen el de que son en gran número los sacerdotes, y que no conviene conferir esta dignidad inconsideradamente, sino poco a poco, y por sus grados. Tampoco les falta modo de hallar otros motivos, cuantos quisieren.

Ahora, yo aquí quisiera preguntarte: ¿Qué hará el obispo, combatiendo con tantos vientos? ¿Cómo podrá mantenerse fuerte contra olas tan furiosas? ¿Cómo rechazará todos estos ataques? Porque si dispone la cosa ajustado a las reglas de la recta razón, todos se vuelven enemigos y contrarios suyos, y también de los que han sido elegidos. Todo lo hacen con el fin de mantener su tesón contra él, excitando sediciones cada día e imponiendo mil cosas injuriosas a los que han sido elegidos, hasta conseguir excluirlos o introducir a los suyos. Sucede aquí casi lo mismo, que como cuando un piloto de un navío lleva navegando en su compañía piratas que continuamente, y a cada hora, ponen asechanzas a su vida, a la de los marineros y a la de los pasajeros. Porque si recibiendo gente que no debía admitir, hace más caso de su favor que de

¿Qué hará el obispo, combatiendo con tantos vientos? Porque si dispone la cosa ajustado a las reglas de la recta razón, todos se vuelven enemigos y contrarios suyos.

La Iglesia, al recibir en sí hombres pestilenciales, se llena de tempestades y de naufragios. la propia salud, tendrá, en lugar de aquellos, a Dios por enemigo. ¿Qué cosa puede haber más terrible que esta?; y le darán que hacer mucho más aun que antes, ayudándose todos mutuamente y haciéndose con la unión mucho más fuertes. Porque así como cuando soplan de partes contrarias vientos furiosos, el mar que hasta entonces permanecía tranquilo, en un punto se embravece y se encrespa, sumergiendo a los navegantes; del mismo modo la tranquilidad de la Iglesia, al recibir en sí hombres pestilenciales, se llena de tempestades y de naufragios.

14

Armonía de cualidades contrarias

Piensa, pues, cuál debe ser aquel que ha de resistir a tempestad tan grande, y templar de modo tales cosas que no impidan la pública utilidad. Porque es necesario que se muestre grave, pero sin arrogancia; rígido, pero humano; imperioso, pero afable con todos, sin acepción de personas; humilde sin ser servil; de espíritu vehemente, pero manso para poder combatir fácilmente contra todas estas cosas y promover con toda libertad al que es idóneo, aun cuando todos lo resistan; y con la misma, no admitir al que no es tal, aunque todos juntos conspiren a que se admita, y no atender a otra cosa, que a la edificación de la Iglesia, y no hacer nada por enemistad o por favor.

¿Te parece que con razón hemos rehusado este ministerio? Pues aún no te lo he expuesto todo, porque tengo otras muchas cosas que decirte. Pretendo que no te sea molesto el sufrir a un amigo sincero y fiel, que quiere persuadirte se halla fuera de todos aquellos cargos que le hacías. Esto te será muy útil, no sólo para nuestra defensa, sino también para cuando llegares, como sucederá brevemente, a la administración de este empleo; porque es necesario, que el que ha de pisar este camino de vida, no ponga las manos sobre tal ministerio sin haberlo primero examinado todo con la mayor madurez. ¿Y por qué esto? porque ya que no sea otra cosa, hallándose informado de todo, tendrá la ventaja de que nada se le hará nuevo cuando ocurrieren estas cosas.

El cuidado de las viudas

¿Quieres, pues, que vengamos a tratar primero de la presidencia de las viudas, o del cuidado de las vírgenes, o de la dificultad de la potestad judicial?,[64] porque sobre

> Es necesario que se muestre grave, pero sin arrogancia; rígido, pero humano; imperioso, pero afable con todos, sin acepción de personas; humilde sin ser servil; de espíritu vehemente, pero manso para poder combatir fácilmente contra todas estas cosas y promover con toda libertad al que es idóneo, aun cuando todos lo resistan.

---

[64] Parte del oficio episcopal consistía en juzgar asuntos internos de la iglesia, que cubría una amplia gama de aspectos, desde pleitos por la posesión de la tierra a enfrentamientos entre hermanos por cuestiones familiares de herencia o cualquier otro conflicto. Para los que amaban el estudio y la predicación, este era el aspecto más desagradable de su

Después se sigue otro cuidado no pequeño; esto es, que los alimentos nunca falten, sino que corran con abundancia como de una fuente.

cada una de éstas se pide diverso cuidado, y mayor temor aun que cuidado. Y para dar principio de aquello, que entre todo parece lo más fácil, el cuidado de las viudas parece que no trae otro pensamiento a los que están encargados de ellas, que el consumo del dinero. Pero no es así, sino que se requiere también aquí mucha diligencia, cuando se llegare al caso de ponerlas en lista; porque de elegirlas sin consideración, y como vienen, se han originado males infinitos, habiendo entre éstas, quienes han corrompido las familias, han causado divisiones en los matrimonios, y frecuentemente han sido cogidas en hurtos y en otras feas ganancias, y han practicado otros tratos poco decentes. Ahora bien, el alimentar con dinero de la Iglesia semejantes mujeres, atrae sobre sí el castigo de parte de Dios, y de parte de los hombres, el que sea en gran manera blasfemado, y desalienta a aquellos que están bien dispuestos para hacer bien. Porque, ¿quién querrá, que el dinero que ha mandado se ofrezca a Cristo, se utilice y consuma con aquellas que afean y calumnian el nombre de Cristo? Por esto es necesario un diligente examen, para que no consuman la mesa de las que se hallan imposibilitadas, no solamente las que dejamos dichas, sino también aquellas, que pueden sustentarse con el trabajo de sus manos.

Después de este diligente examen, se sigue otro cuidado no pequeño; esto es, que los alimentos nunca falten, sino que corran abundantemente como de una fuente. Es un mal en cierta manera insaciable la pobreza involuntaria, llena de quejas, y de desagradecimiento; y se requiere mucha prudencia, mucha atención para cerrarle la boca, quitándole todo motivo de queja.

Muchos hay, que cuando ven a alguno superior a todo interés, sin otro examen lo califican por idóneo para este empleo. Pero yo juzgo que no le basta por sí sola, esta superioridad de ánimo; bien, que es necesario ver, si tiene ésta antes que las otras; porque sin ella sería un disipador, y no un tutor, un lobo en vez de pastor; o si juntamente con ésta, posee también otra. Esta es la que a los hombres

---

ministerio. La concepción del obispo como juez tiene su fundamento en el Nuevo Testamento cuando se dice: "¿Se atreve alguno de vosotros, cuando tiene algo contra otro, ir a juicio delante de los injustos y no delante de los santos?" (1ª Co. 6:1).

ocasiona todos los bienes; quiero decir, la paciencia, que conduce el ánimo y lo guía como a un puerto tranquilo. Las viudas son una casta de gente, que por su pobreza, por su edad y por su sexo usan de una libertad de hablar (porque es mejor decirlo así) sin medida; gritan sin venir al caso y se quejan fuera de propósito, lamentándose sobre aquellas mismas cosas de que deberían mostrar agradecimiento, y reprendiendo lo mismo que deberían alabar. Y a todo esto conviene, que el que las tiene a su cargo, no se mueva por sus rumores intempestivos, ni por sus quejas sin razón. En atención a su infelicidad, es justo que sea compadecido este género de personas, y que de ningún modo sean injuriadas; porque el insultar sus calamidades, y añadir la injuria al trabajo que tienen por su pobreza, sería tocar en lo último de la crueldad.

> ¿Qué se puede decir a un infeliz, que yace en la miseria? Habla sólo con el que puede soportar su enfermedad, exhortándole a que, antes de darle nada, lo alivie con el agrado de su semblante.

Mansedumbre para enfrentar las necesidades de los pobres

Por esto un varón muy sabio, que atiende a la condición y soberbia de la naturaleza humana, y tiene bien conocida la índole de la pobreza, capaz de acobardar el ánimo más generoso e inducirlo a despojarse de la vergüenza y arrojarlo a pedir muchas veces unas mismas cosas; para que ninguno que se ve acosado de los pobres, se mueva a ira, y quien debe socorrerlos, irritado de verse continuamente envestido de ellos, no se haga su enemigo; lo invita a ser apacible y de fácil entrada a los necesitados, diciendo: "Inclina de buena gana tus orejas al pobre y respóndele con mansedumbre palabras de paz".[65] Dejando a un lado a aquel que puede ser ocasión de impaciencia (porque, ¿qué se puede decir a un infeliz, que yace en la miseria?), habla sólo con el que puede soportar su enfermedad, exhortándole a que, antes de darle nada, lo alivie con el agrado de su semblante y con la mansedumbre de las palabras.

Si hubiere, pues, alguno que no usurpe lo que está destinado para el sustento de las viudas; pero que las injurie y se irrite contra ellas, cargándolas de afrentas; no solamente no alivia con su liberalidad la tristeza que nace

---

[65] Eclesiástico 4:8.

El que está destinado para estas cosas ha de ser adornado, no sólo de mansedumbre y de paciencia, sino que también, y en mayor grado aún, debe ser un buen administrador.

de la miseria, sino que con las injurias hace el mal mucho mayor.

Pues por la necesidad en que las pone la falta de alimento, se ven ciertamente en la precisión de ser muy descocadas; pero con todo, sienten semejante violencia. Cuando, por temor del hambre se ven obligadas a mendigar; y por mendigar, a ser descaradas; y por ser así, a dejarse cargar de mil villanías, se apodera de su ánimo una violenta melancolía, y que de mil diversos modos las cubre de una gran oscuridad. Es, pues, necesario que el que tiene a su cargo el cuidado de éstas, esté dotado de un espíritu tan elevado, que no solamente no aumente trabajo a su ánimo con la indignación y enojo, sino que por medio de sus exhortaciones y consuelos mitigue la mayor parte del dolor que tienen en su desdicha.

Porque así como aquel que es ultrajado, aunque sea socorrido largamente, no siente la utilidad del dinero, por la herida que le causó el ultraje; así aquel, que tratares con humanidad y blandura, si junto con el consuelo recibe alguna dádiva, se alegra y se regocija, y lo cuenta por don doblado, en atención al buen modo con que se le ha dado. Ni yo digo esto por propia autoridad, sino por la de aquel, que ha dado las advertencias que quedan dichas: "Hijo mío, no quieras poner ultraje en los beneficios, ni en algún don la aspereza de palabras. ¿No es verdad, que el rocío hace pasar el ardor? Pues así son mejores las palabras que el don. Mira cómo las palabras son un bien mayor, que el mismo don; y unas y otro se hallan en un hombre dotado de gracia".[66]

La buena administración de los fondos de la Iglesia

El que está destinado para estas cosas ha de ser adornado, no sólo de mansedumbre y de paciencia, sino que también, y en mayor grado todavía, debe ser un buen administrador; porque si le falta esta cualidad, quedarán expuestos al mismo desfalco los bienes de los pobres. Pues

---

[66] "Hijo, con tu beneficios no mezcles el reproche, ni a tus regalos juntes palabras tristes. ¿No aplaca el rocío el viento ardiente? Así vale más la palabra que el regalo" (Ec. 18:15, 16 BJ).

ya se dio el caso de encargar este ministerio a un hombre de mano estrecha, el cual habiendo juntado una gruesa suma de dinero, en la realidad no lo gastó consigo mismo, ni tampoco con los pobres, a excepción de una pequeña cantidad, sino que le parecía mejor guardarlo bien escondido bajo tierra; hasta que sobreviniendo un tiempo de revuelta se lo llevaron los enemigos. Se necesita, pues, de una gran provisión para que ni sobren, ni tampoco hagan falta los bienes de la Iglesia. Es, pues, necesario, que todas las rentas se repartan prontamente entre los pobres y conviene tener depositados los tesoros de la Iglesia en la buena voluntad de los miembros.

Los huéspedes y los enfermos

Y por lo que toca al hospedar los peregrinos y a las curaciones de los enfermos, ¿cuánto consumo de dinero crees tú que pide esto, y cuánta diligencia y prudencia en quien tiene el cuidado? Porque aquí el gasto no es inferior al que queda dicho, y muchas veces es mayor; y se necesita, que el que preside, sea un provisor adornado a un tiempo de piedad y de prudencia para disponer a los que tienen facultades a que ofrezcan voluntariamente, y sin pena, lo que poseen, cuidando de no ofender los ánimos de los bienhechores, al paso que solicita proveer al alivio de los enfermos. Se necesita, pues, que manifieste en esta ocasión una magnanimidad y atención mucho mayor; porque los enfermos son en cierto modo una cosa llena de fastidio, y sin acción. Y si por todas partes no se aplica una gran diligencia y cuidado, basta un descuido, aun en lo mínimo, para ocasionar gravísimos males a los enfermos.

Se necesita, pues, que manifieste en esta ocasión una atención mucho mayor; porque los enfermos son en cierto modo una cosa llena de fastidio, y sin acción.

15

El cuidado de las vírgenes

Tienen necesidad de una guardia muy segura y de mayor atención, porque el enemigo de la santidad está siempre alerta y les pone asechanzas pronto a devorarlas, si acaso se desliza alguna, o cae.

Por lo que toca al cuidado de las vírgenes, es tanto mayor el temor, cuanto es este un bien más precioso, y el rebaño más digno de un rey que los otros; pero habiéndose introducido ahora en el coro de estas santas una infinidad de gente llena de innumerables males, el trabajo se hace más difícil. Pues así como no es lo mismo el pecado de una doncella noble, que el de su sierva; así tampoco el de una virgen, y el de una viuda; porque éstas tienen por una cosa indiferente el usar de las burlas, el injuriarse mutuamente, el adular, el ser descaradas, el dejarse ver por todas partes, y el andar vagueando por la plaza; pero la virgen se ha impuesto mayores obligaciones: es imitadora de la filosofía celestial, y hace profesión de representar en la tierra el modo de vivir de los ángeles; y su propósito es hacer, vestida de esta carne, aquello que hacen las potestades incorpóreas. No le conviene hacer frecuentes e inútiles salidas de casa, ni se le permite emplearse en discursos vanos y fuera de propósito, debiendo ignorar aun el nombre de las villanías y de la adulación.

Por esto tienen necesidad de una guardia muy segura y de mayor atención, porque el enemigo de la santidad está siempre alerta y les pone asechanzas pronto a devorarlas, si acaso se desliza alguna, o cae. Además muchos hombres procuran seducirlas, juntándose a todos estos el furor de la naturaleza, y por decirlo en una palabra, tiene que estar preparada a sostener dos guerras; una que la asalta exteriormente, y otra que la turba por la parte interior.

Por esto, grande debe de ser el temor de quien tiene sobre sí este cuidado, esperándole mayor peligro y dolor si ocurriese (lo que jamás suceda) alguna cosa que no se quiere: "Una hija es para un padre un secreto desvelo, aleja el sueño la inquietud por ella",[67] siendo tan grande su temor, o de que sea estéril, o de que se le pase la edad de poderse casar, o de que pueda ser odiada de su marido;

---

[67] Ecclesiástico 42:9.

¿qué padecerá aquel, que no tiene el pensamiento puesto sobre alguna de estas cosas, sino de otras mucho mayores? Porque aquí no se trata del desprecio de un marido, sino del que se hace al mismo Cristo; ni la esterilidad se reduce solamente a oprobios, sino que el mal va a terminar en la perdición del alma. "Porque todo árbol –dice la Escritura– que no da buen fruto, es cortado, y se arroja al fuego."[68] Y a la que es aborrecida por el esposo, no basta tomar libelo de repudio, y retirarse, sino que le dan por pena del odio un eterno castigo.

> Son muchas las cosas, que hacen al padre espiritual difícil, o tal vez imposible la custodia; porque ni puede tenerla consigo dentro de casa, por no serle decente, ni sin peligro semejante cohabitación.

Y el padre natural tiene muchas cosas que le hacen fácil la custodia de la hija; porque la madre, el ama, la multitud de los criados, y la seguridad de la casa, sirven al padre de socorro para guardar más fácilmente la virgen. Ni se le permite salir en público de continuo, ni cuando sale tiene necesidad de hacerse ver de todos los que la encuentran; siendo cierto, que no menos la oscuridad de la tarde, que los muros de la casa, pueden ocultar a la que no quiere dejarse ver. Fuera de que no tiene pretexto alguno por el que esté obligada a comparecer delante de los hombres. Porque ni el pensamiento de las cosas necesarias, ni los ultrajes de los hombres injuriosos, ni alguna otra causa semejante, la pone en necesidad de tal encuentro, sirviéndole el padre por todos. A ella sólo le queda un cuidado, que es no hacer ni decir cosa que sea indigna de su persona, ni de la honestidad que le conviene.

Pero aquí son muchas las cosas, que hacen al padre espiritual difícil, o tal vez imposible la custodia; porque ni puede tenerla consigo dentro de casa, por no serle decente, ni sin peligro semejante cohabitación. Y aun cuando de aquí no sintiesen daño, y guardasen constantemente una sincera santidad, deberían, no obstante, dar cuenta de aquellas almas que habían escandalizado del mismo modo que si entre sí hubieran pecado. Ahora, siendo esto imposible, no se pueden fácilmente conocer los movimientos del alma, ni cercenar las cosas que brotan superfluamente, ni cultivar mejor las que están en buen orden, y proporción, reduciéndolas a mejor estado; ni es fácil tampoco indagar las salidas de casa; porque la pobreza y el desamparo en que se halla, no le permiten inquirir sutilmente la

---

[68] Mateo 3:10.

> La parte que pertenece a los juicios encierra infinitas molestias, grandísimo trabajo y tantas dificultades, cuantas no sostienen los jueces seculares.

honestidad que le conviene. Estando obligada a hacer por sí todas las cosas, tiene con esto muchos pretextos de salir de casa, si no quiere vivir honestamente. Y es necesario, que el que la manda, esté continuamente dentro de ella, y corte estas ocasiones, atendiendo a proveerlas de todo lo necesario, y de una mujer, que la sirva en estas cosas. Es necesario tenerla lejos de los funerales y de las vigilias nocturnas; porque aquella astutísima serpiente sabe sembrar su veneno por medio aun de las obras buenas. Y se necesita que la virgen esté cercada por todas partes de un muro y que salga pocas veces de casa en todo el año, y sólo cuando la obliguen motivos inevitables y forzosos.

Ventajas de hacer las cosas por uno mismo

Y si alguno dijere que ninguna de estas cosas es obra que debe tratar el obispo, sepa que en cada una de ellas, los cuidados y las culpas recaerán sobre él. Es, pues, mejor, que manejándolo por sí todo, se libre de los cargos, que es necesario vengan sobre él por los delitos de los otros; y que dejada a otros la administración, tenga que temer dar cuenta de lo que otros hicieron.

Fuera de esto, el que todo lo maneja por sí, fácilmente ejecuta todas las cosas; pero el que es obligado a hacer esto, a fuerza de persuadir los pareceres de todos, no consigue el quedar libre de dar por sí tanto alivio, cuantas son las inquietudes y turbaciones que le ocasionan los que se le atraviesan y contrastan sus sentimientos.

No podría yo terminar nunca de enumerar las preocupaciones y cuidados que requieren las vírgenes; porque aun cuando debe hacerse la elección de ellas, el que tiene a su cargo este ministerio no tiene que atender a un negocio de poca consideración.

El ejercicio judicial

La parte que pertenece a los juicios encierra infinitas molestias, grandísimo trabajo y tantas dificultades, cuantas no sostienen los jueces seculares; porque el hallar lo justo no es pequeña dificultad; y aun después de hallado, es difícil el no violarlo. Y no solamente aquí se encuentra trabajo y dificultad, sino un peligro no pequeño; porque algunos de los más enfermos, después de haberse enredado en pleitos y negocios, hicieron naufragio en la fe por no tener quien los socorriese. Muchos también de los que recibieron alguna injuria aborrecen a los que no les dan auxilio, del mismo modo que a los que los injuriaron; ni quieren hacerse cargo del desorden de las cosas, ni de la dificultad de los tiempos, ni de la cortapisa que tiene la potestad pastoral, ni de otra semejante, sino que son jueces inexorables, y que no entienden de otra defensa, sino de verse libres de los males de que se hallan oprimidos; y aquel que no puede ponerlos en libertad, aunque exponga mil motivos, de ningún modo podrá escapar de que le condenen.

Si el que posee un obispado no va rodando cada día por todas las casas, más aun que los que no tienen otra ocupación, se le originarán de aquí disgustos increíbles.

Visita pastoral y cumplimiento social

Pero supuesto que he hecho mención de lo que es protección, espera, te declararé otra causa que hay de quejas; porque si el que posee un obispado no va rodando cada día por todas las casas, más aun que los que no tienen otra ocupación, se le originarán de aquí disgustos increíbles. Y no sólo sucede esto con los que están enfermos, sino también con los sanos, deseando ser visitados por el obispo, inducidos no de algún motivo de religión, sino que por la mayor parte pretenden esto por honor y por dignidad. Si alguna vez sucede que lo haga con más frecuencia con alguno de los más ricos y poderosos por pedirlo así alguna necesidad urgente en utilidad del común de la Iglesia, sin otra reflexión se le apropia la reputación de lisonjero y adulador.

¿Y qué hablo yo de protección y de visitas? Solamente por las salutaciones cargan sobre él un tan gran peso de quejas, que oprimido muchas veces, se ve abatido por la tristeza. Deben dar cuenta aun de sus miradas; porque el vulgo examina con sutileza sus acciones, aun las más sencillas, y consideran el tono de la voz y el gesto del semblante, y miden la cantidad de la risa. A fulano, dice alguno, le ha sonreído y le ha saludado con un semblante alegre y en voz alta; pero a mí, solamente de paso y por encima; y si estando muchos sentados no vuelve la vista cuando habla a todas partes, reciben esto los demás como un ultraje. ¿Quién, pues, que no tenga un espíritu muy robusto, podrá resistir a tantos acusadores, ya sea para

> ¿Y quién podrá contar los dolores que padecen, cuando es necesario separar a alguno del cuerpo de la Iglesia? ¡Ojalá el mal se quedase sólo en dolor! Pero al presente se experimenta una ruina no pequeña.

quedar libre enteramente de sus cargos, o para poder desembarazarse de ser culpado? Porque es necesario no tener acusadores, mas si esto es imposible, conviene dar descargo a los delitos que se le acumulan. Y si aun esto no es fácil porque algunos encuentran su gusto en acusar temerariamente y sin consideración, se necesita resistir generosamente a la tristeza de sus quejas.

El que es acusado justamente, soporta con facilidad al que le acusa; porque no habiendo acusador más acervo que la misma conciencia, si éste nos sorprende primero, que es el más terrible de todos, sufrimos más fácilmente a los acusadores externos, en quienes se halla mayor suavidad.

Pero aquel en quien no se halla conciencia de algún hecho malo, cuando es acusado injustamente se deja llevar con prontitud por la ira, y con facilidad pierde el ánimo, si por otra parte no está bien preparado de antemano para soportar las manías del vulgo. Porque no es posible, no, que deje de inquietarse aquel que es temerariamente calumniado y condenado, y que no sienta en sí algún movimiento a la vista de una cosa tan poco razonable.

El ejercicio de la disciplina

¿Y quién podrá contar los dolores que padecen, cuando es necesario separar a alguno del cuerpo de la Iglesia? ¡Ojalá el mal se quedase sólo en dolor! Pero al presente se experimenta una ruina no pequeña. Hay, pues, que temer, no sea que castigado más de lo justo, no padezca lo que dejó dicho San Pablo; esto es: "que quede anegado de la abundancia del dolor".[69]

Extremada cautela se necesita aquí también, para que no se le convierta en ocasión de mayor daño, lo que había de ser motivo de su alivio; porque el médico que no hubiere cortado bien la herida, tendrá parte en la ira que corresponde a cada uno de los pecados que cometiere aquel, después de semejante curación. ¿Cuántos castigos no puede temer, cuando se le pida cuenta, no solamente de los pecados en que por sí mismo ha incurrido, sino

---

[69] "Así que, al contrario, vosotros más bien lo perdonéis y consoléis, porque no sea el tal consumido de demasiada tristeza" (2ª Co. 2:7).

cuando se vea puesto en el último riesgo por lo que hicieron los otros? Y si tememos por la cuenta que hemos de dar por nuestros propios pecados, como que no podremos escapar de aquel fuego, ¿qué sufrimiento no habrá de tener aquel que tenga que defenderse de tantas cosas? En confirmación de esta verdad, oye a San Pablo, o mejor diré, al mismo Cristo, que hablaba en él: "Obedeced a vuestros pastores y estadles sujetos, porque ellos velan por vuestras almas, como aquellos que han de dar cuenta de ellas".[70]

¿Te parece de poca consideración el temor que consigo lleva esta amenaza? No es fácil decir cuán grande sea. Ahora bien, todas estas cosas bastan para persuadir a los más tercos y obstinados que esta huida la hemos hecho, no sorprendidos de algún motivo de soberbia o vanagloria, sino solamente temiendo a nosotros mismos y atendiendo a la suma gravedad del ministerio.

Todas estas cosas bastan para persuadir a los más tercos y obstinados que esta huida la hemos hecho solamente temiendo a nosotros mismos y atendiendo a la suma gravedad del ministerio.

---

[70] Hebreos 13:17.

La dignidad del ministerio

Libro IV

1

Ejemplos de las Escrituras

Oídas estas cosas por Basilio, y permaneciendo en silencio algún rato, dijo:

Sería razonable ese temor, si tú hubieras solicitado ambiciosamente esta dignidad; porque aquel que se juzga idóneo para manejar este empleo, solicitando el obtenerlo, después que le ha sido confiado no puede recurrir al pretexto de su ignorancia en lo que errare; porque anticipándose con el correr precipitadamente a arrebatar este ministerio, él mismo se privó de esta defensa. Ni podrá tampoco alegar, por haberse introducido en él voluntariamente, y por su gusto: Yo, sin querer, he faltado en esto, involuntariamente he destruido este negocio. Podrá en semejante ocasión replicarle, el que fuere su juez, sobre este punto: ¿Pues cómo, sabiendo tu propia insuficiencia, y no teniendo ciencia bastante para manejar, sin errar, un tal ministerio, te apresuraste y atreviste a tomar sobre ti cosas tan superiores a tus fuerzas? ¿Quién te violentó? ¿Quién por fuerza te arrastró, resistiéndolo tú y huyendo?

Pero tú no podrás oír jamás alguna de estas cosas; porque ni reconoces semejante delito, y por otra parte es notorio a todos, que ni poco, ni mucho has solicitado este honor, sino que lo has tenido por la solicitación de otros. Ahora bien, lo que impide a aquellos el tener perdón en lo que pecaren, te da a ti materia muy cumplida para tu defensa.

Al oír yo estas razones, moviendo la cabeza, y sonriéndome blandamente, admiré la sencillez de este hombre y le respondí de esta manera:

Quisiera yo verdaderamente, amigo mío, a quien entre todos más estimo, que la cosa pasase como dices; aunque no para poder aceptar este ministerio que ahora he rehusado; porque aunque no me esperase castigo alguno por gobernar sin atención y sin ciencia el rebaño de Jesucristo, con todo, habiéndome sido confiadas cosas de tan grande peso, tendría por la pena más terrible el haber de comparecer tan indigno a vista de Aquel que me lo confió.

¿Por qué, pues, te parece que desearía yo, que no fuese falsa esta tu opinión? No por otro motivo, sino para que

¿Pues cómo, sabiendo tu propia insuficiencia, y no teniendo ciencia bastante para manejar, sin errar, un tal ministerio, te apresuraste y atreviste a tomar sobre ti cosas tan superiores a tus fuerzas?

Saúl, hijo de Cis, no fue hecho rey porque él lo solicitase; y ni corrió al reino ambiciosamente, sino que se retiraba y lo rehusaba.

puedan aquellos infelices y desgraciados (así conviene llamar a los que no hallan el modo de administrar bien este empleo, aunque tú digas mil veces, que han sido llevados por fuerza y que pecan por ignorancia) para que puedan, digo, librarse de aquel fuego inextinguible, de aquellas tinieblas exteriores, del gusano que nunca muere, para que no sean separados de los escogidos, y confundidos con los hipócritas. ¿Pero qué quieres que te haga? La cosa no es así, no.

El ejemplo de Saúl

Si quieres, comenzaré, para confirmación de lo que llevo dicho, a probar esto por el reino, que en la aceptación divina, no es de tanta consideración como el sacerdocio. Aquel Saúl, hijo de Cis, no fue hecho rey porque él lo solicitase; sino que habiendo salido en busca de unas borricas, se fue al profeta para preguntarle sobre ellas. Este le introdujo en discursos sobre el reino; y ni aun así, aunque lo oía de la boca de un profeta, corrió al reino ambiciosamente, sino que se retiraba y lo rehusaba diciendo: "¿Pues quién soy yo, y qué consideración merece la casa de mi padre?" ¿Pues qué? Después de haber usado mal del honor que Dios le había dado, pudieron acaso librarle del enojo de quien le había elegido rey, estas palabras de disculpa con que podía responder a Samuel cuando le reprendía: "¿Por ventura, he corrido yo por mí al reino? ¿Acaso he solicitado yo este imperio? Yo quería tener una vida particular, tranquila y sin cuidados; tú eres el que me has arrastrado a esta dignidad; si yo hubiera permanecido en aquella humildad, me hubiera librado fácilmente de estos encuentros porque siendo uno de tantos, y sin nombre, no hubiera sido enviado a esta empresa, ni Dios me hubiera encomendado la guerra contra los amalecitas; y no habiendo tenido esta comisión, tampoco hubiera incurrido en este pecado". Pero todas estas cosas son débiles para la defensa; y no solamente débiles, sino muy peligrosas, y que encienden más y más la indignación divina; porque habiendo sido honrado sobre su mérito, no debía oponer la grandeza del honor recibido por defensa de sus pecados, sino servirse como de motivo para aprovecharse más y más del gran favor que Dios le había hecho. Aquel, pues, que por haber obtenido una dignidad mayor de lo que le convenía juzgaba que por esto mismo le era lícito pecar, daba a entender que la clemencia divina era sola la causa de sus pecados. Es lo que acostumbran decir los impíos y los que viven sin cuidado alguno de su salvación; pero nosotros no debemos tener iguales sentimientos, ni incurrir en la misma locura de estos tales, sino procurar por todas partes poner por obra todo lo que alcancen nuestras fuerzas; manteniendo igualmente religiosa nuestra lengua y nuestro pensamiento.

El ejemplo de Elí, Aarón y Moisés

Y dejando ahora a un lado el reino, pasemos al sacerdocio que es del que tratamos. Bien cierto es que Elí no procuró obtener esta dignidad. ¿Pero de qué le sirvió esto cuando pecó? ¿Y qué digo para obtenerla? No podía por la necesidad de la ley, rehusarla aunque quisiese. Siendo de la tribu de Leví, necesariamente había de recibir una potestad que le venía por sucesión de sus mayores. Con todo, no fue pequeño el castigo que experimentó por la insolencia de sus hijos.[71] Y aquel que fue el primer sacerdote de los hebreos, de quien tuvo Dios con Moisés tantos discursos, después que no pudo resistir sólo al furor de tan grande muchedumbre, ¿no es cierto que estuvo para perderse, si la interposición de su hermano no hubiera mitigado la divina indignación?[72]

Y por cuanto hemos hecho aquí memoria de Moisés, no será malo demostrar la verdad de este discurso, por lo que a él le sucedió. Este mismo bienaventurado Moisés estuvo tan lejos de pretender el principado de los judíos que aun habiéndoselo dado, lo rehusaba; y aun mandándoselo Dios, lo resistía; y esto fue con tanto extremo que irritó al mismo que se lo daba.[73] Y no solamente entonces,

> Moisés estuvo tan lejos de pretender el principado de los judíos que aun habiéndoselo dado, lo rehusaba; y aun mandándoselo Dios, lo resistía.

---

[71] "También tus dos hijos, Ofni y Finees, son muertos, y el arca de Dios fue tomada. Y aconteció que como él hizo mención del arca de Dios, Elí cayó hacia atrás de la silla al lado de la puerta, y quebrósele la cerviz, y murió; porque era hombre viejo y pesado" (1º S. 4:17, 18).

[72] Cf. Éxodo 32:10.

[73] "Entonces dijo Moisés a Jehová: ¡Ay Señor! yo no soy hombre de palabras de ayer ni de anteayer, ni aun desde que tú hablas a tu siervo; porque soy tardo en el habla y torpe de lengua. Y Jehová le respondió: ¿Quién dio la boca al hombre? ¿O quién hizo al mudo y al sordo, al que ve y al ciego? ¿No soy yo Jehová? Ahora pues, ve, que yo seré en tu boca,

sino también después cuando se hallaba ya en el principado, hubiera escogido con gusto la muerte por librarse de él: "Mátame –dijo–, supuesto que quieres tratarme así".[74]

Pues qué, después de pecar cuando lo del agua,[75] ¿pudieron estas continuadas protestas servirle de defensa y mover a Dios para que le perdonase? ¿Y por qué otro motivo fue privado de la tierra prometida? Por ningún otro, como todos ya sabemos, sino por este pecado, por el que aquel maravilloso varón no pudo conseguir lo que lograron sus súbditos. Sino que después de tantos trabajos y calamidades, después de extravíos tan inmensos, después de las guerras y trofeos, murió lejos de aquella tierra por la que había sufrido tantas fatigas; y habiendo pasado los trabajos del mar, no pudo gozar de los bienes del puerto.

El ejemplo de Judas

¿Ves, pues, como no queda algún lugar de defensa en las cosas en que pecaren, no sólo a los que arrebatan este ministerio, sino a los que llegan a él por la solicitación y empeño de otros? Porque si aquellos que rehusaron muchas veces a Dios, que los escogía, fueron castigados con tanto rigor; e igualmente ninguna cosa pudo librar de aquel peligro, ni a Aarón, ni a Elí, ni a aquel bienaventurado varón, santo, profeta, admirable, el más humano de cuantos hombres se hallaban en la tierra,[76] a aquel que como un amigo hablaba con Dios;[77] mucho menos a nosotros, que estamos tan distantes de su virtud, podrá servir de defensa el conocimiento de que no hemos soli-

---

y te enseñaré lo que hayas de hablar. Y él dijo: ¡Ay Señor! envía por mano del que has de enviar. Entonces Jehová se enojó contra Moisés, y dijo: ¿No conozco yo a tu hermano Aarón, levita, y que él hablará? Y aun he aquí que él te saldrá a recibir, y en viéndote, se alegrará en su corazón" (Éx. 4:10-14).

[74] "Y si así lo haces tú conmigo, yo te ruego que me des muerte, si he hallado gracia en tus ojos; y que yo no vea mi mal" (Nm. 11:15).

[75] Cf. Números 20:12.

[76] "Y aquel varón Moisés era muy manso, más que todos los hombres que había sobre la tierra" (Nm. 12:3).

[77] "Hablaba Jehová a Moisés cara a cara, como habla cualquiera a su compañero. Y volvíase al campo; mas el joven Josué, su criado, hijo de Nun, nunca se apartaba de en medio del tabernáculo" (Éx. 33:11).

citado esta dignidad; particularmente proviniendo la mayor parte de estas elecciones, no de la gracia de Dios, sino de los empeños de los hombres.

Dios eligió a Judas, lo puso en aquel santo colegio dándole juntamente la dignidad de apóstol y aun le añadió alguna cosa más que a los otros; esto es, la administración del dinero. ¿Pues qué, pudo huir del castigo por haber empleado mal de uno y otro, vendiendo al mismo que le había encargado que le predicase y administrando mal el dinero que se le había confiado? No por cierto; antes bien esto mismo fue lo que le ganó un castigo más severo, y con justa razón; porque no es justo abusar de los honores recibidos de Dios para ofenderle; sino que se deben emplear en agradarle mayormente.

El ejemplo de los judíos incrédulos

El que habiendo sido promovido a una honra mayor que su mérito, cree que por eso ha de librarse del castigo que merecen sus excesos se conduce igual que alguno de los incrédulos judíos que al escuchar a Cristo decir: "Si yo no hubiera venido y no les hubiera hablado, no tendrían algún pecado; y si yo no hubiese hecho entre ellos milagros, que ningún otro ha hecho, no tendrían pecado".[78] Acusa al salvador y bienhechor diciendo: "¿Por qué has venido y has hablado? ¿Por qué hiciste milagros? ¿Acaso para castigarnos con más rigor?"

Pero estas son palabras del último furor y locura. El médico no vino para condenarte, sino para curarte; no para desecharte enfermo, sino para librarte enteramente de la enfermedad. Tú mismo voluntariamente te has escapado de sus manos. Recibe, pues, un castigo más grave. Y del mismo modo que si te hubieras sujetado a la cura, te hubieras librado aun de los primeros males; así, porque huiste de Él, teniéndole presente, no podrás ya lavar estas culpas; y no pudiendo lavarlas, serás castigado por esto; y también porque cuando estuvo de tu parte, hiciste inútil el trabajo del médico. Por esto no recibirás igual castigo, sino mucho mayor que antes de haber sido elevado por Dios a tales honores. El que no se mejora con los beneficios

> El que habiendo sido promovido a una honra mayor que su mérito, cree que por eso ha de librarse del castigo que merecen sus excesos se conduce igual que alguno de los incrédulos.

---

[78] Juan 15:22.

recibidos, es justo que sea castigado con mayor rigor. Y por cuanto he demostrado que para nosotros es de poca fuerza esta defensa; y que no sólo no salva a los que recurren a ella, sino que los hace más reos, es necesario buscar otro refugio.

¿Cuál será éste? –preguntó Basilio–. Yo ya no puedo estar en mí; tan turbado y tan lleno de temores me han dejado tus palabras.

2

No hay que pretender ser más de lo que se es

No quieras –respondí– te ruego y suplico, no quieras abatirte tanto. Queda aún, sí, algún refugio. Para nosotros que somos débiles, lo es el no entremeternos de modo alguno en semejante dignidad; y para vosotros fuertes, el de no tener puestas las esperanzas de vuestra salud en otra cosa alguna, sino en no hacer, después de la gracia de Dios, cosa que sea indigna de este don, ni de Dios, que lo dio. Serían sin duda dignos del mayor castigo, aquellos que habiendo conseguido esta dignidad por ambición y por solicitación abusasen de ella, o por pereza, o por malicia, o por falta de ciencia. Pero no por esto queda algún perdón a los que no la solicitaron; antes bien quedan estos privados de todo lugar de defensa.

Conviene, pues, según yo entiendo, que aunque sean millares los que te llamen y estimulen, no atiendas a lo que te dicen; sino que examinando antes las fuerzas de tu alma y haciendo de todo un examen diligente, cedas de este modo a los que te hicieren fuerza. Ninguno se atrevería a mandar construir una casa sin ser arquitecto; ni otro que ignorase la medicina, se atrevería a tocar los cuerpos enfermos; y aunque fuesen muchos los que quisiesen obligarle a esto, se excusaría, y no tendría vergüenza de confesar su ignorancia.

¿Y el que ha de tomar a su cargo el cuidado de tantas almas, no entrará primero en cuentas consigo mismo? ¿Aunque se reconozca el más inútil de todos, recibirá el ministerio porque fulano lo manda; porque el tal le hace fuerza, y por no ofender a aquel otro? ¿Cómo, pues, no podrá caer juntamente con ellos en una ruina manifiesta? ¿Por qué, pudiendo conseguir por sí mismo la salud, junta a su propia ruina la de otros? ¿De dónde, pues, puede esperar la salud? ¿Dónde hallar el perdón? ¿Quiénes serán los que intercederán entonces por nosotros? ¿Acaso aquellos que al presente nos violentan y nos llevan por fuerza? ¿Y quién en este tiempo los salvará a ellos mismos? Aun ellos tienen necesidad de otros para escapar del fuego eterno.

> ¿El que ha de tomar a su cargo el cuidado de tantas almas, no entrará primero en cuentas consigo mismo? ¿De dónde, pues, puede esperar la salud?

Conviene que el elector haga un examen muy atento; pero mucho mayor ha de ser el que debe hacer el elegido.

Ahora, para que veas que yo no te digo esto por espantarte, sino porque en la realidad es así, oye lo que dice san Pablo a su discípulo Timoteo, su verdadero y amado hijo: "No pongas inconsideradamente las manos sobre alguno, porque no tengas parte en los pecados ajenos".[79] ¿Ves tú de cuánta, no digo represión, sino castigo, hemos librado, a lo menos cuanto estuvo de nuestra parte, a los que querían conducirnos a este grado?

Pruébese cada uno a sí mismo

Y así como a los que han sido elegidos, no basta para su defensa el decir: "yo no he venido llamado por mí, y no lo he rehusado, porque no lo he previsto"; así tampoco puede aprovechar a los electores la excusa de que no tenían conocimiento del elegido; antes bien por esto mismo se hace mayor su culpa porque elevaron a tal grado al que no conocían; y lo que parecía defensa, agrava mucho más la acusación.

¿Cómo, pues, no será una cosa absurda, que los que quieren comprar un esclavo, lo hagan ver a los médicos, pidan fiadores de la venta, pregunten a los vecinos; y aun después de todo esto no se fían, sino que quieren mucho tiempo para la prueba; y que los que han de destinar a alguno a un tan gran ministerio; sin reflexión, y como sale, formen su testimonio, y juicio, según el favor u odio de otros, sin hacer otro examen alguno? ¿Quién, pues, nos librará entonces de la pena, si los que debían protegernos, necesitan de patrocinio?

Conviene, pues, que el elector haga un examen muy atento; pero mucho mayor ha de ser el que debe hacer el elegido, porque aunque tenga a los electores por compañeros en el castigo de los pecados, no por eso quedará él libre de la pena; antes la tendrá mayor, si no es que aquellos por algún motivo humano hubieren obrado contra su dictamen y contra la propia razón. Porque si incurrieren en semejante pecado, y conociendo a alguno por indigno, por algún motivo particular le hubiesen promovido, serán castigados igualmente los unos y los otros, y aun con más severidad aquellos que han promovido a un indigno.

---

[79] 1ª Timoteo 5: 22.

Aquel que da la potestad a uno que quiere corromper la Iglesia tendrá la culpa de todos los males que se atreviere a ejecutar.

Pero si la conciencia no le acusa de alguna de estas cosas, sino que dice haber sido engañado de la opinión del vulgo; no por esto queda libre de la pena, sino que tendrá un castigo algo menor que el elegido. ¿Pues por qué esto?, porque no es extraño que los electores, engañados de una falsa opinión, vengan a este paso; pero el que ha sido elegido, no podrá decir: "yo no me conocía", como pueden decir de él los otros. Así como deberá ser castigado más gravemente que aquellos; así es necesario que haga una prueba más rigurosa de sí mismo. Y si aquellos por ignorancia le quieren promover, sálgales él al encuentro e infórmeles por menor de todas las causas que puedan sacarles del error, y manifestándose indigno del ministerio, huya el grave peso de negocios tan grandes.

¿Cuál es, pues, la causa, de que debiéndose deliberar sobre una expedición militar, sobre el comercio, sobre la agricultura, y otras cosas semejantes que pertenecen a la vida humana, ni el labrador elegiría el oficio del marinero, ni el soldado el del labrador, ni el piloto el del soldado, aunque les amenazasen con mil muertes? No por otra cosa, sino porque cada uno prevería el peligro que sobrevendría por su ignorancia.

Ahora bien, donde el daño es de cosas de tan poca monta, ¿usaremos de tanta providencia, y de ningún modo cederemos a la violencia de los que nos quieren hacer fuerza; y donde espera un castigo eterno a los que no saben manejar el sacerdocio, sin consideración, y como ocurre, hemos de entrarnos en un peligro tan grande, dando por pretexto la violencia de otros? Pero no lo tolerará entonces el que nos juzgará sobre tales cosas. Era debido que mostrásemos mayor atención en las cosas espirituales que en las carnales; y ahora se encuentra, que ni aun es igual la que ponemos.

Dime ahora, por tu vida, si creyendo nosotros que un hombre era arquitecto, no siéndolo, le llamásemos a trabajar, y él viniese; y después tomando en las manos los materiales prevenidos para la fábrica, destruyese las maderas, quebrantase las piedras, y edificase la casa de tal modo, que luego padeciese ruina; ¿le serviría a este de defensa, el haber sido obligado por otros, y el no haber

Si la conciencia no le acusa de alguna de estas cosas, sino que dice haber sido engañado de la opinión del vulgo; no por esto queda libre de la pena.

Exhorta el Señor a aquel que quiere edificar una torre que no eche los cimientos sin haber primero considerado las propias facultades, para no dar a los que pasan mil ocasiones de burla.

venido por su voluntad? De ningún modo, y con mucha razón y justicia porque debía rehusarlo, aunque otros le llamasen.

Pues ahora bien: si a aquel que destruye las maderas y las piedras, no le queda alguna defensa para dejar de ser castigado; el que precipitó las almas y edifica sin atención alguna, ¿podrá persuadirse, que le basta la violencia ajena para evitar el castigo? ¿No es esta una necedad muy grande?

No quiero añadir que ninguno puede ser forzado, sino aquel que quiere serlo. Pero concédase que haya padecido inmensa violencia y artificios tan varios, que haya debido ceder. ¿Acaso esto le librará del castigo? No engañemos, por vida nuestra, en una cosa tan grave y no finjamos ignorar lo que saben muy bien hasta los más niños. Nada nos podrá aprovechar al tiempo de dar las cuentas, el fingir esta ignorancia. Tú no solicitaste el conseguir esta dignidad, conociendo tu propia enfermedad. Muy bien está esto, pero se necesitaba que con el mismo propósito la rehusaras, aun cuando otros te llamasen. ¿Pues qué, cuando ninguno te llamaba eras débil e inhábil; y ahora que se han hallado los que te confíen este honor, de repente te has encontrado fuerte?, es cosa ridícula y digna del mayor castigo. Por esto exhorta el Señor a aquel que quiere edificar una torre que no eche los cimientos sin haber primero considerado las propias facultades, para no dar a los que pasan mil ocasiones de burlársele.[80] Y aun en esto, el daño sólo llega hasta la burla. Pero aquí, el castigo es un fuego inextinguible, un gusano que nunca muere; el rechinar de dientes, las tinieblas exteriores, el ser separado de los escogidos y puesto en el número de los hipócritas.

Pero ninguna de estas cosas quieren reflexionar aquellos que nos acusan; pues de otra manera dejarían de reprenderme, porque no quise temerariamente condenarme.

No se trata ahora aquí de una administración de trigo, de cebada, de bueyes, de ovejas, o de otras cosas semejantes, sino del mismo cuerpo de Jesucristo. La Iglesia de

---

[80] "Porque ¿cuál de vosotros, queriendo edificar una torre, no cuenta primero sentado los gastos, si tiene lo que necesita para acabarla?" (Lc. 14:28).

Cristo, según san Pablo, es el cuerpo de Cristo.[81] El que la tiene a su cargo, necesita reducirla a un buen estado y a una excelente belleza, mirando por todas partes que no haya en alguna de ella, ni mancha, ni arruga, ni lunar, ni otro vicio semejante que pueda afear su honestidad y hermosura. ¿Y qué otra cosa debe hacer finalmente, sino cuidar cuanto alcancen las fuerzas humanas, que este cuerpo sea digno de aquella cabeza que tiene encima, inmortal y bienaventurada?

Y si los que atienden a la buena complexión para la lucha, tienen necesidad de médicos y de maestros de palestra, de una dieta rigurosa, de un continuo ejercicio y de una atención inmensa (porque cualquier cosa en ellos, por pequeña que sea, descuidada, puede arruinarlo todo y echarlo por tierra), aquellos a quienes tocó la suerte de curar este cuerpo que ha de combatir, no contra los cuerpos, sino contra las potestades invisibles, ¿cómo podrán conservarlo sano y entero, si no exceden de mucho la virtud humana y no saben todos los medios útiles y proporcionados para curar un alma? ¿Ignoras, acaso, que este cuerpo del que hablamos, está sujeto a más enfermedades y asechanzas que lo que está nuestra carne y que se corrompe más prontamente que aquella, y recobra la salud con más lentitud?

---

[81] Efesios 5:23.

3

El ministerio de la Palabra

Después del bien obrar, queda un arte y modo de curar que es la doctrina por medio del discurso. Éste es el instrumento, éste el alimento.

En lo que respecta a los que curan los cuerpos, se han encontrado variedad de medicinas y diverso aparato de instrumentos y alimentos convenientes a los enfermos. Júntase a esto que sola la cualidad de los aires ha bastado muchas veces para dar la salud al enfermo; y alguna, el sueño que sobrevino oportunamente libró al médico de todo trabajo.

Pero aquí, ninguna de estas cosas puede pensarse. Solamente después del bien obrar, queda un arte y modo de curar que es la doctrina por medio del discurso. Éste es el instrumento, éste el alimento y éste el mejor temperamento de aire; éste el que hace veces de medicina, de fuego, y de hierro; y si se necesita cauterizar o cortar, de éste conviene servirse. Y si éste no tiene alguna fuerza, todo lo demás es superfluo. Con éste damos aliento a un alma abatida, la contenemos inflamada, cortamos lo superfluo, suplimos lo que falta y hacemos todas las otras cosas que sirven para la salud del alma.

Y a la verdad, para arreglar muy bien tu vida, puede la de otro conducir a una igual imitación; pero si en el alma ha entrado una enfermedad de doctrinas bastardas, aquí es muy necesario el discurso, no sólo para la seguridad de los domésticos, sino también para combatir contra los enemigos externos. Porque si alguno tuviese la espada del Espíritu y el escudo de la fe[82] de tal modo dispuesto que pudiese hacer milagros, y por medio de prodigios cerrar la boca a los maldicientes, no habría necesidad de valerse del discurso; o por mejor decir, aun en este caso no sería inútil la fuerza y eficacia de la palabra, sino antes bien muy necesaria. Y san Pablo usó de ella, aunque por otra parte fuese admirado por sus prodigios. Y otro del mismo colegio, exhorta a que se tenga gran cuidado de esta facultad, diciendo: "Estad siempre prontos a defenderos con todo aquel que os pida razón de la esperanza que hay en vosotros".[83] Y todos, de común acuerdo, en aquel tiempo no

---

[82] Efesios 6:10-20.
[83] 1ª Pedro 3:15.

tuvieron otro motivo para encomendar a Esteban y a sus compañeros el cuidado de las viudas, sino para atender ellos libremente al ministerio de la Palabra.[84] Bien que no deberíamos cuidar tanto de éste, si tuviéramos la virtud de hacer milagros.

Y si no nos ha quedado ni aun señal de tal virtud, y por otra parte nos oprimen de todos lados continuos enemigos, por necesidad no nos queda otro recurso, sino el de pertrecharnos bien de estas armas, ya para no quedar expuestos a los tiros de los enemigos, ya también para poder herirles.

Todos, de común acuerdo, en aquel tiempo no tuvieron otro motivo para encomendar a Esteban y a sus compañeros el cuidado de las viudas, sino para atender ellos al ministerio de la Palabra.

---

[84] Hechos 6:1-4.

4

Armados con la Palabra en la batalla de la fe

Aquel que pretende vencer, si no está instruido en toda especie de artificios, sabe el demonio, por sola una parte que encuentre abandonada, introduciendo sus corsarios, arrebatar las ovejas; pero no así, cuando ve que el pastor se halla bien pertrechado de toda ciencia y que conoce muy bien sus asechanzas.

Por esto debemos poner la mayor atención, en que habite en nosotros abundantemente la palabra de Cristo.[85] No es una sola la especie de pelea que nos está preparada; sino que es muy variada esta guerra y compuesta de diversos enemigos. Ni tampoco se sirven todos ellos de las mismas armas, ni pretenden asaltarnos de un mismo modo. Es, pues, necesario que quien quiera emprender esta batalla contra todos esté bien informado de los artificios que todos usan; y que a un mismo tiempo sea arquero, hondero, centurión, cabo, soldado y capitán, caballero y peón, y práctico en las batallas navales y en los sitios de las plazas.

En los choques militares, cada uno en el empleo que ha tomado, procura resistir a los que se le oponen; pero aquí no sucede lo mismo. Aquel que pretende vencer, si no está instruido en toda especie de artificios, sabe el demonio, por sola una parte que encuentre abandonada, introduciendo sus corsarios, arrebatar las ovejas; pero no así, cuando ve que el pastor se halla bien pertrechado de toda ciencia y que conoce muy bien sus asechanzas.

De aquí que necesita fortificarse bien por todas partes. Una ciudad que se halla bien guarnecida de muros por todos lados se burla de los que la tienen sitiada, estando en gran seguridad; pero si alguno rompe la muralla, aunque no sea más que el espacio de una puertezuela, de nada le sirve el restante contorno de los muros, aunque todo lo demás tenga la mayor firmeza y seguridad. Del mismo modo sucede en la ciudad de Dios. Cuando en vez de muro la cerca por todas partes la industria y prudencia del pastor, todas las astucias de los enemigos se les convierten en burla, y risa; y los que habitan dentro, permanecen sin recibir daño alguno; pero si alguno por una parte la hubiese podido derribar, aunque no la eche toda por tierra; con todo de una parte, por decirlo así, se pierde el todo.

---

[85] "La palabra de Cristo habite en vosotros en abundancia en toda sabiduría" (Col. 3:16).

¿Y qué será, si mientras pelea varonilmente contra los gentiles, la despojan los judíos? ¿Y si aun cuando ha vencido a estos dos, la saquean los maniqueos? ¿Y si aun después de haber ahuyentado a éstos, degüellan las ovejas que están dentro, aquellos que introducen el hado? Y para qué referir aquí todas las herejías del diablo, las que si no supiere rebatir bien todas el pastor, podrá el lobo, por medio de una sola, devorar gran parte de las ovejas.

Por lo que toca a los soldados, es necesario esperar siempre que seguirá la victoria o la pérdida a aquellos que están en pie o que combaten. Pero aquí es todo muy al contrario; porque muchas veces la pelea de otros hizo vencedores estándose quietos y sentados a los que ni pelearon desde el principio, ni han puesto la menor fatiga. Aquel que no teniendo gran destreza se traspasa con su propia espada da que reír a los amigos y enemigos.

Procuraré ponerte claro lo que digo con un ejemplo. Los que son secuaces de las locuras de Valentino[86] y de Marción,[87] y los que están tocados de la misma enfermedad, excluyen del catálogo de las Escrituras Sagradas la ley que dio Dios a Moisés. Los judíos hacen de ella tanto aprecio que no obstante la prohibición del tiempo procuran con mayor tesón observarla totalmente contra la voluntad de Dios. La Iglesia de Dios, huyendo del extremo de unos y otros, ha tomado el camino medio, y juzga que no debemos someternos al yugo de la Ley; pero no permite que sea blasfemada; antes bien quiere que se alabe, aunque haya cesado, porque fue útil allá en su tiempo.

Conviene, pues, que el que ha de combatir con unos y con otros, siga esta misma moderación. Porque si queriendo instruir a los judíos, que ya fuera de tiempo se ha-

> La Iglesia de Dios, huyendo del extremo de unos y otros, ha tomado el camino medio, y juzga que no debemos someternos al yugo de la Ley.

---

[86] Gnóstico del siglo II, combatido por Tertuliano en su *Adversus Valentinianos*.

[87] Marción no fue un teólogo, sino un próspero hombre de negocios que había conseguido una gran fortuna en la navegación. Nacido en Sinope, a orillas del mar Negro, por algún motivo aborrecía a los judíos y, juzgando sin duda que la Iglesia de su tiempo no había roto suficientemente con la sinagoga, se decidió a fundar a sus expensas una iglesia antisemita. Para ello suprimió o anuló todo el Antiguo Testamento, decidido a no tener nada en común con el Dios de los judíos. El Dios de la Biblia es un verdugo, decía, el verdadero "buen Dios", el único, era el que nos había enviado a Jesús para salvarnos. De la Escritura cristiana o Nuevo Testamento no conservaba más que el Evangelio de Juan (excepto los primeros capítulos) y las grandes epístolas de san Pablo.

Es necesario confesar ser una misma la divinidad del Padre, del Hijo, y del Espíritu Santo, añadiendo tres Personas.

llan asidos de la legislación antigua, comenzare a reprenderla sin medida, dará ocasión, no pequeña, a aquellos herejes que quieran vituperarla; y si después, pretendiendo tapar la boca a éstos, la ensalzare sin término, y la celebrare, como si al presente fuera necesaria, abrirá la boca a los judíos.

De igual modo, aquellos que están cogidos del furor de Sabelio,[88] y los que padecen la rabia de Arrio,[89] los unos y los otros se apartaron de la sana creencia por su poca moderación. Unos y otros tienen el nombre de cristianos; pero si alguno examinare sus dogmas, hallará que aquellos no son de mejores sentimientos que los judíos y que difieren sólo en los nombres; y que los últimos tienen mucha semejanza con la herejía de Paulo de Samosata;[90] pero que todos se hallan fuera del camino de la verdad.

Gran peligro hay aquí; angosto y estrecho es el camino y amenazado por uno y otro lado de precipicios; y hay no poco que temer, que queriendo herir al uno, no lo seas del otro. Porque si dijeres que es una la divinidad, luego arrastra Sabelio este tu dicho a su modo loco de pensar; y al contrario, si distingues, diciendo ser uno el Padre, otro el Hijo, otro el Espíritu Santo, llega Arrio y aplica la distinción de las Personas a la diversidad de la esencia. Es, pues, necesario detestar y huir la impía confusión de aquél, y la loca división de éste confesando ser una misma la divinidad del Padre, del Hijo, y del Espíritu Santo, añadiendo tres Personas (*hipóstasis*); porque de este modo podremos, como oponiendo un muro, rebatir los asaltos del uno y del otro.

Yo podría decirte otros muchos encuentros, en los que si no combates con todo valor y cuidado, no podrás retirarte de la pelea, sino después de haber recibido mil heridas.

---

[88] Enseñaba el monarquianismo modalista, como un intento de respuesta al problema de la deidad de Cristo y su unidad con el Padre. Redujo las personas de la Trinidad a modos o manifestaciones del Dios único.

[89] Monje alejandrino (250-336 d.C.), negaba que Jesucristo fuera Hijo natural de Dios y que, por tanto, fuera eterno con Él. Cristo quedaba reducido a la categoría de divinidad inferior. Fue condenado como hereje en el Concilio de Nicea (año 325).

[90] Obispo de Antioquía (s. III), enseñaba una especie de adopcionismo; al parecer distinguía entre el Logos celestial y el Jesús hombre adoptado por aquél en la encarnación.

5

Evitar las especulaciones, afirmarse en la Palabra

¿Y quién podrá contar las contiendas de los de nuestra propia casa, que no son inferiores a los asaltos de los de fuera? Antes bien ocasionan mayor trabajo y sudor a aquel que enseña; porque algunos, por demasiada curiosidad inconsideradamente y sin reflexión, quieren indagar aquellas cosas de que sabidas no se saca provecho alguno, ni tampoco es posible saberlas.

Otros al contrario piden cuenta a Dios de sus juicios y pretenden medir aquella inmensa profundidad cuando tus juicios, dice la Escritura, son un gran abismo.[91]

Y encontrarás pocos que cuiden de la fe y del modo de vivir; y por el contrario, muchos empleados vanamente en escudriñar cosas, que no es posible encontrar, y que no pueden buscarse sin ofensa de Dios. Porque si pretendiéremos saber lo que Dios no ha querido que sepamos, ni lo sabremos (porque ¿cómo podrá ser esto si Dios no quiere?), y lo que sacaremos de aquí será sólo el peligro que trae consigo el indagarlo. Pero, con todo, siendo esto así, si alguno con su autoridad cerrase la boca a los que se ocupan en escudriñar estas cosas inexplicables, se ganaría un concepto de soberbio y de ignorante. Por esto conviene usar aquí de una gran prudencia, para que el pastor pueda apartarlos de cuestiones tan vanas y se libre de las acusaciones sobredichas.

Ahora bien, para todas estas cosas no se ha dado algún otro socorro que el de la palabra y si alguno careciere de esta facultad, las almas de los que le son entregadas a su cuidado, hablo de los más enfermos y curiosos, no se hallarán en mejor estado que los navíos agitados continuamente de tempestades. Por esto el pastor debe hacer todo el esfuerzo posible para adquirir esta facultad.

---

[91] "Tu justicia como los montes de Dios, tus juicios abismo grande" (Sal. 36:6).

6

El ejemplo del apóstol Pablo

No habiendo podido penetrar la profundidad del sentimiento de san Pablo, ni entender el sentido de las palabras, permanecieron toda su vida sumergidos en el sueño y en la omisión.

¿Por qué, pues –dijo Basilio–, no se cuidó san Pablo de aplicarse a esta virtud?, pues no se avergüenza de la pobreza de su elocuencia, sino que confiesa con claridad ser un ignorante. Y esto escribiendo a los de Corinto que eran admirados por su elocuencia y que se gloriaban de ella en extremo.[92]

Esto mismo es –respondí yo– lo que ha perdido a muchos y los ha hecho descuidados para que se instruyesen en la verdadera doctrina; porque no habiendo podido enteramente penetrar la profundidad del sentimiento de san Pablo, ni entender el sentido de las palabras, permanecieron toda su vida sumergidos en el sueño y en la omisión, abrazando esta ignorancia; no ya aquella de que dice san Pablo ser comprendido, sino otra, de que estuvo tan lejos como lo puede estar otro hombre de los que viven debajo de este cielo.

Pero cortemos por un rato este discurso. Yo entretanto digo esto: concedamos que fuese ignorante en la parte que estos pretenden; ¿qué tiene esto que hacer con los hombres que al presente conocemos? Porque tuvo otra facultad mucho más eficaz que la palabra y capaz de obrar cosas mayores. Con sólo presentarse y permanecer en silencio era terrible a los demonios; y si en el tiempo presente se juntasen todos los hombres con mil oraciones y lágrimas no tendrían la eficacia que en otro tiempo tuvo el ceñidor de san Pablo. Sólo con ponerse a orar, resucitaba los muertos, y obraba tales prodigios que los gentiles le tuvieron por un dios; y antes de salir de esta vida, mereció ser arrebatado hasta el tercer cielo y ser participante de palabras que no es lícito oír a la humana naturaleza.

---

[92] "Así que, hermanos, cuando fui a vosotros, no fui con altivez de palabra, o de sabiduría, a anunciaros el testimonio de Cristo. Porque no me propuse saber algo entre vosotros, sino a Jesucristo, y a éste crucificado. Y estuve yo con vosotros con flaqueza, y mucho temor y temblor; y ni mi palabra ni mi predicación fue con palabras persuasivas de humana sabiduría, mas con demostración del Espíritu y de poder; para que vuestra fe no esté fundada en sabiduría de hombres, mas en poder de Dios" (1ª Co. 2:1-5).

Pero los que viven ahora... No quiero decir cosa que parezca dura u odiosa; ni digo estas cosas por insultarles, sino solamente admirado de que no les cause empacho el pretender compararse con un hombre de esta clase. Porque si, dejando a un lado los milagros, pasamos a contemplar la vida de aquel hombre bienaventurado, y buscamos con atención sus angélicas costumbres, conocerás que este atleta de Cristo conseguía más victorias con esta que con los milagros.

¿Quién podrá contar su celo, su mansedumbre, los continuos peligros, los frecuentes cuidados y afanes por amor de la Iglesia, la compasión por los enfermos, las muchas tribulaciones, las siempre nuevas persecuciones, las muertes cotidianas? ¿Y cuál es el lugar del mundo habitado, qué tierra firme, o qué mar, adonde no haya penetrado la noticia de los combates de aquel hombre justo? Le ha conocido aun la tierra que no se habita, pues le recibió muchas veces en sus peligros y sufrió todo género de asechanzas, y por todo camino llegó a la victoria, no conociendo el fin de combatir, ni de triunfar.

Pero yo no sé cómo me he dejado insensiblemente llevar a hacer a tal hombre una injuria como esta. Porque sus obras ilustres son sobre toda oración; y exceden tanto la mía, cuanto me exceden los que sobresalen en la elocuencia. Con todo, ni aun por esto (porque aquel hombre no me juzgará por el buen o mal suceso, sino por mi sana intención) cortaré mi discurso hasta haber dicho lo que es tanto mayor que todo lo que queda referido, cuanto él es superior a todos los hombres. ¿Cuál, pues, es esto? Después de hechos tan ilustres, después de mil coronas, deseaba ir al infierno y ser entregado a una pena eterna, a cambio de que se salvasen y uniesen con Cristo los judíos, que muchas veces, cuando estuvo de su parte, le habían apedreado y dado la muerte. ¿Quién es el que ha amado de este modo a Jesucristo?, si es que este debe llamarse amor, y no alguna otra cosa más excelente que amor. ¿Y nos atreveremos aun a comparar con él, después de haber tenido de lo alto tanta gracia?, ¿después de tan grande virtud que manifestó de su parte? ¿Y qué cosa puede haber más temeraria?

Pero procuraré demostrar también aquí, que no fue tan ignorante como estos tales pretenden. Llaman éstos ignorante, no solamente a aquel que no está ejercitado en

> ¿Quién es el que ha amado de este modo a Jesucristo?, si es que éste debe llamarse amor, y no alguna otra cosa más excelente que amor.

San Pablo no dice ser ignorante en el conocimiento, sino en la palabra. Yo dejo a un lado todas estas cosas, y el escrupuloso y buscado ornato.

los encantos de la elocuencia del siglo, sino también al que no sabe combatir por los dogmas de la verdad. Y piensan bien, pero san Pablo no dice ser ignorante en las dos cosas, sino solamente en una. Y para confirmar esto, hizo una cuidadosa distinción, diciendo ser ignorante, no en el conocimiento, sino en la palabra. Ahora bien, si yo aquí pidiese la dulzura de Isócrates,[93] la vehemencia de Demóstenes,[94] la gravedad de Tucídides[95] y la sublimidad de Platón,[96] podrían en tal caso citarme el presente testimonio de san Pablo. Pero yo dejo a un lado todas estas cosas, y el escrupuloso y buscado ornato de los paganos ni me cuido de la frase, ni de la elocución.

Y se conceda también la pobreza de la oración, y la composición sencilla y desnuda de las voces; solamente no se encuentre algún ignorante en el conocimiento exacto de los dogmas, ni tampoco para ocultar su descuido y omisión quiera defraudar a aquel hombre bienaventurado del mayor de los bienes y de la principal de sus alabanzas.

---

[93] Orador y filósofo ateniense (436-338 a.C.). Sus obras son modelo de prosa perfecta.
[94] Orador y político ateniense (384-322 a.C.). Su discurso *De la Corona* contra su rival Esquines, es una de las piezas maestras de la oratoria de todos los tiempos.
[95] Historiador griego (460-399 a.C.), modelo de imparcialidad, espíritu crítico y objetivo.
[96] Filósofo griego (427-347 a.C.), discípulo de Sócrates y fundador de la Academia.

7

La elocuencia evangélica de Pablo

¿Cómo, dime, te ruego, confundió a los judíos que habitaban en Damasco, cuando aún no había comenzado a hacer milagros?, ¿cómo abatió el orgullo de los helenistas? ¿Por qué fue desterrado a Tarso? ¿Acaso no sucedió esto por haberlos vencido a fuerza de discurso y porque los estrechó de tal suerte, que no pudiendo sufrir ser vencidos, se irritaron hasta querer darle muerte? En esta ocasión aún no había comenzado a hacer milagros; ni alguno podría alegar que el pueblo le tuvo por un hombre prodigioso por la fama de sus maravillas, y que los que combatían con él quedaban oprimidos de la reputación que tenía; porque hasta entonces sólo vencía con la razón y el discurso. ¿Y con qué armas combatió y disputó con los que querían judaizar en Antioquía? Y aquel areopagita, ciudadano de aquella ciudad supersticiosísima, ¿no le siguió junto con su mujer, atraídos solamente de un sermón que le oyeron? ¿Y Eutiquio, cómo cayó de la ventana? ¿No fue porque se detuvo hasta muy entrada la noche a escuchar su doctrina y razonamientos? ¿Qué diré yo en Tesalónica y en Corinto? ¿Qué en Efeso, y en la misma ciudad de Roma? ¿No empleó noches y días enteros, y continuados en exponer las Escrituras? ¿Quién podrá contar sus disputas con los epicúreos y con los estoicos? Sería alargar mucho nuestra oración, si quisiéramos referir aquí todas las cosas. Ahora, pues, siendo manifiesto que antes de sus milagros, y en medio de ellos se sirvió mucho de la palabra, ¿cómo se atreverán a llamar ignorante a aquel que principalmente fue admirado de todos por sus disputas y por sus sermones? ¿Y por qué los de Lycaonia creyeron que era Mercurio? El que fuesen juzgados dioses los apóstoles, lo hicieron los milagros; pero que Pablo fuese creído Mercurio,[*] no fue por los milagros, sino por la elocuencia.

> Antes de sus milagros, y en medio de ellos se sirvió mucho de la palabra; que Pablo fuese creído Mercurio, no fue por los milagros, sino por la elocuencia.

(*) Mercurio, mensajero de los dioses, según la mitología grecorromana.

La fuerza de las cartas de Pablo

Sus cartas fortifican todas las iglesias del mundo; y él, a semejanza de un valeroso combatiente, permanece aún firme en medio.

¿Y por qué tuvo esta prerrogativa entre los demás este hombre santo? ¿Y de dónde viene, que por toda la tierra se halle tan frecuentemente en la boca de todos?; ¿de dónde, que no solamente de nosotros, sino también de los judíos y gentiles sea admirado más que todos? ¿No es esto por la fuerza y eficacia de sus cartas? Por la que no sólo a los fieles que vivieron entonces, sino también a los que han vivido desde aquel tiempo hasta el día de hoy, y a los que vivirán hasta la venida de Cristo, ha traído y traerá utilidad, y no cesará de traerla, mientras durare la generación de los hombres.

Porque así como un muro de diamante, así sus cartas fortifican todas las iglesias del mundo; y él, a semejanza de un valeroso combatiente, permanece aún firme en medio, esclavizando todo entendimiento a la obediencia de Cristo y destruyendo todos los discursos, y todo lo que quiere levantarse contra el conocimiento de Dios.[97] Todas estas cosas obra por medio de aquellas cartas maravillosas, llenas de divina sabiduría, que nos ha dejado. Y no solamente nos sirven sus escritos para destruir las doctrinas espurias, y para confirmar las legítimas, sino también principalmente contribuyen para arreglar bien la vida. Porque aun ahora, valiéndose de estas los dirigentes de las iglesias componen y forman aquella virgen casta que él había adornado para Cristo,[98] y la conducen a la espiritual belleza; con estas la preservan de las enfermedades que la asaltan, y le conservan la salud que ha recobrado. Tales medicinas, y de tal eficacia nos dejó aquel ignorante de las cuales saben bien la prueba los que las aplican con frecuencia. Y que él en esta parte haya puesto mucha atención, se ve manifiestamente de lo que se sigue.

---

[97] "Porque las armas de nuestra milicia no son carnales, sino poderosas en Dios para la destrucción de fortalezas; destruyendo consejos, y toda altura que se levanta contra la ciencia de Dios, y cautivando todo intento a la obediencia, de Cristo" (2ª Co. 10:4, 5).

[98] Cf. Efesios 5:27: "Para presentársela gloriosa para sí, una iglesia que no tuviese mancha ni arruga, ni cosa semejante; sino que fuese santa y sin mancha".

8

Conocedores de las Sagradas Escrituras

Oye, pues, lo que dice escribiendo a su discípulo: "Entre tanto que voy, ocúpate en leer, en exhortar, en enseñar", y añade después el fruto que proviene de esto, diciendo: "Porque haciéndolo, te salvarás a ti mismo, y a los que te escuchan".[99] Y en otro lugar: "Que el siervo del Señor no debe ser litigioso, sino manso para con todos, apto para enseñar, sufrido".[100]

Y pasando adelante: "Persiste tú en lo que has aprendido y te persuadiste, sabiendo de quién has aprendido; y que desde la niñez has sabido las Sagradas Escrituras, las cuales te pueden hacer sabio para la salud por la fe que es en Cristo Jesús".[101] Y en otra parte: "Toda Escritura es inspirada divinamente y útil para enseñar, para redargüir, para corregir, para instituir en justicia, para que el hombre de Dios sea perfecto, enteramente instruido para toda buena obra".[102]

Escucha también, cuando habla a Tito sobre la creación de los obispos que es lo que añade: "Conviene, dice, que el obispo sea retenedor de la fiel palabra que es conforme a la doctrina; para que también pueda exhortar con sana doctrina, y convencer a los que contradijeren".[103] ¿Cómo, pues, siendo un ignorante, como éstos dicen, podrá convencer a los que contradicen y cerrarles la boca? ¿Qué necesidad hay de atender a la lección y a las Escrituras, si se ha de abrazar esta ignorancia? Excusas son éstas, y pretextos para encubrir la omisión y la pereza.

Pero dirá alguno, que esto se dirige sólo a los pastores. Pues justamente nuestro discurso pertenece a éstos; pero para prueba de que también se encamina a los fieles, escucha ahora, lo que exhorta a otros en otra carta: "La palabra de Cristo habite en vosotros abundantemente en

---

[99] 1ª Timoteo 4:13, 16
[100] 2ª Timoteo 2:24
[101] 2ª Timoteo 3:14, 15
[102] 2ª Timoteo 3:16, 17.
[103] Tito 1:9

Este es el término perfectísimo de la doctrina, cuando por medio de las cosas que hacen, y que dicen, conducen a sus discípulos a aquella vida dichosa que ha sido ordenada por Cristo.

toda sabiduría".[104] Y en otro lugar: "Vuestro hablar sea siempre con gracia, sazonado de sal, para saber cómo debéis responder a cada uno".[105] Y aquellas palabras: "Estad dispuestos para defenderos",[106] se han dicho para todos. Escribiendo a los Tesalonicenses, dice: "Edificaos los unos a los otros, así como lo hacéis".[107] Cuando después habla de los presbíteros: "Los ancianos que gobiernan bien, sean tenidos por dignos de doblada honra; mayormente los que trabajan en predicar y enseñar".[108]

Porque este es el término perfectísimo de la doctrina, cuando por medio de las cosas que hacen, y que dicen, conducen a sus discípulos a aquella vida dichosa que ha sido ordenada por Cristo. Porque para enseñar no bastan los hechos; ni esta palabra es mía, sino del mismo Salvador: "Cualquiera que infringiere uno de estos mandamientos muy pequeños, y así enseñare a los hombres, muy pequeño será llamado en el reino de los cielos; mas cualquiera que hiciere y enseñare, éste será llamado grande en el reino de los cielos".[109] Porque si el hacer fuese lo mismo que el enseñar, sería superfluo añadir lo segundo; pues bastaría sólo el haber dicho: "Cualquiera que hiciere". Pero distinguiendo estas cosas, manifiesta que una pertenece a las obras y la otra a las palabras; y que la una tiene necesidad de la otra para una edificación perfecta. ¿No oyes qué es lo que dice este escogido vaso de Cristo a los ancianos de Éfeso? "Por tanto velad, acordándoos, que por espacio de tres años, noche y día no he cesado de avisaros con lágrimas a cada uno de vosotros".[110] ¿Qué necesidad tenía de lágrimas, ni de amonestaciones por medio de las palabras, si brillaba en él tanto la vida apostólica? Para el cumplimiento de los mandamientos puede ser muy útil la vida ejemplar; pero no puedo decir que en nuestro caso lo pueda hacer todo por sí sola.

---

[104] Colosenses 3:16.
[105] Colosenses 4:6.
[106] "Santificad al Señor Dios en vuestros corazones, y estad siempre aparejados para responder con mansedumbre y reverencia a cada uno que os demande razón de la esperanza que hay en vosotros" (1ª P. 3:15).
[107] 1ª Tesalonicenses 5:11.
[108] 1ª Timoteo 5:17.
[109] Mateo 5:19.
[110] Hechos 20:31.

9

Defensa de la fe

Cuando surge una disputa sobre los dogmas, y todos se defienden con las mismas Escrituras, ¿qué fuerza podrá tener la vida en esta ocasión? ¿Cuál podrá ser la utilidad de muchos sudores, si después de tantas fatigas, habiendo caído alguno por grande ignorancia en herejía, fuese cortado del cuerpo de la Iglesia? Esto sé que ha sucedido a muchos. ¿Qué provecho puede venir a éste de la paciencia? Ninguno, así como no es de provecho alguno la fe sana cuando la vida es mala.

Por la ignorancia de uno solo, todo un pueblo es conducido a la última ruina.

Por esto, pues, debe tener una gran práctica en todas estas batallas, aquel a quien tocó por suerte el enseñar a los otros; porque aunque él permaneciere en seguridad y no reciba daño de los que contradicen; con todo, el vulgo de los más simples, que le está subordinado, si ve vencido a su jefe, y que no tiene qué responder a los que le contradicen, no carga la culpa de esta pérdida a la debilidad de éste, sino al error de los dogmas. Y por la ignorancia de uno solo, todo un pueblo es conducido a la última ruina. Porque aunque enteramente no se inclinen al partido de los contrarios; con todo, se ven obligados a dudar de aquellos en quienes debían tener puesta su confianza; y no pueden estar atentos con la misma firmeza a aquellos en quienes se habían apoyado con fe entera; antes bien se introduce en sus ánimos una tempestad tan grande, por haber sido vencido el maestro, que el mal viene finalmente a terminar en un naufragio.

Cuánta, pues, sea la perdición, y cuánto aquel fuego que se amontona sobre la cabeza de este infeliz, por cada uno de aquellos que se pierden, tú no tendrás necesidad de aprenderlo de mí, sabiendo tú mismo muy bien todas estas cosas.

Dime ahora: ¿se me culpará de soberbia o de vanagloria, porque no quise ser causa a tantos de su perdición, ni procurar a mí mismo un castigo mayor del que tal vez me está allá reservado? ¿Y quién podría decir una cosa como ésta? Ninguno; sino es aquel que quiera neciamente acusarme y hacer de filósofo en los males ajenos.

La dignidad del ministerio

Libro V

1
Sobreponerse a los caprichos del pueblo

Me parece haberte demostrado bastante cuánta es la experiencia que debe tener un maestro para entrar en los combates por defensa de la verdad. Pero fuera de esto, tengo que añadir otra cosa, la cual es causa de mil peligros; o por mejor decir, no es esta la causa, sino aquellos que no saben usar bien de ella. De ésta resulta la salud y otros muchos bienes, cuando se halla en hombres adornados de bondad y de diligencia. ¿Cuál pues es ésta? Es el grande trabajo y atención que debe emplearse en los sermones que se predican públicamente al pueblo.

Porque en primer lugar, la mayor parte de los fieles no quiere escuchar a los predicadores como a maestros; sino que excediendo la condición de discípulos, se sientan a oírles como si se sentaran a ver unos espectáculos profanos. Y así como en aquellos se divide el pueblo, y quién se inclina a éste, y quién a aquél; así también aquí divididos, unos favorecen a uno, otros a otro, y escuchan el sermón prevenidos de odio, o de favor.

Ni se encuentra aquí sola esta molestia, sino otra nada inferior; porque si sucede que alguno de los predicadores entreteje en sus razonamientos alguna cosa que otros han trabajado, tiene que sufrir más villanías que los que han robado algún dinero. Y aun no pocas veces sucede, que este tal, no habiendo tomado cosa alguna de otro, sino solamente porque se sospecha, que lo hace, le sucede lo mismo que a los que han cogido con el hurto en las manos.

¿Pero qué hablo yo de lo que otros han trabajado? No le es lícito valerse frecuentemente de sus propios descubrimientos, porque la mayor parte suele acudir al sermón, no para aprovecharse de él, sino para divertirse, sentándose a ser como jueces de unos representantes de tragedia, o de unos músicos de cítara. Y aquella fuerza de oración, que poco antes hemos excluido, es aquí tan deseada, como puede serlo de los mismos sofistas, cuando se ven precisados a disputar entre sí.

La mayor parte de los fieles no quiere escuchar a los predicadores como a maestros; sino que excediendo la condición de discípulos, se sientan prevenidos de odio, o de favor.

Desprecio de la alabanza y facilidad de comunicación

Se necesita un ánimo fuerte para refrenar el desordenado e inútil gusto de la muchedumbre, y para poder reducir a lo más útil al auditorio, para que el pueblo le siga, ceda a sus discursos, y él no se deje llevar, ni se acomode a los caprichos del vulgo. Pero esto no puede conseguirse sin dos cosas, a saber, el desprecio de las alabanzas y la facilidad en el hablar.

Por tanto, se necesita también en esta parte un ánimo fuerte, y que excede en mucho mi propia flaqueza, para refrenar el desordenado e inútil gusto de la muchedumbre, y para poder reducir al auditorio a lo más útil de la Palabra de Dios, para que el pueblo le siga, ceda a sus discursos, y él no se deje llevar, ni se acomode a los caprichos del vulgo. Pero esto no puede conseguirse sin dos cosas, a saber, el desprecio de las alabanzas y la facilidad en el hablar. Porque si falta la una, es inútil la que queda, por estar separada de la otra.

Y si despreciando las alabanzas, no propone la doctrina con gracia y sazonada de sal, se ganará el desprecio de la mayor parte, no sacando utilidad alguna de aquella superioridad de ánimo. Y si cumpliendo bien en esta parte, tiene la flaqueza de dejarse llevar de vanagloria por los aplausos, resulta el mismo daño a él y a quien le escucha, acomodando el sermón por ambición de alabanza, más para dar gusto que para la utilidad de sus oyentes.

Y así como aquel a quien no mueven los aplausos, pero que no sabe hablar, no se acomoda al gusto del pueblo, ni puede traerle, por faltarle capacidad en el hablar, poca utilidad considerable puede sacar; así aquel a quien arrastra el deseo de ser alabado, aunque posea talento para mejorar a sus oyentes, quiere a cambio de aquellas alabanzas ofrecerles cosas que puedan recrear su gusto, comprando con el precio de estas el estruendo de los aplausos.

2
Testimonio de vida y gracia de palabra

Es necesario, pues, que el que gobierna un pueblo sobresalga en estas dos partes, para que la una no sea destruida de la otra; porque si presentándose en un público dice cosas que pueden muy bien contener a los que viven descuidadamente, y después se queda sin poder proseguir el discurso, y se ve obligado a que su rostro se cubra de vergüenza porque le faltan las palabras, en aquel punto se pierde todo el fruto que podían dar las cosas que ha dicho. Aquellos que han sido reprendidos, sintiendo lo que oyeron, y no pudiendo vengarse de él de otro modo, le comienzan a motejar de ignorante, creyendo ocultar de este modo sus oprobios.

Por lo tanto, conviene que a semejanza de un buen cochero, tenga una práctica muy cumplida de estas dos prendas; de modo que pueda usar de ellas como convenga. Porque si su conducta apareciere ante todos irreprensible, podrá en tal caso, con cuanta libertad quiera, acortar o soltar la rienda a los que le están subordinados; pero sin esto, no le será muy fácil el hacerlo. Ni basta solamente mostrar aquella superioridad de ánimo hasta el desprecio de las alabanzas, sino que es necesario llevarla más adelante para que nuevamente no se pierda el fruto.

Ni basta solamente mostrar aquella superioridad de ánimo hasta el desprecio de las alabanzas, sino que es necesario llevarla más adelante para que nuevamente no se pierda el fruto.

3

Cuidarse de la crítica

La tristeza y el permanecer fijo constantemente con el pensamiento en una cosa tienen mucha fuerza para abatir el vigor del ánimo y reducirlo a una extrema debilidad.

¿Qué otra cosa, pues, es la que se ha de despreciar? La envidia. Y supuesto que un obispo se halla en la necesidad de estar sujeto a sufrir represiones poco razonables, no es bien que sin medida tiemble y se espante de semejantes calumnias intempestivas; las que ni tampoco debe despreciar inconsideradamente. Conviene sí, aun cuando sean falsas, y que provengan de gente de poco valer, procurar desvanecerlas prontamente.

Verdaderamente, no hay cosa alguna que aumente tanto la buena, o mala fama, como el vulgo descompuesto. Acostumbrado como está a oír y a hablar sin discernimiento dice sin reflexión todo lo que le viene a la boca, sin cuidarse de si es o no verdad. Por tanto, no debe despreciarse la voz del vulgo; antes bien en el principio, y sin perder tiempo, se han de cortar las malas sospechas, persuadiendo a los acusadores, aunque fuesen los más irracionales de todo el mundo, sin omitir alguna cosa de las que puedan conducir para destruir la mala opinión. Cuando hecho todo esto de nuestra parte, no quieren volver en sí los calumniadores, entonces viene bien el no hacer aprecio de ellos; porque si alguno por semejantes accidentes abatiere su espíritu, no podrá producir cosa que aparezca dimanada de un ánimo generoso o digno de admiración. Porque la tristeza y el permanecer fijo constantemente con el pensamiento en una cosa tienen mucha fuerza para abatir el vigor del ánimo y reducirlo a una extrema debilidad.

Debe, pues, el pastor portarse con sus súbditos del mismo modo que un padre se portaría con sus hijos cuando son aún muy tiernos. Y así como no nos movemos considerablemente por sus insolencias, ni cuando nos hieren, o cuando lloran, como tampoco recibimos algún placer excesivo de sus risas, o caricias; así también conviene que no nos envanezcamos oyendo que nos alaban; ni abatirnos por sus calumnias, cuando están fuera de propósito.

Difícil cosa es esta, ¡oh bienaventurado!, o tal vez imposible, según yo entiendo; porque dejar de alegrarse un hombre cuando oye sus alabanzas, no sé si habrá sucedido a alguno. Aquel, pues, que se alegra de oírlas, es natural que desee también gozarlas; y quien desea gozarlas, es necesario por una forzosa consecuencia, que se consuma y entristezca, si no consigue esto.

Así como los que se regocijan con las riquezas, si vienen a caer en pobreza, lo sienten; y los que están acostumbrados a vivir en medio de las delicias, no pueden ajustarse a hacer una vida frugal; así los que aman ser alabados, no sólo cuando son reprendidos sin razón, sino aun cuando continuamente no oyen sus elogios, casi como consumidos de una cierta hambre, se destruyen el ánimo; y particularmente si se han criado en medio de ellos, o si oyen alabar a otros en su presencia. Por consiguiente, aquel que con este deseo pasare a dar muestras de su doctrina, ¿cuántas molestias y cuántos dolores crees tú que pasará? Ni el mar puede hallarse jamás sin olas, ni tampoco el alma del ambicioso dejar de ser agitada por tristezas y afanes.

Ni el mar puede hallarse jamás sin olas, ni tampoco el alma del ambicioso dejar de ser agitada por tristezas y afanes.

4

A quien más tiene, más se le pide

Siendo la elocuencia obra no de la naturaleza, sino de la doctrina, aun cuando alguno llegue a lo sumo de ella, si no aplica un continuo estudio y ejercicio a esta facultad será abandonado de ella fácilmente.

Pero aun cuando tenga una gran facilidad en el decir (lo que a la verdad se encuentra en pocos), no por esto queda libre de trabajar continuamente. Siendo la elocuencia obra no de la naturaleza, sino de la doctrina, aun cuando alguno llegue a lo sumo de ella, si no aplica un continuo estudio y ejercicio a esta facultad será abandonado de ella fácilmente. De modo, que los más sabios, tienen que trabajar más que los menos doctos; porque no es igual la pérdida de los unos y de los otros, si fueren descuidados en esto; antes bien es tanto mayor, cuanta es la diferencia que hay entre la pericia de los unos y de los otros.

Si los inexpertos en la elocuencia no ofrecen cosa que sea de consideración, no por eso habrá quien los reprenda; pero si los oradores famosos no dan de sí siempre cosas superiores a aquella opinión que se tiene de ellos, les siguen muchas quejas de parte de todos. Fuera de esto, aquellos, aun en cosas de poca monta, pueden conseguir grandes alabanzas; pero las de estos, si no fueren hasta lo sumo maravillosas y estupendas, no sólo quedan privados de alabanzas, sino que encuentran muchos que los reprenden.

Los oyentes se sientan como jueces, no tanto de las cosas que dicen los oradores, como de la opinión que se tiene de ellos. De modo que si alguno sobresale en elocuencia sobre todos los otros, a este le toca trabajar mucho más que a todos los otros. No le es permitido aparecer sujeto a lo que está la naturaleza humana; esto es, el no poder bastar para todo; antes bien, si no corresponde la oración al concepto que se tiene de él, se retirará de la presencia del pueblo después de haber oído mil motes y reprensiones.

Y ninguno entra a pensar dentro de sí mismo, que sobreviniéndole alguna tristeza, afán, o cuidado, y no pocas veces alguna indignación, le habrá ofuscado la claridad del entendimiento y no le habrá permitido que se manifestasen sinceros a la luz pública sus partos. Y que generalmente hablando, el hombre no puede ser siempre el mismo, ni salir bien en todas las cosas que dice; sino que le es natural el errar alguna vez y manifestarse inferior a su propia facultad y virtud.

Ninguna de estas cosas, como dejo dicho, quieren reflexionar estos tales, sino que lo acusan del mismo modo que si juzgaran a un ángel.

Se junta a todo esto el ser natural al hombre el perder de vista las acciones excelentes del prójimo por muchas y grandes que sean. Pero por el contrario, si se descubre alguna falta, por ligera que sea, y aunque haya acaecido mucho tiempo antes, la advierte prontamente y la reprende, teniéndola fija en la memoria. Y semejante falta de poquísima consideración ha disminuido, no pocas veces, la gloria de muchos y grandes hombres.

5

Sobreponerse a la envidia y las opiniones ajenas

<small>Son muchos los que sin motivo alguno, y sin cesar, le asaltan, no teniendo de qué acusarle, sino sólo por el sinsabor que experimentan de que esté tan bien reputado de todos.</small>

Ya ves, oh valeroso, que es precisamente el mejor dotado para la elocuencia el que necesita de más empeño y estudio, y sobre estudio y empeño, mayor paciencia necesita que los otros de quienes antes te hablaba. Son muchos los que sin motivo alguno, y sin cesar, le asaltan, no teniendo de qué acusarle, sino sólo por el sinsabor que experimentan de que esté tan bien reputado de todos; debiendo él tolerar con un ánimo generoso la áspera envidia de estos tales. Porque no pudiendo ocultar este odio execrable, que sin causa alguna tienen reconcentrado en su corazón, motejan, vituperan y calumnian escondidamente, manifestando sin rebozo su perversa inclinación.

Ahora, pues, un alma, que por cada una de estas cosas comienza a entristecerse y a condolerse, no hará otra cosa, sino consumirse de dolor y de pena.

Y no solamente le hacen estos tiros por sí mismos, sino que procuran valerse de otros para hacer lo mismo. Y muchas veces escogiendo uno, que le es muy inferior en la elocuencia, le alaban hasta los cielos y lo admiran sobre sus méritos; haciendo esto unos sólo por capricho, y otros por ignorancia y envidia, para echar por tierra su reputación, y no precisamente con la mira de que aparezca digno de admiración el que no lo es.

Y este hombre valeroso, no sólo tiene que combatir con esta casta de gente, sino frecuentemente aun con la ignorancia de todo un pueblo. No es posible que todos los que concurren, formen un congreso de hombres doctos; antes por el contrario, sucede ordinariamente que se componga por la mayor parte de gente inculta. Y los demás, aunque sean más prudentes que aquellos, con todo, son tan inferiores a los que pueden dar su juicio en materia de elocuencia, cuanto todo el resto de los demás son inferiores a ellos; se sientan solamente uno o dos que poseen esta facultad. De donde resulta que aquel que dice mejor, lleva los menores aplausos y que alguna vez se retire sin recibir alguna alabanza.

Ahora, pues, conviene prepararse generosamente para sufrir todas estas desigualdades, y para perdonar a quien hace esto por ignorancia, y compadecer y llorar a los que lo hacen movidos de envidia como desdichados y dignos de compasión; sin creer, que su habilidad ha padecido disminución, ni menoscabo por los unos, ni por los otros.

Un excelente pintor que sobresale entre todos los otros, aunque vea ser censurada por gente ignorante una figura que ha pintado con el mayor esmero, no por esto debe decaer de ánimo, ni juzgarla mala por el juicio de personas que no lo entienden; como tampoco tener por digna de aprecio, y por bien hecha, una pintura, que en la realidad lo está mal, por la admiración que excita en los que no la entienden.

Un excelente pintor, aunque vea ser censurada por gente ignorante una figura que ha pintado con el mayor esmero, no por esto debe decaer de ánimo.

6

No dejarse abatir, sino proseguir hacia lo mejor

Aquel, pues, que tomó a su cargo el trabajo de enseñar, no atienda a las aclamaciones de los otros, ni por faltar éstas, abata su ánimo.

Un artífice excelente debe ser por sí mismo juez de sus obras, y tenerlas por feas o por hermosas cuando el mismo entendimiento que las produjo lo sentenciare así; y por lo que toca a la opinión errónea de los otros, y a su poca pericia en el arte, no debe, ni aun darla asiento en su ánimo.

Aquel, pues, que tomó a su cargo el trabajo de enseñar, no atienda a las aclamaciones de los otros, ni por faltar éstas, abata su ánimo; sino que trabaje siempre sus discursos con el fin de agradar a Dios, esto sin duda ha de serle la sola regla, y el término de su mayor atención en trabajarlas, no las aclamaciones, ni los aplausos, y si es alabado de los hombres, no deseche sus elogios; y si los oyentes no le aplauden, no por esto lo pretenda, ni se entristezca. Por lo que toca a él, tiene por suficiente consuelo de sus fatigas, y mayor que todos los otros, cuando no le falta el testimonio de la conciencia, de que ha compuesto y trabajado su discurso con el fin de agradar a Dios.

7

Evitar la envidia y la tristeza

En el mismo punto en que le sorprenda el deseo de estas indiscretas alabanzas, de nada le aprovecharán sus muchas fatigas, ni la facultad de su elocuencia porque un ánimo que no puede sufrir las necias represiones del vulgo, se relaja fácilmente y abandona el estudio. Por esto conviene, que sobre todo se halle bien instruido en despreciar las alabanzas; porque sin esto, el solo saber hablar bien, no basta para conservar esta facultad.

Si alguno, pues, quisiere hacer un diligente examen de otro que se halla escasamente adornado de esta habilidad, encontrará que le es igualmente necesario a él que al otro, el despreciar las alabanzas. Porque se verá en la precisión de incurrir en muchos errores, si se deja vencer por la opinión del vulgo; de donde hallándose sin fuerzas para poder igualar a los que son celebrados por su elocuencia, no tendrá dificultad en ponerles asechanzas, en envidiarles y censurarles temerariamente, y en cometer otras ruindades semejantes. No dejará piedra por mover, aunque sea necesario perder su alma, como logre reducir la opinión de aquellos a la humildad de su pequeñez.

A lo que se junta, que apoderándose de su ánimo una torpeza, abandonará aquellos sudores que traen consigo alguna fatiga. El aplicarse mucho al trabajo, recogiendo de esto una muy corta alabanza, es bastante para abatir y hacer caer en un profundo sueño a aquel que no sabe despreciar las alabanzas. Del mismo modo que un labrador cuando trabaja en un terreno estéril, y se ve obligado a labrar las piedras, se aparta pronto del trabajo, si no es que tenga una grande inclinación a la fatiga, o que por otra parte le amenace el hambre.

Y si aquellos que poseen un gran caudal de elocuencia, tienen necesidad de tanto ejercicio para conservarse en la posesión; aquel que no ha recogido cosa alguna, sino que en el mismo tiempo de las disputas se ve obligado a meditar; ¿qué dificultad no hallará, cuánta inquietud, cuánta turbación para poder recoger alguna cosa a costa de mucho trabajo?

Si alguno quisiere hacer un diligente examen de otro que se halla escasamente adornado de esta habilidad, encontrará que le es igualmente necesario a él que al otro, el despreciar las alabanzas.

Y si alguno de aquellos que están después de él, y a quienes cupo un orden inferior, puede brillar más en esta parte, se requiere un ánimo casi divino para que no le sorprenda la envidia y para no caer en tristeza. Para uno que se halla constituido en mayor dignidad, el ser vencido por los inferiores y tolerar esto con un ánimo generoso, no es cosa para un ánimo vulgar, ni para el nuestro, sino para uno hecho de diamante. Y si aquel que le excede en la fama, es un hombre justo y moderado, el mal es de algún modo tolerable; pero si es atrevido, arrogante y sediento de gloria es cosa de que cada día le desee la muerte y le amargue la vida insultándolo en público, mofándolo en oculto, defraudándolo y apoyándose, cuanto pueda, en su autoridad. Él quiere sólo ser el todo; y para asegurarse más todas estas cosas tiene de su parte la libertad en el hablar, el favor del pueblo y el amor de todos los súbditos.

La fiebre de la elocuencia

¿Acaso no ves cuán grande es el amor de la elocuencia que vergonzosamente se ha apoderado al presente del corazón de los cristianos y que son honrados sobre todos los demás aquellos que la cultivan, no sólo de los extraños, sino también de los mismos hermanos en la fe? Sube el superior a hablar y todos callan y creen que se les molesta y están esperando el fin del discurso como un respiro en el tormento. Y haciendo un discurso su antagonista, por largo que sea, lo oyen con gusto y cuando está para concluirlo sienten que vaya a terminar y se enfadan de que al fin se calle. ¿Quién habrá, dime, capaz de sufrir esa vergüenza?

Estas cosas, aunque ahora, por tu falta de experiencia te parezcan de poca consideración y dignas de desprecio, son bastantes para amortiguar el ardor del ánimo y relajar su vigor, a no ser que apartando de él todos los afectos humanos, procure hacerse semejante a las potestades incorpóreas; que ni se dejan sorprender de envidia, ni del amor de la gloria, ni de otra semejante enfermedad.

Si hay, pues, entre los hombres alguno de tal calidad que pueda pisar esta indómita, inexpugnable y fiera bestia de la gloria popular y cortar sus muchas cabezas, o por mejor decir, hacer de modo que no nazcan, este tal podrá fácilmente rechazar estos muchos asaltos y gozar como de un tranquilo puerto.

Pero aquel que no se halla libre de semejante bestia, introduce en su ánimo una guerra variada, un continuo tumulto, un tropel de tristezas y de otras pasiones. Pero, para qué proseguir, contando las otras dificultades, las cuales no podrá referir, ni saber, sino aquel que se hubiese hallado en medio de los mismos negocios.

> **Aquel que no se halla libre de semejante bestia, introduce en su ánimo una guerra variada, un continuo tumulto, un tropel de tristezas.**

La dignidad del ministerio

Libro VI

1
Responsables de las almas bajo cuidado

Las cosas de la vida presente pasan del modo que has oído; pero las de la otra venidera, ¿cómo podremos sufrirlas, cuando nos viéremos obligados a dar cuenta por cada uno de aquellos que nos hubieren sido encomendados?, porque la pena no se reduce a la vergüenza, sino que a ésta se sigue un castigo eterno. Aquellas palabras: "Obedeced a vuestros pastores, y estadles sujetos, porque ellos velan por vuestras almas, como los que deben dar cuenta de ellas";[111] aunque ya las dejo tocadas arriba, con todo, no las pasaré ahora en silencio, porque el temor de esta amenaza me perturba el ánimo continuamente. Y verdaderamente, si el que escandaliza a uno, aunque sea de los más pequeños, es conveniente, que atándole al cuello una piedra de molino sea sumergido en el mar;[112] y si todos los que ofenden la conciencia de sus hermanos, pecan contra el mismo Cristo, ¿qué padecerán, y qué pena sufrirán aquellos que son causa de la perdición, no de una, de dos, o tres personas, sino de tanta muchedumbre? No se puede alegar aquí la excusa de la impericia, ni recurrir a la ignorancia, ni dar por pretexto la necesidad y la fuerza. Mucho mejor podría un súbdito, si le fuese permitido, valerse de este refugio en sus propios pecados, que los pastores en los pecados de los otros. ¿Y por qué esto? Porque aquel que está puesto para corregir las ignorancias del prójimo y para avisarle con tiempo que se acerca la guerra del demonio, no podrá dar por pretexto la ignorancia, ni decir: "Yo no he oído la trompeta, yo no he previsto la guerra"; pues está sentado, como dice Ezequiel, para tocar la trompeta a los otros y para advertirles de antemano los desastres que pueden ocurrir.[113]

> Aquel que está puesto para corregir las ignorancias del prójimo y para avisarle con tiempo que se acerca la guerra del demonio, no podrá dar por pretexto la ignorancia.

---

[111] Hebreos 13:17.
[112] Mateo 18:6.
[113] "Fue a mí palabra de Jehová, diciendo: Hijo de hombre, habla a los hijos de tu pueblo, y diles: Cuando trajere yo espada sobre la tierra, y el pueblo de la tierra tomare un hombre de sus términos, y lo pusiere por atalaya, y él viere venir la espada sobre la tierra, y tocare corneta, y avisare al pueblo, cualquiera que oyere el sonido de la corneta, y no

**Será
inevitable
el castigo,
aunque sólo
sea uno
el que
se pierda.**

Por lo que será inevitable el castigo, aunque sólo sea uno el que se pierda. Porque si viniendo la espada, no se toca al pueblo la trompeta, y el que está de atalaya (dice el profeta) no diere la señal; y venida la espada, cogiere un alma por causa de su iniquidad, yo buscaré y pediré su sangre de la mano del que debe estar en vela.

---

se apercibiere, y viniendo la espada lo tomare, su sangre será sobre su cabeza. El sonido de la corneta oyó, y no se apercibió; su sangre será sobre él; mas el que se apercibiere, librará su vida" (Ez. 33:1-3).

2

Un alma pura

Deja, pues, de inducirme a un juicio tan inevitable; pues no se trata aquí de gobernar un ejército, ni un reino, sino de una cosa que requiere una virtud angelical. El pastor debe tener un alma más pura que los mismos rayos del sol para que en ninguna ocasión se vea abandonado del Espíritu Santo, y para poder decir: "Vivo yo, ya no yo, sino que vive Cristo en mí".[114]

Pues si aquellos que habitan en la soledad, apartados de la ciudad, de la plaza y de los bullicios que aquí se hallan, y que siempre gozan del puerto y de la tranquilidad, no quieren fiarse de la seguridad de aquella vida; sino que añaden otras mil cautelas fortificándose por todas partes, y poniendo toda la atención en decir y hacer todo con la mayor exactitud, para poder acercarse a Dios con confianza y sincera pureza, en cuanto lo puedan soportar las fuerzas humanas, ¿cuánta virtud y cuánto valor crees tú que necesita el pastor para poder tener libre el alma de cualquier fealdad y conservar sin mancha la belleza espiritual?

En verdad, le es necesaria mucha mayor pureza que a aquellos; y el que la necesita mayor, está sujeto a mayores necesidades que puedan mancharle, a no ser que haga su alma inaccesible a tales accidentes, usando una continua vigilancia y de una atención de ánimo extraordinaria.

Porque la bella disposición del semblante, los movimientos acompasados, el afectado cuidado en el andar, la inflexión de la voz, los ojos pintados, las mejillas cubiertas de afeites, el adorno de los rizos y compostura de los cabellos, la suntuosidad de los vestidos y la variedad de los ornamentos de oro, y la belleza de las piedras preciosas, y la fragancia de los ungüentos, y todas las otras cosas que arrebatan la atención de las mujeres, pueden turbar el alma, si no es que se haya endurecido por medio de una templanza muy austera. Y el moverse por semejantes cosas, no es maravilla; pero lo que causa un gran espanto y angustia es que el demonio pueda herir y traspasar el alma de los hombres por cosas contrarias a éstas.

> El pastor debe tener un alma más pura que los mismos rayos del sol para que en ninguna ocasión se vea abandonado del Espíritu Santo, y para poder decir: "Vivo yo, ya no yo, sino que vive Cristo en mí".

---

[114] Gálatas 2:20.

3

Mantener el equilibrio en todo

Dejo a un lado los honores, que son ocasión de mil males; si no los recibe con una superior grandeza de ánimo, será oprimido de dos pasiones contrarias, de una adulación servil y de una recia arrogancia.

Verdaderamente ha habido algunos, que habiendo escapado de aquellas redes, han sido cogidos de otras cosas muy diferentes. El descuido del semblante, el cabello descompuesto, el vestido sucio, el traje desaliñado, la sencillez de costumbres, el razonar sin doblez, el caminar sin afectación, la voz sin composición, el vivir en pobreza, el verse despreciado, y no tener alguno en su defensa, y la soledad misma, movieron al principio a compasión a aquel que las registraba; pero después lo condujeron a la última ruina.

Y muchos que escaparon de las primeras redes; esto es, de los adornos de oro, de los ungüentos, de los vestidos y de otras cosas que dejo dichas, fácilmente han caído en éstas, tan diferentes de aquellas, y se han perdido. ¿Cuándo, pues, igualmente por la pobreza, como por la opulencia, por el cuidado extremado del traje, y por su descuido y desaliño, por las costumbres arregladas y desarregladas; finalmente, en una palabra, por todo lo que dejo dicho arriba, se enciende en el ánimo de quien las ve una guerra, y le cercan los engaños por todas partes, cómo podrá respirar cercado de tantos lazos? ¿Qué refugio podrá buscar, no digo para librarse de ser cogido a viva fuerza, lo que no es muy difícil, sino para conservar su alma libre de pensamientos impuros?

Dejo a un lado los honores, que son ocasión de mil males; porque los que provienen de las mujeres, se debilitan con el vigor de la templanza; aunque muchas veces le abaten, si no sabe estar siempre vigilante contra semejantes asechanzas. Pero los que provienen de los hombres, si no los recibe con una superior grandeza de ánimo, será oprimido de dos pasiones contrarias, de una adulación servil y de una recia arrogancia; tomando sobre sí la obligación de sujetarse a los que lo honran y ensoberbeciéndose con la gente baja por los honores que le han hecho, vendrá a caer en lo profundo de la soberbia.

Bastan ya las cosas dichas hasta aquí: ninguno puede saber bien, sin experiencia, cuánto daño traen consigo; es necesario que quien se halla en medio, caiga en males mucho mayores y más peligrosos. Aquel, pues, que ama la soledad, está libre de todas estas cosas; y si alguna vez, por un pensamiento impropio, se le representa alguna cosa semejante, la fantasía no tiene fuerza y puede fácilmente desecharlo, porque no da fomento a la llama la vista de las cosas exteriores.

Y el monje, o solitario teme por sí solo; y aunque tenga que cuidar de los otros, estos son pocos; y aunque sean muchos, son siempre en menor número que los que están en las iglesias, y dan al prelado un cuidado en sí mucho más ligero, no sólo por su corto número, sino porque todos se hallan libres de las cosas del mundo, y no tienen que pensar ni en hijos, ni en mujer, ni en otra cosa semejante. Esto los hace muy obedientes a sus superiores, y el tener una habitación común, hace que se puedan notar sus faltas por menor y corregirse siendo de no poca ventaja para el adelantamiento en la virtud, la continua vigilancia del maestro.

Aquel, pues, que ama la soledad, está libre de todas estas cosas; y si alguna vez, por un pensamiento impropio, se le representa alguna cosa semejante, la fantasía no tiene fuerza y puede fácilmente desecharlo, porque no da fomento a la llama la vista de las cosas exteriores.

4

Sembrar entre espinas

Una excesiva miseria, la necesidad que trae consigo la pobreza, las incomodidades continuas y otras cosas semejantes, desvían el ánimo de la aplicación a las cosas divinas.

Pero los que están subordinados al pastor, se hallan, por la mayor parte, enredados en pensamientos de la vida, y esto los hace más perezosos para las obras espirituales. Por eso es necesario que el maestro siembre, por decirlo así, cotidianamente, para que a lo menos con la continuación pueda prevalecer la doctrina en el ánimo de los oyentes. Porque la abundancia de riquezas, la grandeza del poder y la desidia que nace de las delicias, y otras cosas fuera de las dichas, ahogan las semillas arrojadas; y frecuentemente, la espesura de las espinas hace que lo que ha sido sembrado, no llegue a tocar ni aun la superficie de la tierra. Al contrario, una excesiva miseria, la necesidad que trae consigo la pobreza, las incomodidades continuas y otras cosas semejantes, que son contrarias a las que quedan dichas, desvían el ánimo de la aplicación a las cosas divinas.

Y por lo que toca a los pecados de los fieles, no es posible que llegue a su noticia ni una mínima parte. ¿Y cómo podrá saberlo, si a muchos no conoce ni aun por el semblante? Las cosas que tocan al pueblo encierran una dificultad muy grande.

El ministerio de intercesión

¿Pues qué será, si entramos a considerar las que pertenecen a Dios?, se encontrará que todo lo dicho no es nada en comparación con el servicio a Dios.

¿Cómo debe ser aquel que es embajador de toda una ciudad? ¿Pero qué digo de una ciudad, de todo el mundo, y que ruega a Dios se digne mirar con ojos de misericordia los pecados, no solamente de los vivos, sino también de los muertos? Yo me persuado, que para una intercesión como ésta, no bastaría toda la confianza de un Moisés, ni de un Elías.

Del mismo modo que si se le hubiera encomendado el cuidado de todo el mundo, y como si fuera padre universal de todos, así se acerca a Dios, rogándole que por todas partes cesen las guerras y los alborotos, que se restituya y florezca la paz y prosperidad; que finalmente, todos en común, y cada uno en particular, se preserven de los males que les amenazan.

Conviene, pues, que sus méritos sobresalgan tanto entre los de aquellos por quienes ruega, cuanto debe sobresalir el protector entre los protegidos.

Pero cuando llegamos al punto de que es él quien invoca al Espíritu Santo, que celebra aquel sacrificio sumamente tremendo, y que asiduamente está tocando al Señor común de todos, ¿dónde, dime por tu vida, podremos colocarle? ¿Qué pureza, qué reverencia no le exigiremos?

Piensa tú ahora un poco, cómo conviene que sean esas manos que administran estas cosas, cuál la lengua que pronuncia aquellas palabras y qué alma ha de haber más pura y más santa, que la que ha de recibir un tal Espíritu.

En esta ocasión asisten los ángeles al ministro, en este tiempo, todo el santuario, y el lugar que está al contorno del altar, se llena de potestades celestiales. Esto puede cada uno persuadírselo fácilmente por las mismas cosas que a la sazón se celebran allí.

Oí yo contar en cierta ocasión, que un anciano, hombre de grandes méritos, y acostumbrado a tener revelaciones, había sido digno de tener la siguiente visión; esto es, que al tiempo del tremendo sacrificio,[115] vio repentinamente, y cuanto es permitido a la naturaleza humana, una multitud de ángeles, vestidos de estolas blancas que cercaban el altar y estaban en pie con el rostro inclinado, como se ven estar los soldados en presencia del rey. Y yo lo creo.

Otro me contó también, no como que lo había oído, sino como que había sido hecho digno de ver y oír por sí mismo, que los que están para partir de este mundo, si han participado con conciencia pura de los misterios, cuando están para expirar, son conducidos por los ángeles, que los acompañan haciéndoles guardia, desde aquí hasta el cielo, por respeto de aquel Señor a quien han recibido.

¿Y tú aún no te estremeces, pretendiendo introducir en un misterio tan santo un alma tal, y a un sujeto cubierto de vestiduras inmundas, promoviendo a la dignidad sacerdotal, a quien Cristo ha arrojado del coro de los convidados?

---

[115] La Eucaristía o Santa Cena, como anotamos anteriormente.

Experiencia y prudencia en el trato

El alma del pastor ha de brillar como una luz que ilumina el mundo. Los pastores son como la sal de la tierra. Debe ser prudente y experimentado en muchas cosas y saber todos los negocios de la vida humana.

El alma del pastor ha de brillar como una luz que ilumina el mundo, siendo así que la mía se halla cercada de tinieblas por la mala conciencia, y que anda solícita buscando siempre cómo esconderse porque no puede jamás fijar la vista con confianza en su Señor.

Los pastores son como la sal de la tierra. Pues ahora bien, ¿quién podrá sufrir con paciencia mi insipidez y falta de experiencia en todas las cosas, sino vosotros, que estáis acostumbrados a manifestaros un amor excesivo?

Se junta a esto, que el pastor debe, no solamente ser puro para ser digno de tal ministerio, sino también muy prudente y experimentado en muchas cosas y saber todos los negocios de la vida humana, no menos que los que se hallan en medio de ellos; pero al mismo tiempo, vivir con un ánimo libre de todos, aun más que los mismos monjes, que eligieron el habitar los montes.

Debiendo tratar con hombres que tienen mujer, mantienen hijos, sustentan criados, se hallan abundantes de riquezas, y manejan los negocios públicos, hallándose constituidos en los principales empleos, conviene que se porte con variedad. Digo con variedad y no con doblez; no sirviendo a la adulación y disimulo, sino obrando con mucha libertad y confianza. Tiene que saber condescender útilmente, cuando lo pida la naturaleza de los negocios y ser a un tiempo apacible y austero. No pueden ser tratados de un mismo modo todos los súbditos, como tampoco conviene a los médicos el portarse de un mismo modo con los enfermos; ni al piloto el saber un solo camino de combatir con los vientos. Son continuas las tempestades que cercan esta nave; y éstas, no solamente asaltan por afuera, sino que se levantan también por lo interior, y se necesita de gran condescendencia y diligencia y todas estas cosas diferentes miran a un solo punto; esto es, a la gloria de Dios y a la edificación de la Iglesia.

5

Diferencia entre el pastor y el monje

Grande es el trabajo, y grave la fatiga que tienen los monjes; pero si alguno compara aquellos sudores con los que trae consigo el pastorado bien administrado, hallará tanta diferencia cuanta es la distancia que hay entre un rey y un hombre particular.

Y aunque es cierto que entre los monjes la fatiga es mucha, con todo, es un trabajo común al alma y al cuerpo, y aun la mayor parte se debe a la buena constitución de éste; el cual si no es robusto, no le permite el alma salir de sí y ponerse en la práctica; porque el continuo ayunar, el dormir sobre la tierra desnuda, la vigilia, el estar privado de los baños, el sudar mucho, y todas las otras cosas que practican para afligir el cuerpo, todas ellas cesan, cuando no es robusto aquel que se había de castigar.

Pero en nuestro caso, el arte está en mantener muy limpia el alma, sin tener necesidad de la buena constitución del cuerpo para manifestar su virtud. ¿Qué aprovecha la robustez del cuerpo para no ser soberbios, orgullosos, temerarios; pero sí vigilantes, templados, moderados y finalmente, todo aquello en que san Pablo nos dejó una cumplida imagen de un pastorado perfecto?[116]

> El arte está en mantener muy limpia el alma, sin tener necesidad de la buena constitución del cuerpo para manifestar su virtud.

---

[116] Cf. 1ª Timoteo 3:2.

6

Fortaleza de ánimo

El piloto que dentro del puerto está sentado sobre el timón, aún no ha dado prueba de su pericia. Pero el que en alta mar y en medio de la tempestad logra salvar la nave, éste es el piloto perfecto.

Ni podemos decir lo mismo de la virtud de un solitario. Y así como los volatines[117] necesitan de muchos instrumentos de ruedas, cuerdas y espadas; y al contrario, un filósofo, sin tener necesidad de cosa alguna exterior, tiene todo el arte puesto dentro de sí mismo; así el monje necesita aquí de una salud robusta de cuerpo y lugares proporcionados para aquel género de vida; de modo que viva, ni enteramente separado del comercio de los hombres, ni sin la quietud que se goza en la soledad, ni que tampoco carezca de unas templadas estaciones. No hay cosa más insoportable para el que se aflige con ayunos, que las inclemencias del tiempo.

No quiero añadir aquí cuántas preocupaciones les ocasiona, lo que tienen que sufrir para buscarse el vestido y la comida, procurando ganarlo todo con sus propias manos. Pero el pastor no tendrá necesidad de alguna de estas cosas para su uso; sino que hallándose sin estos embarazos, se hace común con todos, en las cosas que no traen consigo daño alguno, llevando toda la ciencia depositada en los tesoros de su alma.

Y si hay alguno que admira en un monje el estarse solo y el retirarse de los tratos de los hombres, yo mismo confesaré ser éste un indicio de fortaleza de ánimo, pero no es un argumento suficiente de toda la fortaleza y valor que cabe en un alma. Porque el piloto que dentro del puerto está sentado sobre el timón, aún no ha dado prueba suficiente de su pericia. Pero el que en alta mar y en medio de la tempestad logra salvar la nave, éste es el que la opinión de todos confesará como piloto perfecto.

---

[117] O titiriteros y equilibristas, que andan por el aire sobre una cuerda o alambre y ejecutan difíciles ejercicios acrobáticos.

7

Dificultades en el trato con la gente

Por tanto, no debe ser un monje el objeto de la mayor y más excesiva maravilla; porque permaneciendo en soledad, nadie le inquieta, ni tiene ocasión de cometer muchos y grandes pecados por no tener quien lo acose, ni quien estimule su ánimo. Pero si alguno, entregándose a la muchedumbre y obligado a sufrir los pecados de todos, permanece firme y constante gobernando su ánimo en medio de la tempestad igualmente que si se hallara en la calma y serenidad; justamente debe este tal ser aplaudido y admirado por todos, porque dio pruebas de su propia fortaleza.

> Si alguno, entregándose a la muchedumbre y obligado a sufrir los pecados de todos, permanece firme y constante, justamente debe este tal ser aplaudido y admirado por todos.

De aquí es que de ningún modo debe causarte maravilla, que habiendo huido del bullicio y del trato con la gente, no tengamos muchos y grandes acusadores. ¿Qué novedad, dime, podría causar de que yo, durmiendo, no pecase; o de que no cayese, no luchando; o de que no quedase herido, no combatiendo? ¿Quién, en este caso, podría acusar, o quién sacar al público mi malicia? ¿Acaso este techo, o este aposento?, bien ves que estos son mudos. ¿Por ventura, mi madre, que se halla bien informada de todas mis cosas? Verdaderamente no tengo yo alguna cosa común con ésta, ni jamás ha habido entre los dos contienda alguna. Y aunque hubiera sucedido esto, no hay madre tan poco amante y tan enemiga de su hijo que hable de él sin causa alguna, y que sin que nadie la estreche, diga mal de aquel que ha engendrado, parido y educado.

Examen de uno mismo

Porque si alguno quiere examinar atentamente mi alma encontrará que se hallan en ella muchas cosas de malísima calidad; y tú mismo puedes estar de esto muy bien informado, aunque por otra parte acostumbras más que ningún otro a ensalzarme con elogios en presencia de los otros. Que yo ahora no diga esto por modestia, es claro, si te acuerdas cuántas veces te he dicho, cuando tratábamos de este asunto, que si me diesen a escoger dónde

El que entra en este estadio, debe principalmente despreciar la gloria, ser superior a la ira y hallarse pertrechado de mucha prudencia.

quería yo distinguirme más, si en las prelacías de la iglesia o en la vida solitaria, eligiría mil veces la primera condición. Nunca he dejado yo de proponerte, como hombres dichosos, a los que pueden satisfacer cumplidamente a las obligaciones de aquel ministerio.

Ahora bien, ninguno habrá que pueda contradecirme por haber huido de un estado que he llamado feliz, en el caso de hallarme con la disposición necesaria para cumplir bien con sus cargas. ¿Pero qué es lo que yo debía hacer? Qué cosa más inútil para el gobierno de la Iglesia que este descuido y pereza, que otros tienen por un admirable ejercicio y que yo tengo por un velo con que cubrir la propia maldad, valiéndome de él para ocultar la mayor parte de mis defectos, procurando que no se descubran.

La necesidad de experiencia previa en el trato con la gente

El que está acostumbrado a gozar de un gran descanso y a vivir en gran quietud, aunque por otra parte tenga un excelente ingenio, si de pronto se entrega a la acción se turba por todo y se inquieta, porque no tiene experiencia; y la falta de práctica y de ejercicio le quita una parte no pequeña de su capacidad y talento. Pues pon ahora juntos un entendimiento tardo y una inexperiencia en semejantes contiendas, que es puntualmente el estado en que yo me encuentro, y convendrás que haber aceptado ese ministerio fuera cosa equivalente a encomendárselo a una estatua.

El hecho es que los que vinieron de aquella palestra del yermo a estas contiendas del ministerio pastoral, son pocos los que sobresalen y brillan; y la mayor parte descubre lo que es, pierde el ánimo y tiene que sufrir muchos y graves sinsabores. Esto debe causarnos extrañeza; porque cuando hay que luchar en cosa distinta de la que uno se ejercitó, tanto vale como no haberse ejercitado en nada.

El que entra, pues, en este estadio, debe principalmente despreciar la gloria, ser superior a la ira y hallarse pertrechado de mucha prudencia. Al que ama la vida solitaria no se le ha ofrecido materia alguna con que poder ejercitarse en estas virtudes; porque ni tiene mucha gente que le inquiete, de modo que pueda ejercitarse en reprimir los ímpetus de la ira, ni quien con admiración atienda y aplauda para poder instruirse en despreciar las alabanzas populares; fuera de que aquella prudencia, que es tan necesaria para gobernar las iglesias, no es de tanta consideración entre los monjes. Cuando llegan, pues, a aquellas peleas en que no se han ejercitado, quedan sorprendidos, se alucinan, no saben qué hacerse; y además de no hacer algún progreso en la virtud, pierden muchas veces cuando llegan a este grado aquel poco de bondad y de caudal que tenían consigo.

Aquella prudencia, que es tan necesaria para gobernar las iglesias.

8

Cualidades morales y tentaciones

A quienes hay que escoger es a los que aun tratando con todos y viviendo en medio del mundo, son capaces de conservar intactas y constantes la pureza, la santidad, la paciencia.

¿Pues qué –me cortó Basilio–, echaremos mano para administrar la iglesia de los que se hallan en medio del mundo, que únicamente piensan en los cuidados de la vida, que han hecho ya callos en altercar y en injuriar a otros, llenos de infinitos artificios y que sólo saben vivir entre los placeres?

No digas barbaridades –respondí yo–, ¡oh amado amigo!, porque de semejantes, ni aun por el pensamiento nos han de pasar esos tales cuando se trata de hacer la elección para el pastorado. A quienes hay que escoger es a los que aun tratando con todos y viviendo en medio del mundo, son capaces de conservar intactas y constantes la pureza, la tranquilidad, la santidad, la paciencia, la sobriedad y todos los demás bienes de ánimo que se hallan en aquellos solitarios; a este escogeremos por pastor.

El que tiene muchos vicios, pudiendo esconderlos en el retiro de la soledad y hacer que no pasen a hechos, no tratando con alguno, cuando se ofreciere a la publicidad, sólo conseguirá hacerse ridículo y exponerse a un peligro mucho mayor; lo que no ha faltado mucho para que me sucediese a mí, si la providencia divina no hubiese apartado prontamente el fuego de nuestra cabeza.

Ni es posible que pueda quedar escondido aquel que se halla en semejante disposición, cuando se entregare a tratar con el pueblo; antes bien en este caso se harán patentes todas sus cosas. Porque así como el fuego sirve para probar los metales, así la prueba del ministro sirve para discernir los ánimos de los hombres; y si por ventura se halla alguno sujeto a la ira, poseído de pusilanimidad, de vanagloria, de arrogancia, o de cualquier otro vicio, descubre luego todos los defectos y los manifiesta con toda su propia desnudez; y no solamente los descubre, sino que los hace más graves y más fuertes.

Las heridas del cuerpo si se tocan y manosean, se hacen más difíciles de curarse; y las pasiones del ánimo, irritadas y exasperadas, naturalmente se encrudecen y se hacen mas rebeldes e inducen a caer en mayores pecados a los que las tienen. De lo que resulta, que si no se está con la mayor atención, inclinan el ánimo al amor de la gloria, a la arrogancia, al deseo de las riquezas, y lo arrastran al lujo, a la relajación, a la desidia, y poco a poco sucesivamente a otros males que provienen de estos; pues se encuentran en el mundo muchas cosas, que pueden entibiar la prontitud del ánimo, y cortarle la carrera en el camino derecho que lleva a Dios; pero principalmente, el tratar y conversar con las mujeres.

El obispo que debe cuidar de todo el rebaño, no puede aplicar su pensamiento a la parte de los hombres, y descuidar de la que toca a las mujeres; en lo que se necesita de la mayor cautela y atención, por la propensión natural que tienen los hombres al pecado. Y aquel a quien tocó por suerte el obispado, necesita aplicar también, ya que no la mayor parte de sus pensamientos, a lo menos, no la menor en procurar su salud. Debe visitarlas en sus enfermedades, consolarlas en su llanto, corregirlas en sus descuidos y asistirlas en sus aflicciones y trabajos.

Ahora, pues, cuando se practican estas cosas, hallará el espíritu maligno muchas puertas abiertas por donde entrarle, si no se halla defendido de una guarda muy vigilante; porque los ojos de la mujer hieren y perturban el alma, y no solamente los de una mujer lasciva, sino también los de la que es honesta y sus adulaciones ablandan, y las honras que te hacen te dejan sin libertad. Y la caridad ardiente, que es la causa de todos los bienes, por su medio viene a ser ocasión de infinitos males, si no saben aplicarla bien.

Y no pocas veces los continuos pensamientos embotan la agudeza del alma y hacen su agilidad más pesada que el mismo plomo; y alguna vez, cayendo la ira en el corazón, ocupa todo su interior a manera de humo.

> Quien debe cuidar todo el rebaño, no puede aplicar su pensamiento a la parte de los hombres, y descuidar de la que toca a las mujeres; en lo que se necesita de la mayor cautela y atención.

9

Apartar las malas sospechas

San Pablo temió hacerse sospechoso de hurto con sus discípulos, y por esto echó mano de otras personas para la administración del dinero.

¿Y quién podrá contar las otras incomodidades, ultrajes, violencias, quejas de grandes y de pequeños, de prudentes y de imprudentes? Aquel género, principalmente de hombres, que carece de un recto discernimiento, es quejoso y no admite fácilmente excusas. Y el buen pastor no debe despreciar ni aun a éstos, sino que con dulzura y mansedumbre ha de satisfacer a todos de lo que le acumulen, y estar pronto, y dispuesto a perdonarles una queja fuera de razón, antes que soltar la rienda a la ira.

Y si san Pablo temió hacerse sospechoso de hurto con sus discípulos, y por esto echó mano de otras personas para la administración del dinero, para que ninguno nos reprenda, como él mismo dice, en esta gran porción que administramos[118] ¿cómo es posible que nosotros dejemos de poner toda la mayor diligencia para apartar las malas sospechas, aunque sean falsas, y sin razón, y aunque muy ajenas de nuestra opinión? A la verdad, de ningún pecado nos hallamos tan distantes, cuanto estuvo san Pablo del hurto; y con todo, aunque se hallase tan libre de una acción tan fea, no por eso despreció la sospecha del vulgo, aunque necia y poco razonable.

Verdaderamente era una locura sospechar tal cosa de aquella alma bienaventurada y admirable; y con todo, vemos que apartó lejos de sí las ocasiones de semejante sospecha tan absurda, y que sólo podía caber en el ánimo de un mentecato, y no despreció la locura del vulgo, ni tampoco dijo: "¿a quién podrá venir al pensamiento el sospechar semejante cosa, teniendo todos de mí tan alta estima, y veneración, ya por mis milagros, ya también por la inocencia de mi vida?" Pero no fue así, sino que sospechó de sí y creyó que podía nacer esta mala sospecha, y

---

[118] "Y no sólo esto, mas también fue ordenado por las iglesias el compañero de nuestra peregrinación para llevar esta gracia, que es administrada de nosotros para gloria del mismo Señor, y para demostrar vuestro pronto ánimo; evitando que nadie nos vitupere en esta abundancia que ministramos; procurando las cosas honestas, no sólo delante del Señor, mas aun delante de los hombres" (2ª Co. 8:19, 20).

la arrancó desde las raíces; o por mejor decir, no permitió que naciese. ¿Y por qué? "Procuremos, dice, cosas honestas, no sólo delante de Dios, sino también delante de los hombres."[119]

Tan grande, y aun mayor cuidado conviene tenerse, no sólo para desvanecer en los principios, cuando se mueve una fama no buena, sino para prevenir desde lejos, de donde pueda nacer; y anticipadamente quitar de delante aquellas ocasiones, de donde puede tener origen, no esperando a que tome fuerzas y a que vaya de boca en boca por el vulgo, porque entonces no será fácil el sofocarla, sino muy difícil, o por ventura imposible; y aun cuando esto se pueda, no podrá hacerse, sino cuando muchos hayan sido ya dañados.

¿Pero hasta cuándo proseguiré yo contando aquellas cosas, que no pueden comprenderse con el pensamiento? El reducir a número todas las dificultades que allí se encuentran, no es otra cosa, que pretender medir la profundidad del mar. Pues aunque uno se halle libre de toda pasión, lo que no es posible, con todo, para corregir los pecados ajenos, se ve obligado a sufrir infinitas y graves angustias y trabajos. Y si a esto se juntan las propias pasiones, mira ¿qué abismo será este de trabajos y de pensamientos?; ¿y cuántas cosas no debe sufrir aquel que quiere pasar sobre sus propios males y sobre los ajenos?

Aunque uno se halle libre de toda pasión, lo que no es posible, para corregir los pecados ajenos, se ve obligado a sufrir infinitas y graves angustias y trabajos.

---

[119] "Procurando las cosas honestas, no sólo delante del Señor, mas aun delante de los hombres" (2ª Co. 8:19, 20)"; "Procurad lo bueno delante de todos los hombres" (Ro. 12:17).

10

Piedra de edificación o de escándalo

No puedo creer que se pueda salvar el que no tiene cuidado alguno de la salud de su prójimo.

Pero al presente –dijo Basilio–, te hallas libre de semejantes trabajos. ¿O tienes algún cuidado, viviendo sólo contigo mismo?

No me faltan –respondí yo–, aun al presente. ¿Cómo es posible que siendo hombre y viviendo en esta vida trabajosa pueda estar libre de afanes y cuidados? Pero no es lo mismo lanzarse a un océano inmenso que ir bordeando la orilla de un río.

Grande es la diferencia que hay entre estos y aquellos cuidados. Y al presente, si pudiera yo ser útil a los otros yo mismo lo querría y sería esta una cosa que yo apetecería; pero si no puedo ser útil al prójimo, me contentaré si logro salvarme a mí mismo y librarme de la tempestad.

¿Y tú crees que esta es una gran cosa? –me objetó Basilio– ¿O juzgas que de algún modo podrá salvarse aquel que no haya procurado ayudar a su prójimo?

Has dicho bien –respondí yo–, porque no puedo creer que se pueda salvar el que no tiene cuidado alguno de la salud de su prójimo. A aquel desventurado de nada le sirvió el no haber menoscabado el talento; pero fue causa de su perdición el no haberlo aumentado y acrecentado otro tanto.

Con todo, yo creo que si fuere acusado de no haber procurado la salud del prójimo, será más suave mi castigo, que si fuere llamado a juicio; porque después de haber recibido una honra tan grande, habiendo empeorado yo, he perdido a otros y a mí mismo. Al presente, creo que no me espera otro castigo, sino el que corresponda a la grandeza de mis pecados. Pero después de haber recibido esta potestad, yo creería tener, no duplicado o triplicado castigo, sino mucho más multiplicado y más grave, por haber escandalizado a muchos y ofendido a Dios que me había dado un tan gran honor.

11

A mayor dignidad, mayor responsabilidad

Por tanto, acusa el Señor con mayor fuerza a los israelitas, mostrándoles con esto haberse hecho dignos de mayor castigo, por haber pecado después de los honores que habían conseguido de Él, diciendo unas veces: "A vosotros solamente he conocido de todas las familias de la tierra; por tanto visitaré contra vosotros todas vuestras maldades".[120] Y en otras ocasiones: "Levanté de vuestros hijos para profetas, y de vuestros mancebos para que fuesen nazareos".[121] Y antes de los profetas, queriendo manifestar que reciben mayor pena los pecados cometidos por los sacerdotes, que los que lo son por personas particulares, ordena que el sacrificio que se haya de ofrecer por los sacerdotes fuese igual al que se ofrecía por todo el pueblo.[122]

Te muestra Dios que toma mucho mayor castigo del sacerdote que de aquellos que le están sujetos.

Lo cual es como decir que las heridas del sacerdote requieren mayor auxilio, y tanto cuanto las de todo el pueblo junto. Ahora bien, es cierto que no tendrían mayor necesidad si no fuesen mucho más graves. Se agravan, pues, más, no por su naturaleza, sino por la dignidad del mismo sacerdote que las comete.

Y qué hablo yo de los hombres, que manejan este ministerio. Las mismas hijas de los sacerdotes, a las cuales nada toca el sacerdocio, por la dignidad del padre son castigadas más gravemente por unos mismos pecados; y siendo el pecado igual tanto en éstas, como en las hijas de los particulares, siendo uno y otro pecado de estupro, con todo es más grave la pena en las primeras.[123]

¿Ves tú, cuán superabundantemente te muestra Dios que toma mucho mayor castigo del sacerdote que de aquellos que le están sujetos?, porque castigando con

---

[120] Amós 3:2.
[121] Amós 2:11.
[122] "Si sacerdote ungido pecare según el pecado del pueblo, ofrecerá a Jehová, por su pecado que habrá cometido, un becerro sin tacha para expiación" (Lv. 4:3; 3:13, 14).
[123] "Y la hija del sacerdote, si comenzare a fornicar, a su padre deshonra; quemada será al fuego" (Lv. 21:9; Dt. 22).

Y con mucha razón, porque el daño no se ciñe y limita a él sólo, sino que trasciende a las almas de los más débiles que tienen puesta en él la mira.

mayor rigor que a las otras a la hija por causa del padre, es constante que no pedirá la misma pena que a los otros, sino mucho mayor, al que es causa de que se le aumente el castigo. Y con mucha razón, porque el daño no se ciñe y limita a él sólo, sino que trasciende a las almas de los más débiles que tienen puesta en él la mira. Ezequiel, queriendo enseñarnos esto mismo, pone una distinción entre el juicio de los carneros y el de las ovejas.[124]

---

[124] "Mas vosotras, ovejas mías, así ha dicho el Señor Jehová: He aquí yo juzgo entre oveja y oveja, entre carneros y machos cabríos" (Ez. 34:17).

12

Bestias que hay que dominar primero

Ahora bien, ¿te parece si ha sido bien fundado nuestro temor? Además de lo que dejo dicho, aunque al presente necesito trabajar mucho para no ser vencido por las pasiones del ánimo; con todo, sufro esta fatiga, y no rehúso el combate. Y aunque ahora no deja de sorprenderme la vanagloria; no obstante, vuelvo muchas veces sobre mí y conozco que he caído en su red, y alguna vez doy gritos a mi alma cuando la veo reducida a esclavitud. Aun ahora experimento en mí deseos muy impropios; pero es menos activa la llama que encienden, porque falta a los ojos materia exterior, en que prenda el fuego.

Y por lo que toca a hablar mal de alguno, o escuchar a quien lo diga, estoy libre de esto enteramente, no habiendo con quien poder conversar, porque estas paredes no pueden hablar. Pero no me es posible evitar del mismo modo los ímpetus de la ira, aunque falte aquí quien me mueva a ella. Ocurriéndome frecuentemente a la memoria las acciones que ejecutan los hombres inicuos, siento en mi corazón alguna hinchazón; pero aun esto no llega hasta el extremo, porque le tiramos la rienda luego que sentimos su ardor y lo persuadimos a que se sosiegue, haciéndole cargo ser un absurdo, y propio de la mayor miseria, el cuidar, y ser curiosos de los males ajenos, dejando a un lado los propios.

Pero entregándome al público, y sorprendido de mil perturbaciones, no podré gozar de estos avisos, ni hallar aquellos pensamientos que me instruyan tan bien. Sino que como los que se hallan en un lugar de precipicio, o se ven arrebatados de un torrente, o de otra violencia semejante, pueden muy bien prever la ruina en que van a caer; pero no saben ni aun pensar el modo de salvarse; así yo, si cayere en tan gran tumulto de pasiones, podré muy bien ver que cada día se me aumenta el castigo; pero el estar sobre mí mismo como ahora, y el refrenar estas enfermedades por todos títulos rabiosas, no me será tan fácil como antes.

Si cayere en tan gran tumulto de pasiones, podré muy bien ver que cada día se me aumenta el castigo; pero el estar sobre mí mismo como ahora, no me será tan fácil como antes.

La envidia

<small>Las pasiones del ánimo, el que las debilita las sujeta a la recta razón y modo de bien pensar; y por el contrario, el que les da alimento, prepara un combate más difícil.</small>

Tengo un alma débil, pequeña y fácil de ser dominada, no solamente de estas pasiones, sino de la más cruel de todas, que es la envidia.

Tampoco sabe llevar con moderación los ultrajes, ni los honores; sino que se engríe con éstos excesivamente, al paso que aquellos la abaten.

Y así como los animales feroces, cuando se hallan en una buena constitución de cuerpo y bien mantenidos, vencen fácilmente a los que entran a combatir con ellos, particularmente si estos son débiles y poco experimentados; pero cuando después los afligen con hambre, se adormece su fiereza y se debilita la mayor parte de su fuerza de manera que se atreve a combatir y luchar con él, otro que no sea muy generoso. Así también por lo que toca a las pasiones del ánimo, el que las debilita las sujeta a la recta razón y modo de bien pensar; y por el contrario, el que les da alimento, prepara un combate más difícil y se le representa tan terrible que pasa toda su vida en esclavitud y temor.

La vanagloria y la soberbia

¿Pero cuál es el alimento de estas bestias? De la vanagloria, lo son los honores y las alabanzas; de la soberbia, la grandeza de la autoridad y del poder; de la envidia, el nombre ilustre y celebrado del otro; de la avaricia, la liberalidad de aquellos que ofrecen dones; de la liviandad, las delicias y las continuas conversaciones, y el trato con las mujeres; finalmente, otro es el alimento de otros vicios.

Ahora, bien cierto es que si me entrego al público, me asaltarán ferozmente todas estas bestias, y despedazarán mi alma, y me serán terribles, y me harán más grave la guerra que he de mantener con ellas; por el contrario, estándome aquí quieto, verdad es que necesitaré de gran fuerza para domarlas; pero con todo, lo lograré asistido de la divina gracia, y en tal caso sólo podrán ladrar.

Por esto conservo esta pequeña habitación, no salgo fuera, ni admito a alguno, ni trato con persona nacida, y sufro el oír otras infinitas acusaciones de esta clase, de las que con gusto me descargaría; pero no pudiendo conseguirlo, siento sus remordimientos y dolor, porque no me es fácil el conversar con los hombres y permanecer al mismo tiempo en la presente seguridad.

Por tanto, te ruego quieras compadecerte de mí, antes que reprenderme, viéndome enredado en tan grande dificultad. Pero creo que aún no he logrado el poderte persuadir.

Confesión personal

Es tiempo ya que te descubra aquella única cosa que te he ocultado hasta ahora, y que por ventura a la mayor parte parecerá increíble; pero no por esto me avergonzaré de ponerla en público. Porque aunque lo que yo te diré, es argumento de una mala conciencia y de infinitos pecados, ya que Dios me ha de juzgar, que es el que enteramente lo sabe todo, ¿qué utilidad podré yo tener de que lo ignoren los hombres? ¿Qué es, pues, este secreto? Desde aquel día en que tú me hiciste entrar en la sospecha de que me querían promover al obispado, me he visto repetidas veces en peligro de que mi cuerpo se destruyese enteramente. Tan grande ha sido el susto, tan grande la tristeza que ha ocupado mi ánimo; porque considerando dentro de mí mismo la gloria y santidad de la Esposa de Cristo, su belleza espiritual, su prudencia y adorno, y atendiendo por otra parte a mis males, no dejaba de llorar por ella y por mí. Y suspirando continuamente, y angustiado, decía dentro de mí: ¿Quién es el que ha podido sugerir este consejo? ¿Qué pecado tan enorme ha cometido la Iglesia de Dios? ¿Qué cosa tan grande ha irritado a su Señor, para que fuese entregada al más vil de todos los hombres, para que sufriese un oprobio tan grande?

Pensando conmigo mismo muchas veces estas cosas, y no pudiendo tolerar ni aun el pensamiento de esta indignidad, del mismo modo que los que quedan aturdidos por un rayo, me estaba con la boca abierta, sin poder, ni ver, ni sentir cosa alguna; y cuando se me aliviaba una tan grave angustia, porque alguna vez también se me pasaba, sucedían las lágrimas y la tristeza. Y después de haberme saciado de llorar, me embestía nuevamente el temor, turbándome todo y poniendo mi ánimo en inquietud. En tan grande tempestad he vivido en lo pasado y tú no lo sabías, y juzgabas que tuviese una vida muy tranquila.

Desde aquel día en que tú me hiciste entrar en la sospecha de que me querían promover al obispado, me he visto repetidas veces en peligro de que mi cuerpo se destruyese.

Ahora yo procuraré descubrirte la tempestad de mi alma; porque así tal vez me perdonarás en adelante y dejarás de acusarme.

Pero ahora yo procuraré descubrirte la tempestad de mi alma; porque así tal vez me perdonarás en adelante y dejarás de acusarme. ¿Pero cómo podré yo manifestarla? Si tú quisieras verla claramente, no se podría hacer esto de otra manera que abriéndote mi propio corazón; pero por cuanto es esto imposible, procuraré, cuanto me sea permitido, por medio de alguna débil semejanza manifestarte ahora el humo de mi tristeza. Tú después, por medio de esta imagen, podrás colegir sola la tristeza.

Supongamos que se halla desposada con un hombre una doncella que es hija del rey de toda la tierra que se descubre debajo del sol. Esta doncella se halla adornada de una indecible hermosura, de manera que es superior a la humana naturaleza, excediendo en esto con mucha ventaja a todo el sexo de las mujeres y dejando muy atrás en la virtud del ánimo a todo el género de los hombres, que son y serán. Además sobrepasa en la honestidad de sus costumbres todos los términos de la filosofía, y con la gracia de su semblante hace desaparecer toda la gentileza de su cuerpo. El esposo se halla tan enamorado de ella, no sólo por estos dotes tan sobresalientes, sino que aun sin ellos se ve tan preso de su amor, que excede en esta pasión a los más locos amantes que jamás se hayan conocido.

Y después de hallarse abrasado de un amor tan grande, oye decir no sé cómo ni por dónde que aquella maravillosa doncella a quien él tanto ama, está para ser esposa de un hombre bajo y humilde, de vil nacimiento, imperfecto en su cuerpo y el más inicuo de todos los mortales. ¿Te parece que puedo yo haberte manifestado una pequeña parte de mi dolor? ¡Y que basta esto para darte cumplida una tal imagen!

Por lo que toca a la tristeza, me parece que sí; porque sólo para este efecto la he tomado.

La visión de un ejército en guerra

Pero para mostrarte, además de todo esto, la grandeza de mi temor y de mi susto, pasemos nuevamente a otra descripción.

Hay un ejército compuesto de infantería, de caballería, y de soldados de marina. El mar está cubierto de gran número de naves, llenos los campos y las cimas de los montes de escuadrones de soldados a pie y a caballo. Brilla con los reflejos del sol el metal de las armas, y por los rayos que desde arriba se despiden, vibran su resplandor los yelmos y los escudos. Se levanta hasta el cielo el ruido de las lanzas y el relincho de los caballos. No se descubre el mar, ni la tierra, sino que por todas partes aparece cobre y acero. Para hacer frente a estos, se ponen en orden los enemigos, hombres feroces e inhumanos, y está ya para comenzarse la batalla.

Si en esta disposición, se arrebatase de improviso a un joven de aquellos que se han criado en el campo, y que no saben de otra cosa que de la zampoña y del cayado, se le vistiese de todas las armas, y se le pasease alrededor de todo el campo, se le mostrasen los escuadrones y sus conductores, los ballesteros, honderos, centuriones, oficiales, soldados de armas pesadas, los caballos, los flecheros, las naves, sus capitanes, los soldados armados que se hallan amontonados sobre ellas y el gran número de máquinas que mantienen sobre sí las naves. Se le presentase después, puesto ya en orden de batalla, todo el ejército de los enemigos y ciertos semblantes espantosos, con la extraña y diversa figura, el aparato de las armas y su multitud infinita, los valles, los profundos precipicios, y despeñaderos de los montes. Se le hiciese ver, además de esto, por la parte de los enemigos, su caballería, que por medio de ciertos encantos vuela por el aire y lleva hombres armados.

Finalmente, se le diese a entender toda la fuerza y todos los modos de aquel engaño; se le contasen las calamidades de la guerra, la nube de los dardos, la lluvia de saetas, y aquella gran oscuridad y tinieblas, aquella noche tenebrosa que forma el gran número de flechas que caen de todas partes, y que con su espesura quitan los rayos del sol; el polvo, que impide la vista de los ojos, no menos que las tinieblas, los arroyos de sangre, los lamentos del que cae, y los clamores del que se mantiene en pie aún fuerte, los montones de cadáveres, las ruedas teñidas de sangre, y los caballos con los jinetes precipitados en tierra por la multitud de los muertos, el suelo cubierto confusamente de todas estas cosas mezcladas: sangre, picas, arcos, dardos, uñas de caballos, cabezas humanas, brazos y piernas cortadas, cuellos y pechos atravesados, sesos pegados a las espadas, la punta de un dardo quebrado y que tiene como ensartado un ojo de un hombre.

Pero para mostrarte, además de todo esto, la grandeza de mi temor y de mi susto, pasemos nuevamente a otra descripción. Un ejército de infantería, de caballería, y de marina.

¿Crees tú que este joven podría sufrir, ni aun la relación sola de todo lo dicho, y que a primera vista no quedaría desmayado?

Si después se pasase a hacerle saber los sucesos de una batalla naval, unas naves ardiendo en medio del mar, otras anegadas juntamente con los soldados, el ruido de las aguas, el clamor de los marineros, el gritar de los soldados, la espuma de las olas teñidas con la sangre, y que entra en los navíos por todas partes, los cadáveres, unos sobre los tablados, otros sumergidos, otros nadando sobre las aguas, otros arrojados a las orillas, y otros dentro de las mismas olas, cubiertos de tal suerte, que parece quieren cortar el camino a las naves.

Y después de haberle informado de todos los sucesos trágicos de la guerra por menor, se le explicasen los males de la esclavitud y la servidumbre, que es aun más dura que la misma muerte.

Y habiéndole dicho todas estas cosas, se le mandase que sin perder tiempo montase un caballo y que se pusiese a mandar todo aquel ejército. ¿Crees tú que este joven podría sufrir, ni aun la relación sola de todo lo dicho, y que a primera vista no quedaría desmayado?

13

La superior batalla espiritual

No creas que pretendo yo aquí exagerar esto con mi discurso, ni juzgues que son grandes las cosas que dejo dichas; porque encerrados en este cuerpo como en una cárcel, no podemos ver nada de las cosas invisibles. Verías ciertamente una batalla mucho mayor, y más terrible, si pudieras ver con tus ojos los tenebrosos escuadrones del demonio y el furioso combate. Allí no hay cobre, ni hierro, ni caballos, ni carros, ni ruedas, ni fuego, ni dardos, ni otras cosas de esta clase, que son visibles, sino otras máquinas mucho más espantosas. No necesitan estos enemigos de coraza, ni de escudo, ni de espadas, ni de picas; pero basta sólo la vista de aquel ejército abominable para poner en consternación un alma que no es muy generosa, y que además de su propia fortaleza, no goce de una particular y gran protección divina.

Y si fuese posible que despojado de este cuerpo, o aunque fuese dentro de él, pudieras ver claramente con seguridad y sin temor toda la disposición de su ejército, y la guerra que nos hace, verías, no arroyos de sangre, ni cuerpos muertos, sino tantos cadáveres de almas, y heridas tan graves, que toda esa descripción y aparato de guerra que poco antes me has oído, la tendrías por una niñería, y más bien por un juguete que por guerra. Tan grande es el número de los que cada día quedan heridos; ni las heridas ocasionan un mismo género de muerte; antes bien es tan grande la diferencia que hay entre una y otra, cuanta es la distancia que se nota entre el cuerpo y el alma. Cuando el alma ha recibido una herida, y ha caído, no queda como el cuerpo, sin sentimiento; sino que aquí es atormentada y afligida de la mala conciencia, y después cuando sale de este mundo, según lo pide el juicio, es entregada a un castigo eterno. Y si alguno no siente dolor de las heridas que recibe del demonio, se hace el mal mucho más grave por una tal insensibilidad. Aquel que no siente el golpe de la primera herida, fácilmente recibe la segunda, y después la tercera; pues el maligno no deja de combatirnos en tiempo alguno hasta el último aliento, cuando encuentra el alma descuidada y que desprecia las primeras heridas.

> Cuando el alma ha recibido una herida, y ha caído, no queda como el cuerpo, sin sentimiento; sino que aquí es atormentada y afligida de la mala conciencia.

Si el que tiene obligación de poner en orden a los otros, y de pertrecharlos bien, es el más inexperto de todos y el más débil; y por falta de ciencia entrega a los que le están encomendados, éste sirve de capitán más bien al demonio que a Cristo.

Y si quieres informarte del modo con que dispone sus asaltos, los encontrarás muy fuertes y variados. No hay alguno que sepa tantos géneros de engaños y ardides, como aquel espíritu inmundo, consistiendo en esto su mayor poder; ni alguno puede tener con sus más fieros enemigos enemistad tan grande, como la que tiene aquel maligno con la naturaleza humana.

Y si alguno quiere saber con cuánto ardor nos combate, sería cosa ridícula el pretender compararlo con los hombres. Si haciendo elección de las bestias más feroces y crueles, quisiere ponerlas al lado de su furor, las hallará en su comparación más apacibles y mansas; tan grande es la indignación que respira, cuando asalta a nuestras almas.

Aquí entre nosotros es breve el tiempo de la batalla, y en este corto espacio se dan muchas treguas porque la noche que sobreviene, el cansancio de proseguir el alcance, el tiempo de tomar alimento, y otras muchas ocasiones que naturalmente ocurren, suelen dar entretanto al soldado algún reposo para poder despojarse de las armas, respirar un rato, recobrarse con la comida y bebida, y tomar nuevamente sus primeras fuerzas con otros accidentes semejantes.

Pero habiendo de pelear contra este maligno, nunca es lícito dejar las armas, ni se puede tomar el sueño, para estar libre por todas partes de sus heridas. Una de dos cosas ha de suceder necesariamente; o caer y perderse despojado de las armas, o haber de estar siempre armado y en centinela; porque él está siempre con su armada acechando sin interrupción alguna nuestros descuidos, aplicando mayor cuidado a nuestra perdición, que el que ponemos nosotros en nuestra salud.

Y el no ser visto por nosotros, y sus asaltos improvisos, cosas que son la causa de infinitos males al que no está en continua vigilia, hacen más dudoso el suceso de esta guerra que el de aquella.

¿Y querías tú que yo fuese aquí el conductor de los soldados de Cristo? Esto sería servir de capitán al demonio. Si el que tiene obligación de poner en orden a los otros, y de pertrecharlos bien, es el más inexperto de todos y el más débil; y por falta de ciencia entrega a los que le están encomendados, éste sirve de capitán más bien al demonio que a Cristo.

¿Pero por qué suspiras? ¿Por qué lloras?, mis cosas al presente no son dignas de llanto, sino antes bien de gozo y de alegría.

Pero no así las mías –respondió Basilio–, sino dignas de eternas lágrimas. Apenas he podido conocer hasta ahora, en qué males me has metido. Yo vine a ti, para saber cómo debía responder, y qué debía decir en tu nombre a los que te acusan; y tú me envías, habiendo puesto sobre mí, en vez de un cuidado otro mayor. Yo ya no me cuido de hablar en tu defensa con aquellos; sino cómo he de poder responder yo a Dios en defensa mía y de mis males. Te ruego, pues, y te pido, si tienes algún cuidado de mis cosas, si hay algún consuelo en Cristo, si algún alivio en nuestro amor, si hay entrañas y sentimientos de compasión[125] (pues sabes que tú mismo, más que todos, me has conducido a este peligro) dame la mano, y con aquellas palabras, y hechos que sean eficaces para corregirme, no quieras, ni por un breve espacio de tiempo, abandonarme; antes bien ahora mejor que antes, hazme participante de tu conversación.

Ten buen ánimo y confianza, amado mío, porque yo no dejaré de asistirte y de consolarte, y no omitiré cosa alguna, según mis fuerzas.

Despedida de los amigos

Sonriéndome yo al oír esto, ¿qué auxilio –le dije– podré yo darte y qué socorro en un peso tan grave de cosas? Pero pues tú lo quieres así, ten buen ánimo y confianza, amado mío, porque yo no dejaré de asistirte y de consolarte, y no omitiré cosa alguna, según mis fuerzas, todo aquel tiempo que te permitieren respirar aquellos cuidados que suelen nacer de aquí.

Dicho esto, y llorando mucho más amargamente, se puso en pie; y yo abrazándole, y aplicando mis labios a su cabeza, le acompañaba, exhortándole a llevar generosamente lo que le había sucedido. Yo confío, le dije, en Jesucristo, el cual te ha llamado y destinado al gobierno de sus ovejas, que de este ministerio conseguirás tan gran confianza que aun, en aquel día cuando he de correr peligro, tú me recibirás en el eterno tabernáculo.

---

[125] Cf. Filipenses 2:1, 2: "Si hay alguna consolación en Cristo; si algún refrigerio de amor; si alguna comunión del Espíritu; si algunas entrañas y misericordias, cumplid mi gozo; que sintáis lo mismo, teniendo el mismo amor, unánimes, sintiendo una misma cosa".

El verdadero arrepentimiento

Homilía I

El amor de Juan por su congregación

1. ¿Os habéis acordado de mí, durante este tiempo que he estado lejos de vosotros? Por mi parte, ni por un solo momento he podido olvidarme de vosotros; salido de la ciudad, no he dejado de recordaros, sino que llevo siempre conmigo las dulces imágenes de vuestras almas, como los enamorados, que aunque lejos, llevan consigo la semblanza de la persona amada a todas partes. También yo estoy atrapado por vuestra gracia espiritual, y como los pintores extraen las imágenes de los cuerpos, mezclando diversos colores, del mismo modo yo he compuesto los varios colores de vuestra virtud, la diligencia en la asamblea, la atención para escuchar, la benevolencia en tratar a quien les habla y otras tantas buenas acciones.

Pintando los rasgos de vuestra alma y poniéndolos ante los ojos de la mente, con tal imaginación he recibido mucho consuelo en la distancia, sentándome en casa, o levantándome y caminando, reposando o entrando y saliendo; siempre y continuamente volvía a soñar con vuestro amor, no sólo de día sino también de noche, alimentándome de tales imágenes, encontrando alegría, con la misma pasión de Salomón, cuando dijo: "Yo duermo, pero mi corazón vigila".[1]

Aunque la necesidad del sueño me cerraba los párpados, la tiranía de vuestro amor, alejaba luego el sueño de los ojos de mi alma, y a menudo creía hablar con vosotros en sueños; porque el alma por naturaleza sueña de noche lo que piensa de día, y esto me ha sucedido en este tiempo. No viéndoos con los ojos de la carne, os miraba con aquellos del amor; lejano con el cuerpo, pero me encontraba muy cerca de vosotros con el afecto, y también en mis oídos resonaban siempre vuestras voces.

La enfermedad física me obligaba a quedarme todavía allí,[2] aprovechando lo saludable del aire para la salud del cuerpo; sin embargo, el ímpetu del amor que siento por

> Yo estoy atrapado por vuestra gracia espiritual. Aunque la necesidad del sueño me cerraba los párpados, la tiranía de vuestro amor, alejaba luego el sueño de los ojos de mi alma.

---

[1] "Yo dormía, pero mi corazón velaba" (Cnt. 5:2).
[2] Los períodos de convalecencia de Juan eran muy frecuentes dado su mala salud.

vosotros no lo toleraba, sino que gritaba sin dejar jamás de molestarme, hasta que me ha convencido, finalmente, a regresar antes del tiempo que sería necesario, haciéndome estimar vuestra compañía, como mi bien y alegría. Así, convencido más que restablecido por completo de la enfermedad física, sufriendo por vuestro amor, he elegido volver, aunque arrastro conmigo los trastornos de la enfermedad.

> Estando allí, recibía cartas que me transmitían vuestras recriminaciones, a las cuales prestaba atención, no menos que a las alabanzas, porque finalmente también las quejas eran de almas que sabían amar.

Estando allí me sentía acusado por vosotros, recibía continuamente cartas que me transmitían vuestras recriminaciones, a las cuales prestaba atención, no menos que a las alabanzas, porque finalmente también las quejas eran de almas que sabían amar. Por eso, he decidido levantarme de la cama y correr hacia vosotros, a quienes no podía alejar jamás de la mente.

¿Qué hay de extraño en que me recordase así de vuestra caridad, mientras vivía en el campo, gozando un poco de libertad, desde el momento que Pablo se recordó de los hermanos, cuando estuvo encadenado en una cárcel y veía pender sobre su cabeza, una infinidad de peligros? Encontrándose en la prisión, como en el campo abierto, así les escribía: "Como me es justo sentir esto de todos vosotros, por cuanto os tengo en el corazón; y en mis prisiones, y en la defensa y confirmación del evangelio, sois todos vosotros compañeros de mi gracia".[3]

Por fuera, cadenas de hierro por parte de los enemigos; por dentro, cadenas de amor por los discípulos; aquellas exteriores estaban forjadas de hierro, las interiores estaban hechas de amor; aquéllas se las sacó a menudo de encima, éstas no las rompió jamás. Como todas las mujeres, después de haber tenido la experiencia de los dolores de parto y siendo madres quedan por siempre ligadas a los que han dado a luz, así y más intensamente, Pablo se sintió atado a sus discípulos; tanto más intensamente, cuanto que la generación espiritual es fruto del amor más ardiente que el que proviene de la generación física.

No una o dos veces sufrió los dolores del parto, como lo dijo dando gemidos: "Hijitos míos, que vuelvo otra vez a estar de parto de vosotros."[4] Si una mujer no puede jamás sufrir los dolores del mismo parto, por una segunda

---

[3] Filipenses 1:7.
[4] Gálatas 4:19.

vez, Pablo en cambio, sufrió exactamente esto, que no es encontrable físicamente, es decir, parir de nuevo a los hijos ya engendrados, sufriendo por segunda vez los fuertes dolores del parto. Con estas palabras: "Que vuelvo otra vez a estar de parto de vosotros", él quería conmoverlos casi como si dijera: "Evitadme los segundos dolores del parto; ningún hijo atormenta así el seno de su madre, como vosotros con los sufrimientos que hacéis pasar; aquellos dolores destrozan por poco tiempo y cuando sale la criatura del seno, cesan, mientras que los dolores de este parto, permanecen por meses". Y Pablo, de hecho a menudo, sufrió por un año entero, a veces sin engendrar esos que había concebido. Allí, se trata de un sufrimiento de la carne, aquí los dolores no atormentan al vientre, sino que desgarran el vigor del alma.

Para saber cómo estos dolores son más fuertes que los otros, piensa qué madre desearía sufrir por los propios hijos la gehena, mientras Pablo no sólo prefirió soportar la gehena, sino prefería hasta de ser separado de Cristo,[5] para poder regenerar a los judíos por los que sufría, siempre y continuamente, los dolores del parto; y porque no lo lograba, lloró exclamando: "Que tengo gran tristeza y continuo dolor en mi corazón";[6] y de nuevo: «Hijitos míos, que vuelvo otra vez a estar de parto de vosotros, hasta que Cristo sea formado en vosotros".[7]

¿A qué seno podríamos decir más feliz, que aquel que llegó a engendrar tantos hijos que llevaron en sí a Cristo? ¿Cuál, más fecundo que aquel que engendró el mundo cristiano? ¿Cuál, más capaz que el suyo que tuvo la fuerza de concebir y plasmar, por segunda vez y en manera perfecta, los hijos ya engendrados, crecidos y casi abortados, cosa que no es posible que suceda en la naturaleza?

Porque no dijo: "Hijitos míos, que vuelvo otra vez a *engendraros*", sino que usó el verbo que indica el parto entre los dolores. Otras veces usó el verbo engendrar: "En Cristo Jesús yo os engendré",[8] cuando quiere indicar solamente la parentela; allí, en cambio, quiere subrayar la connotación de los dolores.

> ¿A qué seno podríamos decir más feliz, que aquel que llegó a engendrar tantos hijos que llevaron en sí a Cristo? ¿Cuál, más fecundo que aquel que engendró el mundo cristiano?

---

[5] Cf. "Porque deseara yo mismo ser apartado de Cristo por mis hermanos, los que son mis parientes según la carne" (Ro. 9:3).
[6] Romanos 9:2.
[7] Gálatas 4:19.
[8] 1ª Corintios 4:15.

Las caídas de los fieles no le fueron menos dolorosas que la de los infieles, porque no podía dejar de sufrir verlos arruinarse en la impiedad.

Además ¿cómo los llamó hijos suyos, prescindiendo del parto sucedido? Pues si sufrió los dolores, no los dio entonces a luz. ¿Cómo, entonces, que los llama hijos? Para hacernos saber que aquí, no se trataba de los dolores del primer parto, lo cual hubiera sido suficiente para avergonzarles, porque sería como decir: "He sido vuestro padre, ya una vez; he sufrido ya, lo que tenía que sufrir cuando fuisteis engendrados, y nacisteis de mí, ya una vez; ¿por qué entonces me ponéis una y otra vez en dolores? No bastaba sólo con los dolores que se sufren en el parto; ¿por qué me atormentáis con nuevos dolores?"

De hecho, las caídas de los fieles no le fueron menos dolorosas que la de los infieles, porque no podía dejar de sufrir verlos arruinarse en la impiedad, después que habían participado en tan grandes misterios. Se lamentaba, por eso, vivamente y con más amargura aún que una mujer que da a luz, diciendo: "Hijitos míos, que yo de nuevo engendro en el dolor, hasta que en vosotros no sea formado Cristo".

Con estas palabras, quería infundir juntamente esperanza y temor. Para mostrar que en ellos no se había formado aún Cristo, utilizó la expresión "temor" y "angustia"; para hacer ver que en ellos se podía formar Cristo, dice más bien "confiar". Con las palabras "hasta que no sea formado", expresa propiamente la condición de quien quería decir las dos cosas, que aún no se había formado y que podía formarse. Si el formarse no fuera posible, no habría tenido sentido el decir a ellos: "Hasta que Cristo sea formado en vosotros", y él les habría alimentado con vanas esperanzas.

Desesperación y negligencia

2. Cuando estemos convencidos de esto, no desesperemos ni tampoco presumamos, para quedarnos con las manos quietas, porque ambos comportamientos, son perniciosos. La desesperación, por un lado, no hace resurgir a quien haya caído; y la presunción, por otra, lleva a la pereza y hace caer a quien está en pie; la primera normalmente termina, con hacernos renunciar a los medios que tenemos a disposición, la segunda no nos los hace utilizar para liberarnos de los males en los cuales estamos sumergidos. Mientras la negligencia nos precipita, aunque ha-

yamos llegado a lo más alto de los cielos, la desesperación nos precipita al fondo del abismo de la maldad, pero si uno no desespera pronto puede salir de allí.

Considera además estos dos comportamientos en el diablo. Antes de rebelarse era bueno, pero por causa de la negligencia y de la desesperación, se precipitó gravemente en el mal, del cual no pudo más levantarse. Que antes era bueno lo afirma la Escritura: "Yo veía a Satanás, como un rayo, que caía del cielo".[9] La similitud del rayo manifiesta la luz de aquel que había subido en lo más alto y su perversión, cuando descendió tan bajo.

Pablo, antes blasfemador, perseguidor y violento, subió tan alto hasta llegar ser igual a los ángeles, porque no desesperó y se esforzó; Judas, en cambio, de apóstol, se hizo traidor, porque fue negligente; el ladrón tan malvado como era, subió al paraíso antes que los otros, porque no desesperó; mientras el fariseo por su altanería, fue precipitado de lo alto; el publicano, en cambio, fue elevado tanto que llegó a ser superior a éstos porque no desesperó.

¿Quieres que te demuestre, cómo se verificó esto con toda una ciudad? La ciudad de Nínive se salvó por completo gracias a tal conducta. Contra los ninivitas ya estaba pronunciada la sentencia y ellos llegaron a la desesperación, no obstante lo cual, la ciudad fue salvada. El profeta no había dicho explícitamente que se salvarían si se convertían, sino simplemente: "Aún tres días y Nínive será destruida" (Jon. 3:4); con todas las amenazas de Dios, los clamores del profeta y la sentencia que no admitía dilación ni era conmutable, ellos no se desanimaron ni perdieron la esperanza de salvación.

El profeta no quiso usar explícitamente el condicional, haciendo modificable la sentencia con decir que si ellos se arrepentían serían salvados, justamente, para que también nosotros, sabiendo inapelable la sentencia de Dios no nos desesperemos y viéndola conmutable como fue entonces, no nos desesperemos.

Aquí no sólo podemos observar la clemencia de Dios, que se reconcilió con los penitentes después de la sentencia irrevocable, sino también la finalidad por la cual pronunció tal sentencia, sin apelación, para aumentar en ellos el temor y despertarlos de la gran pereza. La misma

> Con todas las amenazas de Dios, los clamores del profeta y la sentencia que no admitía dilación, ellos no se desanimaron ni perdieron la esperanza de salvación.

---

[9] Lucas 10:18.

Estemos convencidos y no desesperemos jamás, porque el diablo no tiene arma más potente que la desesperación, y en consecuencia, con ningún otro pecado le damos tanta alegría.

determinación del tiempo demuestra su inefable benignidad, porque de hecho, tres días bastaron para cancelar tanta malicia. ¿Ves cómo también de esto resulta claro la providencia divina que, más que otra cosa, obraba para la salvación de la ciudad? Por tanto, estemos convencidos y no desesperemos jamás, porque el diablo no tiene arma más potente que la desesperación, y en consecuencia, con ningún otro pecado le damos tanta alegría.

Escucha, por ejemplo, cómo Pablo temiese más por la desesperación del fornicador que por el mismo pecado. Así, pues, dijo escribiendo a los Corintios: "Se oye que hay entre vosotros fornicación, y tal fornicación cual ni aun se nombra entre los gentiles" (1ª Co. 5:1). No dice que se atrevían a cometer entre los paganos, sino que no se hallaba entre ellos, lo que quiere decir: "Vosotros estáis hinchados" (1ª Co. 5:2). No afirmó que aquél se había hinchado, sino que dejando hablar del pecador, se dirigió a los sanos como hacen los médicos que, cuando despiden a los enfermos, se quedan a hablar, preferentemente, con los allegados. En otras palabras, considerad a los corintios, responsables también ellos de aquella locura, en cuanto no la habían corregido o reprochado. Entonces, en la reprimenda amenazó al pecador para que fuese rápida la curación de aquella plaga.

En verdad, el pecado es un desastre, pero se vuelve más grave por el orgullo de pecar. Pues si el hincharse de la santidad es causa de su grandísima pérdida, enorgullecerse por el pecado, arrastra más ruinosamente a la extrema perdición, siendo tal culpa, más grave que los mismos pecados. Por esto está escrito: "Así también vosotros, cuando hubiereis hecho todo lo que os es mandado, decid: Siervos inútiles somos" (Lc. 17:10). Ahora, si aquellos que observan cuanto está ordenado deben humillar, con más razón deben hacerlo los pecadores, llorando y colocándose entre los últimos. Esto quiso decir el Apóstol con estas palabras: "Y no más bien tuvisteis duelo" (1ª Co. 5:2).

¿Qué decís? ¿Otro ha pecado y yo tengo que afligirme? Sí, responde; porque unos estamos ligados a otros, como miembros de un solo cuerpo. En el cuerpo observamos que al herirse el pie, se dobla sobre la llaga la cabeza; la cabeza es juzgada por nosotros más digna de consideración, pero en caso de adversidad no se detiene en su dignidad; obra también tú de la misma manera.

Pablo exhorta a "alegrarse con los que se alegran y a llorar con los que lloran" (Ro. 12:15); por eso a los corintios continúa diciendo: "¿Y no os habéis afligido para que fuera echado de entre vosotros, el autor de semejante acción?" (1ª Co. 5:2). No dijo "y ¿por qué no habéis tenido más cuidado?", sino "y no más bien tuvisteis duelo", como si toda la ciudad hubiese sido castigada por la peste o la epidemia.

Los exhortó al deber de la oración, de la confesión y de las súplicas para que toda la ciudad se librase de tal enfermedad. ¿No ves con qué fuerza los amenazaba? Los puso al borde de la muerte, porque habían creído que aquel mal, se quedaría en aquel hombre y no afectaría a los demás, diciendo: "¿No sabéis que un poco de levadura hace fermentar toda la masa?" (1ª Co. 5:6). Y ciertamente es así; el mal camino, poco a poco, infecta a todos los miembros; por tanto, quien se empeña por el bien común, tiene que preocuparse de esto. No me vengáis a decir, que fue aquel quien pecó, piensa más bien, que la terrible enfermedad de la cual está infectado, infectará todo el resto del cuerpo.

Como cuando se quema una casa, aquellos que se libraron de la desgracia no se quedan menos preocupados que aquellos que están adentro, y se empeñan al máximo para que el fuego, que continúa avanzando, no llegue hasta las puertas de sus casas; de la misma manera, también Pablo despertó del sueño a los corintios como quien dice: "Está produciéndose un incendio, prevengámonos del peligro y apaguémoslo antes de que se propague a toda la iglesia". Si no das ninguna importancia a la culpa porque no la has cometido tú, como si perteneciera a otro cuerpo, esto será peor para ti, porque el otro es miembro del mismo cuerpo.

> Si no das ninguna importancia a la culpa porque no la has cometido tú, como si perteneciera a otro cuerpo, esto será peor para ti, porque el otro es miembro del mismo cuerpo.

Amor por encima del castigo

3. Considera también, que si actúas con superficialidad y despreocupación frente al mal, éste, en cierto momento, te infectará; por tanto, si no es por el hermano, despiértate por ti mismo, aleja la peste y reprime la locura, bloqueando el desastre.

Por eso, Pablo después de haber dicho esto a los corintios y haberles impuesto la obligación de entregarlo

Pablo teme a la desesperación, porque es arma potente del diablo. La tristeza por el pecado es saludable, pero si es desmedida la hace desesperar.

en manos de Satanás, habiéndose aquél convertido y mejorado, agregó inmediatamente: "Bástale al tal esta reprensión hecha de muchos; por lo cual os ruego que confirméis el amor para con él" (ª2 Co. 2:6, 8). Primero lo había presentado a todos, como un adversario y enemigo, excomulgándole y expulsándolo de la grey, luego observa con cuánta consideración lo trata para reconciliarlo y readmitirlo. No exhorta a amarlo simplemente, sino a "tratarlo con amor»", es decir, a demostrarle un amor firme y estable, con una benevolencia calurosa, ferviente, inflamada que fuera apta para contrarrestar la precedente aversión.

¿Qué ha pasado? Dime, ¿no lo había entregado a Satanás? Sí, responde; pero no para que quedase en sus manos, sino más bien para librarlo rápidamente de la tiranía de Satanás. Mira, repito, cómo Pablo teme a la desesperación, porque es arma potente del diablo. Dice, por tanto, de usar benevolencia dando para ello, esta motivación: "Porque no sea el tal consumido de demasiada tristeza" (2ª Co. 2:7).

La oveja, quiere decir, está entre las fauces del lobo, apresurémonos entonces a arrancársela antes de que la devore, para que no se pierda un miembro de nuestro cuerpo; la nave corre el peligro del naufragio, apresurémonos a salvarla antes de que se pierda, porque cuando el mar está agitado y se levantan de todas partes olas violentas, la embarcación corre el riesgo de sumergirse; así también su alma, asaltada por todas partes por la tristeza, será rápidamente sumergida, si no encuentra a alguien que le eche una mano. La tristeza por el pecado es saludable, pero si es desmedida la hace desesperar.

Mira, por eso, con cuánta razón se dice: "Porque no seamos engañados de Satanás; pues no ignoramos sus maquinaciones" (2ª Co. 2:11). Se dice maquinaciones cuando se quiere disponer de las cosas de otros; con aquellas palabras entonces, "para que no seamos engañados de Satanás", Pablo muestra que aquél no está más en su dominio, sino que por la confesión y la penitencia, pertenece al rebaño de Cristo; si, pues, el diablo nuevamente lo hubiera hecho caer en su dominio, habría arrancado a un miembro de nuestro cuerpo y llevado del redil a una oveja que por medio del arrepentimiento ya había abandonado el peso del pecado.

Como Pablo conocía lo que el diablo había hecho con Judas, temía que pudiera ocurrir lo mismo también en aquel caso. Y ¿qué había hecho con Judas? Este se había arrepentido y luego exclamó: "He pecado, entregando sangre inocente" (Mt. 27:4); el diablo que oyó sus palabras, entendió que había retornado al camino de la vida y encaminado hacia la salvación. Temiendo que se convirtiera, decía: "Tiene un Señor benigno, si cuando estaba por traicionarlo, lloró por él e hizo lo imposible para recuperarlo, ahora que se ha arrepentido, hará mucho más para acogerlo; si cuando estaba obstinado en el mal, lo había llamado, ahora que ha reconocido su pecado, ¿no lo atraerá mucho más? Para esto Él ha venido, para hacerse crucificar".

> ¿Qué hizo el diablo? Con el miedo que le despertó, oscureció el espíritu de Judas, haciéndolo caer en un profundo desaliento, lo dominó y no le dejó en paz.

Entonces, ¿qué hizo el diablo? Con el miedo que le despertó, oscureció el espíritu de Judas, haciéndolo caer en un profundo desaliento, lo dominó y no le dejó en paz hasta que lo condujo a colgarse, quitándose la vida presente y privándose de la confianza en la penitencia. Es claro que si hubiera continuado con vida, se hubiera salvado. Lo prueban aquellos mismos que lo crucificaron, que Él, desde lo alto de la cruz, salvó invocando al Padre, e implorando para ellos el perdón, por lo que estaban realizando.

Evidentemente, habría recibido con toda benignidad a quien lo había traicionado, si se hubiera arrepentido como debía; pero aquél, devorado por la desmedida tristeza, se negó someterse al remedio.

Por eso, Pablo, tuvo razón de temer aún por aquel de los corintios al que quería liberar de las fauces del diablo. Pero ¿por qué quedarnos en el hecho de los corintios? Pedro mismo que, después de haber participado en los misterios, renegó del Señor por tres veces, ¿no tuvo que cancelar aquella mancha con lágrimas? Y Pablo, el blasfemo, violento, perseguidor del Crucificado y de todos sus seguidores, ¿no tuvo también él que arrepentirse, para luego ser el apóstol? Dios no pide de nosotros más que esta sola condición, para perdonarnos nuestros muchos pecados; esto, lo dijo, con una parábola que deseo exponeros.

Lecciones de la parábola del hijo pródigo

> No os hablo para invitaros a la audacia, sino para que no seáis víctimas de una tentación que provoca daños aún más graves, es decir, la desesperación.

4. Había dos hermanos entre los cuales el padre dividió sus riquezas. De los dos, uno permaneció en casa, el otro en cambio, malgastó cuanto le había dado, viviendo en tierra extranjera, para no sufrir la desgracia de la miseria.

Os recuerdo esta parábola para que sepáis que existe perdón incluso para los que han pecado después del bautismo.[10] No os hablo para invitaros a la audacia, sino para que no seáis víctimas de una tentación que provoca daños aún más graves, es decir, la desesperación.

Que este hijo, sea como una imagen de los que han caído después del bautismo, se ve fácilmente. En efecto, se habla de hijos, pero nadie puede decirse hijo sin el bautismo. Estaba en la casa del padre y administraba todos los bienes; lo mismo nosotros, somos administradores de los bienes del Padre, recibidos en heredad, pero no antes del bautismo.

Aquí, todo nos habla de los que están en la condición de fieles; se habla del hermano y dice que fue bueno, y también nosotros nos llamamos y somos hermanos, pero después de la regeneración espiritual. ¿Qué dijo pues el hermano caído en la extrema malicia?: "Retornaré a casa de mi padre" (Lc. 15:18). Por su lado, el padre no había prohibido ni impedido su salida hacia tierra extranjera, como para que él aprendiera por su propia experiencia y pudiera realmente experimentar, los beneficios que gozaba en su casa paterna; a menudo cuando no creemos en la Palabra de Dios, Él verdaderamente permite que aprendamos, mediante las experiencias que pasamos.

He aquí, entonces, por qué habló así a los judíos también. Después de haberles dado infinidad de palabras, incluso por medio de los profetas, no habiéndolos convencido ni atraído hacia sí, dejó que se educaran por medio de sus propias correcciones. Les dijo: "Tu maldad te castigará, y tu apartamiento te condenará" (Jer. 2:19). Debían de haber creído antes de que ocurrieran estas cosas, pero

---

[10] Los más rigoristas habían llegado al error de creer y enseñar que los pecados cometidos después del bautismo no tenían perdón.

como no tuvieron fe en las exhortaciones ni en los consejos, les hizo educarse con los hechos, permitiendo que se cumpliese el mal previsto por la incredulidad, para así recuperarlos nuevamente.

El despilfarrador volvió, finalmente de la tierra extranjera donde había aprendido con su propia experiencia en qué mal cae quien abandona la casa paterna. Entonces, el padre, lejos de recriminarle sus ofensas, le recibió con los brazos abiertos.

¿Por qué? Porque era padre y no juez. Se prepararon banquetes y fiestas; toda la casa era un lugar de alegría y gozo. ¿Qué estás murmurando? ¿Es este el premio por el mal cometido? No por el mal, oh hombre, sino por el regreso; no por el pecado, sino por el arrepentimiento; no por la perversidad, sino por el cambio de vida. Pero más interesante aún es el hecho de la irritación del primer hijo, al que el padre convenció dulcemente diciendo: "Hijo, tú siempre estás conmigo, y todas mis cosas son tuyas. Pero este tu hermano muerto era, y ha revivido; habíase perdido, y es hallado" (Lc. 15:31, 32).

> Ningún médico se pone a investigar primero sobre el enfermo para exigirle cuenta y castigo, olvidándose de curarle.

Ningún médico se pone a investigar primero sobre el enfermo para exigirle cuenta y castigo, olvidándose de curarle; y si fuese digno de un justo castigo, creería ya suficiente la pena sufrida. El pródigo, estando en tierra extranjera y lejana de la convivencia con los suyos, pagó con el hambre, el desprecio y el sufrimiento de males gravísimos. Por consiguiente, con la expresión: "estaba perdido y se ha encontrado, estaba muerto y ha revivido" (Lc. 15:32), quiere decir esto: "No mires a la situación actual, sino piensa en la gravedad de las adversidades anteriores; tú, ve en él a un hermano, no a un extranjero; ha retornado al padre que no puede recordarle los hechos ya pasados, sino que debe recordar sólo cuanto pueda empujarlo a la compasión misericordiosa, al amor y a la indulgencia, como corresponde a quien lo ha engendrado". Por eso, éste no menciona lo que el hijo había hecho, sino cuánto había sufrido; no recordó las riquezas que había despilfarrado, sino la infinidad de sufrimientos que había pasado.

De la misma manera, con igual y aún mayor preocupación, el buen pastor fue en búsqueda de la oveja. Aquí, fue el mismo hijo quien vuelve; allá, en cambio, fue el diligente pastor a buscarla y encontrándola la carga con-

Dios no pide cuentas de los errores pasados, sino, al contrario, va en la búsqueda del que anda extraviado y se goza luego de haberlo encontrado.

sigo, se alegró más por ésta, que por todas las que permanecían seguras; como ves, la llevó sin castigarla y cargándola sobre sus espaldas para tenerla consigo, la restituye a su rebaño.[11]

¿Estás convencido de que Dios no rechaza a quien vuelve hacia Él, sino que lo acoge con igual amor que a los otros que practican la virtud?

La parábola hace ver que Dios no pide cuentas de los errores pasados, sino, al contrario, va en la búsqueda del que anda extraviado y se goza luego de haberlo encontrado más que si hubiera permanecido seguro. No desesperemos si somos malvados, ni nos confiemos de ser buenos, más bien, obrando el bien, temamos para no caer en la presunción, debiendo hacer penitencia también en el momento del pecado.

Repito lo que llevo dicho desde el principio. Dos son las tentaciones que amenazan nuestra salvación: la presunción, si estamos en pie; y la desesperación, si hemos caído. Por eso, para fortalecer a los que se mantenían en pie, Pablo decía: "El que piensa estar firme, mire no caiga" (1ª Co. 10:12), y un poco antes: "No sea que, habiendo predicado a otros, yo mismo venga a ser reprobado" (1ª Co. 9:27). Para levantar a los caídos y animar a los más fervorosos atestiguó públicamente también en su carta a los corintios: "Y haya de llorar por muchos de los que antes habrán pecado, y no se han arrepentido" (2ª Co. 12:21), declarando así dignos de compasión, no tanto a los pecadores, cuanto a los pecadores impenitentes. A estos últimos, también, se había dirigido el profeta diciendo: "¿El que cae, no se levanta? ¿El que se desvía, no torna a camino?" (Jer. 8:4). También David les llamó la atención, diciendo: "Si hoy oyereis su voz, no endurezcáis vuestro corazón como en Meriba, como el día de Masah en el desierto»" (Sal. 95:7, 8).

Mientras podamos decir "hoy" no desesperamos, sino que ponemos toda nuestra esperanza en el Señor; con la mente, fija en el mar de su misericordia, removiendo toda mala conciencia y adhiriendo firmemente a la virtud; muy confiados, pero también, firmes en el propósito, dando pruebas muy fuertes de nuestro arrepentimiento,

---

[11] Cf. Lucas 15:1-7.

porque desprendido aquí abajo todo peso de pecado, podemos estar con confianza delante del tribunal de Cristo, para obtener el reino de los cielos. Esto nos sea dado conseguirlo con la gracia y por la misericordia de nuestro Señor Jesucristo, al cual junto al Padre y al Espíritu Santo, sea toda gloria, potencia y honor, ahora y siempre y por los siglos de los siglos. Amén.

Mientras podamos decir "hoy" no desesperamos, sino que ponemos toda nuestra esperanza en el Señor; con la mente fija en el mar de su misericordia.

Homilía II

Confesión de pecados

> Si eres pecador, ven a la iglesia para confesar tus culpas; si eres justo, ven para no caer en la injusticia. La iglesia es, pues, el puerto del uno y del otro.

1. ¿Habéis contemplado el domingo pasado qué lucha y qué victoria? El diablo hacía la guerra y Cristo triunfaba. ¿Visteis cómo se elogiaba la conversión? El diablo es incapaz de soportar sus golpes, sino que teme y se aterroriza. ¿Qué temes, oh diablo, mientras se elevan alabanzas a la conversión? ¿Por qué lloras, por qué te enfureces?

—Sí, responde; tengo todas las razones para gemir y contristarme: esta conversión, me arrebata tantas presas.

—¿Cuáles?

—La prostituta, el publicano, el ladrón, el blasfemo.

La conversión le arrebata también sus armas, y ataca inclusive hasta su fortaleza; por eso el diablo considera, para sí, mortal la conversión. Lo sabes ya, mi querido, porque te lo ha demostrado esta reciente experiencia. ¿Por qué, entonces, no hacemos un tesoro de esta asamblea? ¿Por qué no acudimos cada día a la iglesia para estar, estrechamente vinculados a la conversión? Si eres pecador, ven a la iglesia para confesar tus culpas; si eres justo, ven para no caer en la injusticia. La iglesia es, pues, el puerto del uno y del otro.

¿Eres pecador? No desesperes, entra para mostrarte arrepentido. ¿Has pecado? Dile a Dios: "He pecado". ¿Esto es mucho esfuerzo? ¿Es un camino penoso? ¿Es fastidioso? ¿Cuál es la dificultad para decir: "He pecado"? Si niegas ser pecador, quizás, ¿el diablo no pensará en acusarte? Anticípate y sácale ventaja, pues su voluntad es tener de qué acusarte.

¿No quieres cancelar tu pecado, adelantándote con la acusación de tus pecados, desde el momento que sabes que tienes un acusador que no sabe callar? ¿Has pecado? Ven a la iglesia y dile a Dios: "He pecado". No te pido otra cosa más que esto, sólo esto. Lo dice la Sagrada Escritura: "Hazme recordar, entremos en juicio juntamente; habla tú para justificarte" (Is. 43:26); confiesa el pecado que has cometido, para liberarte. En esto no hay fatiga, no hay necesidad de usar discursos especiales, ni exige esfuerzo monetario ni de otro género. Pronuncia la palabra que evidencia tus rectos sentimientos sobre las culpas cometidas, dilo claramente: "He pecado".

Pero ¿cómo puede suceder, me preguntarás, que yo sea absuelto del pecado, sólo, con manifestarlo espontáneamente? Porque la Escritura lo dice expresamente: quien lo ha manifestado, fue absuelto; quien no lo ha manifestado, ha sido condenado. Caín, esclavo de la envidia, mató a su hermano Abel, de tal modo que a la envidia siguió la muerte; en efecto, conduciéndolo al campo, lo mató. Entonces ¿qué le dijo Dios?: "¿Dónde está tu hermano Abel?" (Gn. 4:9). Si bien lo sabía todo le preguntó, no porque lo ignoraba, sino para atraer al homicida a la penitencia. Que le preguntase conociendo el hecho lo demostró con su interrogación: "¿Dónde está tu hermano Abel?", a lo cual respondió: "No lo sé, ¿acaso soy el guardián de mi hermano?" (Gn. 4:9). Sea que no eres su guardián, pero ¿por qué has sido su asesino?; no estabas obligado a vigilarlo, ¿pero por qué lo mataste? Tú lo has dicho, eres reo también por no custodiar a tu hermano. ¿Qué palabras le dirigió luego Dios?: "La voz de la sangre de tu hermano, clama a mí desde la tierra" (Gn. 4:10).

Después de haberlo amonestado, le impuso asimismo, el castigo, no tanto porque había matado cuanto porque no quería reconocer su infamia, pues Dios odia más la falta de arrepentimiento que el mismo pecado. Caín, ya a punto de arrepentirse, no fue aceptado por Dios, porque no había confesado espontáneamente su culpa. ¿Cuál fue, pues, su reacción?: "Grande es mi iniquidad para ser perdonada" (Gn. 4:13), como si dijera: "Tan grande es mi pecado que no soy digno de vivir". Por eso Dios replicó: "Cuando labrares la tierra, no te volverá a dar su fuerza" (Gn. 4:12), infligiéndole un grave y duro castigo, haciéndole al mismo tiempo entender: "No te eliminaré para que la verdad no sea olvidada; te constituyo como la ley que todos podrán leer, para que tu desgraciada aventura sea madre de filosofía".

Caín anduvo errante como ley viviente, columna móvil, muda pero elocuente; con una voz más clara que una trompeta clama: "Quien no quiera sufrir mi misma suerte, nunca obre como yo". Tal castigo sufrió porque se obstinó en no confesar su pecado; fue condenado por no haber reconocido aquello de lo cual estaba convencido, porque si hubiera sido el primero en confesarlo, se le habría cancelado.

> **Caín anduvo errante como ley viviente, con una voz más clara que una trompeta clama: "Quien no quiera sufrir mi misma suerte, nunca obre como yo".**

David, profeta y pecador

> David no entendió de qué pecado se manchaba, ya que la pasión lo había encegado, porque cuando el auriga está ebrio, el carro corre sin control.

2. Que las cosas son así, podrás comprenderlo escuchando cómo haya sido absuelto de su pecado, uno que fue el primero en confesarlo; David, profeta y rey. Aquí conviene recordarlo más bien como profeta, porque su reino abarcó sólo a la Palestina, pero su profecía estuvo dirigida a todo el mundo hasta los últimos confines; el reino se disolvió en breve tiempo, la profecía permaneció como vehículo de las palabras eternas; es más creíble que se extinga el sol, antes de que se pierda el recuerdo de sus palabras.

Él había caído en adulterio y en homicidio, lo dice la Escritura. Vio a una mujer atractiva bañándose y se enamoró de ella (2º S. cap. 11). A continuación deliberó poner en práctica la ejecución de su plan. Profeta adúltero, perla en el barro. No entendió de qué pecado se manchaba, ya que la pasión lo había encegado, porque cuando el auriga está ebrio, el carro corre sin control. El alma y el cuerpo son, como el auriga y el carro; cuando se oscurece el alma, el cuerpo se revuelca en el fango. El conductor, cuando está en pie y firme sobre el carro, lo controla magníficamente, pero cuando por el cansancio no puede dominar las riendas, pone al carro en riesgos extremos; así también el hombre, en tanto que el alma es sobria y vigilante, también el cuerpo es puro; si en cambio el alma se oscurece, el cuerpo se revuelca en el fango del placer.

¿Qué hizo entonces David? Caído en adulterio, no tomaba conciencia de su pecado, ni los otros le convencieron del error. Esto le ocurrió estando ya en los últimos años de su vejez; para que aprendas que no te favorece ni aun las canas, si no eres diligente; por el contrario, la juventud no te puede dañar si te mantienes vigilante. La fuerza del carácter no viene de los años, sino que la virtud es fruto de la voluntad. En efecto, Daniel a los doce años pudo enjuiciar la maldad, mientras que los ancianos, viejos de edad, recitaron el drama del adulterio; a éstos, no les ayudó las canas y a aquél no le perjudicó la tierna edad.[12] Para que veas bien cómo no es la edad, sino la voluntad,

---

[12] Cf. Daniel cap. 13 según la versión de los Setenta, cuyas adiciones griegas no existen en la Biblia hebrea.

la que atempera a nuestra conducta, mira a David, viejo, caído en adulterio y homicida, por no haber tomado conciencia de lo pecaminoso que era su actuar, porque el conductor de su intelecto estaba encadenado y ebrio por la intemperancia.

Entonces, ¿qué hizo Dios? Le envió al profeta Natán; un profeta a un profeta; sucede también así, entre médicos; un médico enfermo tiene necesidad de otro médico; en este caso, un profeta pecador es curado por un profeta que tiene consigo el remedio. Natán, entonces, va hacia él, pero al llegar al umbral de la puerta no empieza por reprenderlo, diciéndole inmediatamente delincuente, inicuo, adúltero y asesino; después de haber recibido de Dios tan altos favores, ¿cómo has pisoteado los mandamientos? Nada de eso dice Natán, para no aumentar la desvergüenza, porque los pecados divulgados provocan en el pecador la pérdida de pudor.

Natán va hacia él, pero al llegar al umbral de la puerta no empieza por reprenderlo, para no aumentar la desvergüenza, porque los pecados divulgados provocan en el pecador la pérdida de pudor.

Entonces, va hacia él y prepara un discurso sobre un dramático caso judicial.

He aquí la urdimbre del trama: "Había dos hombres en una ciudad, el uno rico y el otro pobre. El rico tenía numerosas ovejas y vacas; mas el pobre no tenía más que una sola cordera, que él había comprado y criado, y que había crecido con él y con sus hijos juntamente, comiendo de su bocado, y bebiendo de su vaso, y durmiendo en su seno –le habla de las justas relaciones del marido con la esposa–. Y vino uno de camino al hombre rico; y él no quiso tomar de sus ovejas y de sus vacas, para guisar al caminante que le había venido, sino que tomó la oveja de aquel hombre pobre, y la aderezó para aquel que le había venido" (2º S. 12:1-4).

El arrepentimiento de David

¿Has observado cómo en la trama de esta dramática narración, el profeta tiene escondida la espada en la vaina? ¿Qué hizo el rey? Pensó en tener que pronunciar verdaderamente una sentencia y fue muy rápido en pronunciarla, porque así actúan los hombres, siempre dispuestos, cuando se trata de formular y proclamar para los demás el juicio: "Vive Jehová, que el que tal hizo es digno de muerte y pagará cuatro veces el valor de la oveja" (vv. 5, 6).

242   El verdadero arrepentimiento

Si has faltado, llora y serás absuelto. Me preguntarás cómo las lágrimas pueden liberarnos de pecados, la demostración la tienes en la Escritura.

¿Cuál fue la reacción de Natán? No disminuyó el golpe dejando pasar el tiempo, sino, enseguida, puesta al descubierto la herida, inmediatamente operó el corte, sin sustraerlo al sentimiento de dolor: "Eres tú, oh rey" (v. 7).

Y el rey, ¿qué conclusión sacó? Dijo: "He pecado contra el Señor" (v. 13); no le replicó: "¿quién eres tú que me acusas, quién te ha mandado a hablarme con tanta libertad, con qué intrepidez te has atrevido a tanto?" Nada de esto. Reconoció su pecado, y dijo: "He pecado contra el Señor".

Entonces, también Natán sacó su conclusión: "También el Señor ha perdonado tu pecado y porque te has condenado, por ti mismo, te condonó la pena". ¿Has confesado con buena voluntad? Has lavado tu pecado. ¿Te has aplicado la sanción? Has anulado la sentencia. ¿Ves bien, entonces, cómo se ha cumplido lo que está escrito: "Habla tú para justificarte"? (Is. 43:26). ¿Qué esfuerzo requiere manifestar primero nuestros pecados?

Lamento por el pecado

3. Tienes también otro camino para el arrepentimiento. ¿Cuál? Lamentarte por el pecado. Si has faltado, llora y serás absuelto. ¿Quizás pesa demasiado? No te pido absolutamente otra cosa que lavar con lágrimas tus manchas; no te hablo de cruzar mares, ni desembarcar en un puerto; no te propongo viajar y enfrentar caminos interminables; derrochar el dinero y enfrentar mares difíciles de atravesar. ¿Qué te pido? Llorar tus pecados.

Me preguntarás cómo las lágrimas pueden liberarnos de pecados, la demostración la tienes en la Escritura. Existió un rey de nombre Acab, que si bien era justo, reinó injustamente sobre Israel, por causa de su mujer Jezabel, según está escrito. Deseaba ardientemente poseer la vid de un tal Nabot, israelita y le mandó decir: "Me he encaprichado de tu viñedo, dámelo por dinero o a cambio de otra tierra". Nabot le respondió que jamás vendería la heredad de sus padres, y Acab continuaba enloquecido por aquel viñedo, y aunque no quería usar la violencia, terminó por enfermarse a causa de este hecho. Se acerca a él Jezabel, mujerzuela desvergonzada y renegada, sucia e impía, y comienza a hablarle así: "¿Por qué te entristeces y no comes? Levántate y come; yo te conseguiré la heredad del israelita Nabot" (1º R. 21:27).

En presencia del rey y de los ancianos, se puso a escribir una carta en la que decía: "Pregonad ayuno y mientras tanto levantad contra Nabot hombres mentirosos, que lo acusen de blasfemar contra Dios y el rey".

¡Oh ayuno lleno de impiedad, proclamado no para ayunar, sino para cometer un homicidio! ¿Cómo terminó? Nabot fue lapidado y murió. En cuanto lo supo Jezabel, ésta fue a Acab y le dijo: "Apoderémonos ya del viñedo de Nabot, porque está muerto". Y Acab, si bien en un primer momento sintió tristeza, luego fue a adueñarse del viñedo.

Fue entonces cuando Dios le envió al profeta Elías, diciendo: "Levántate, desciende a encontrarte con Acab rey de Israel. Háblale diciendo: ¿No mataste y también has poseído? En el mismo lugar donde lamieron los perros la sangre de Nabot, los perros lamerán también tu sangre, la tuya misma" (1° R. 21:17-19).

Así explotó la ira divina, fue anunciada la sentencia y efectuada la condena. ¡Fíjate a dónde lo manda! En el viñedo, donde fue cometida la iniquidad, allí tuvo también lugar el castigo. ¿Y qué le dice? Viéndolo Acab, había exclamado: "¿Me has hallado, enemigo mío?" (v. 20); lo que quiere decir: "Me has sorprendido en pecado, ahora tienes razón de acusarme porque me has encontrado en infracción, enemigo mío".

Elías, en efecto, desde siempre le había llamado la atención; y Acab cuando reconoció su falta, pronunció las palabras de confesión: "Siempre me has reprendido pero, ahora, es el momento justo de reprobarme". Admitió haber pecado cuando le fue leída la sentencia: "Así dice el Señor, por el homicidio que has cometido y por la heredad que has usurpado, como tú has derramado la sangre de un hombre justo, así será desparramada tu sangre, y los perros vendrán a lamerla; y las narices se lavarán en tu sangre" (1° R. 21:17-24). Al escuchar tales palabras, Acab se puso triste y lloró su culpa, porque reconoció el mal obrado, Dios lo absolvió de su condenación. Primero quiso disculparse con Elías, para que no le ocurriese lo que le pasó a Jonás.

Dios le había dicho: Vete a la ciudad de Nínive, adonde sin contar mujeres ni niños, viven 120.000 hombres, y predica: "Dentro de tres días, Nínive será destruida"

¡Fíjate a dónde lo manda! En el viñedo, donde fue cometida la iniquidad, allí tuvo también lugar el castigo.

244 El verdadero arrepentimiento

Por eso, Elías, tuvo miedo que le sucediera también a él algo parecido a lo que le ocurrió a Jonás, y Dios por esto, explica su perdón a Acab.

(Jon. 3:4).[13] Jonás, conociendo la benignidad de Dios, no quería ir. ¿Qué hizo entonces? Huyó, diciendo a Dios: "Si voy a predicar y tú benigno como eres, desistes de tu decisión, seré asesinado como un falso profeta". El mar que lo había acogido, no lo tragó, sino que lo devolvió a la tierra firme para que retornase sano a Nínive. Vigilado el siervo por el mismo Señor: "Jonás para huir –como está escrito–, se puso en camino y encontró una nave que se dirigía a Tarsis, entonces pagando el precio del viaje, se embarcó en ella" (Jon. 1:3). ¿Adónde huyes, Jonás? ¿Vas a tierra extranjera? Pero "del Señor es toda la tierra y su plenitud" (Sal. 25:1). ¿Te refugias en el mar? "Suyo es el mar y Él lo ha hecho" (Sal. 95:5). ¿Quieres volar al cielo? Pero ¿no has oído las palabras de David: "Cuando veo tus cielos, obra de tus dedos"? (Sal. 8:3).

Asustado entonces huyó; así al menos pensó, porque de hecho, no es absolutamente posible huir de Dios. El mar, por eso, lo restituyó y llegó a Nínive donde comenzó a predicar: "Dentro de tres días y Nínive será destruida" (Jon. 3:4). Las palabras de Jonás fueron dichas para tu enseñanza. Lo había inducido a huir el pensamiento que Dios, en su benignidad, desistiría de la decisión de exterminar a los malvados, y a él le habrían hecho correr el peligro de aparecer como falso profeta. Después que predicó en la ciudad de Nínive, se alejó de ella para ver qué ocurría; habían pasado tres días sin suceder nada de lo amenazado. Entonces, volvió a su primer razonamiento y dijo: "¿No es esto lo que yo decía estando aún en mi tierra? Por eso me precaví huyendo a Tarsis; porque sabía yo que tú eres Dios clemente y piadoso, tardo a enojarte, y de grande misericordia, y que te arrepientes del mal" (Jon. 4:2).

Por eso, Elías, tuvo miedo que le sucediera también a él algo parecido a lo que le ocurrió a Jonás, y Dios por esto, explica su perdón a Acab, diciendo a Elías: "¿Has visto como Acab vino hacia mí, con lágrimas y tristeza? No le trataré como merece su maldad" (1º R. 21:29).[14] ¡Qué

---

[13] "Y comenzó Jonás a entrar por la ciudad, camino de un día, y pregonaba diciendo: De aquí a cuarenta días Nínive será destruida" (RV). Crisóstomo habla de "tres días", según la versión griega de los LXX, frente a los "cuarenta días" del texto masorético.

[14] "¿No has visto como Acab se ha humillado delante de mí? Pues por cuanto se ha humillado delante de mí, no traeré el mal en sus días" (RV).

extraño, dirás, este Señor se hace ahora abogado de su siervo! Dios defiende la causa de un hombre ante Él, diciéndole: "No pienses que lo haya perdonado así simplemente, ha cambiado el comportamiento de su vida y yo he cambiado y mitigado mi ira; para que tú no vayas a ser juzgado un falso profeta ya que has dicho la verdad, declaro que si no hubiera cambiado de vida, se habrían cumplido seguramente mis amenazas; sólo porque él ha cambiado de conducta, yo he calmado mi enojo". Esto, quiso decir Dios con aquel discurso a Elías: "¿No has visto como Acab se ha humillado delante de mí? Pues por cuanto se ha humillado delante de mí, no traeré el mal en sus días" (1° R. 21:29). ¿Ves como el llanto cancela el pecado?

Humillándote romperás las cadenas del pecado. Sobre este camino encontrarás mención clara en la Sagrada Escritura.

El camino de la humildad

4. Pero hay también un tercer camino para llegar a la conversión, otro entre muchos que llegan al mismo fin; lo digo, para que conociendo que existen varios caminos, encuentres fácilmente la salvación. ¿Cuál es este tercer camino? La humildad.

Humillándote romperás las cadenas del pecado. Sobre este camino encontrarás mención clara en la Sagrada Escritura, donde se refiere al publicano y al fariseo (Lc. 18:9-14). Un fariseo y un publicano fueron al templo para orar, el fariseo empezó a desgranar la lista de sus virtudes diciendo: "Dios, te doy gracias, que no soy como los otros hombres, ladrones, injustos, adúlteros, ni aun como este publicano" (v. 11).

¡Alma miserable y desgraciada! Has condenado al mundo entero, solamente para afligir a tu prójimo. No te ha bastado el mundo entero, y has condenado también al publicano; has infamado a todos y no has perdonado a ningún hombre: "No soy como los otros hombres, ni aun como este publicano, ayuno dos veces en la semana, pago los diezmos a los pobres; doy aquello que tengo" (vv. 11, 12).

¡He ahí las palabras del arrogante! ¡Hombre miserable, has condenado al mundo entero! ¿Por qué, luego, has golpeado al publicano que estaba junto a ti? ¿No estabas satisfecho con haber acusado al universo entero, sino que condenabas también a aquel que oraba contigo? Y el publicano ¿qué hizo? Al oír aquel discurso no reaccionó,

> Dime si puede haber algo peor que un publicano, que se aprovecha de las desgracias ajenas. Saca ventaja de las fatigas de otros, sin importarle el sacrificio de los mismos.

diciéndole: "¿Pero, quién eres tú, que me acusas de estas cosas? ¿Quién te ha contado mi vida? Conmigo no tienes nada que hacer, conmigo no has vivido ni tampoco estuviste jamás; ¿por qué tanta soberbia? ¿Quién puede dar testimonio de tus obras buenas? ¿Por qué te alabas tú mismo? ¿Por qué te adulas?"

Nada de esto dijo el publicano, que en cambio, postrándose en posición de súplica, decía: "Dios, ten piedad de mí, que soy un pecador" (Lc. 18:13). Por eso, el publicano fue justificado por su humillación, mientras el fariseo salió del templo perjudicado. Él perdió su justicia, mientras el publicano retornó totalmente justificado. Las palabras habían vencido sobre las obras, el uno, perdía la justicia haciendo ostentación de sus obras; el otro, conseguía la justicia, bajando el tono de las palabras.

El publicano, además, no fue humillado, porque la humillación se produce cuando el que es grande se rebaja. El publicano, no se humilló porque dijo la verdad; en realidad entonces, era pecador y sus palabras correspondían a la verdad.

La verdadera humildad de Pablo

5. Dime si puede haber algo peor que un publicano, que se aprovecha de las desgracias ajenas. Saca ventaja de las fatigas de otros, sin importarle el sacrificio de los mismos; sólo quiere compartir las ganancias. El pecado del publicano es el peor que se puede cometer; su conducta, por consiguiente, es una violencia hermosa y buena, una injusticia según la ley, un robo con guantes blancos. ¿Existe algo peor que lo del publicano que después de ubicar su oficina a los costados de los caminos, está exprimiendo los frutos de la fatiga de otros, sin pensar siquiera en el eventual cansancio del trabajo, participando únicamente de los beneficios, pero no de los eventuales desgastes de la fatiga?

Entonces, si fue la humildad la que obtuvo tanto don al malvado recaudador de impuestos, ¿cuánta más no conseguirá la humildad de aquel que es virtuoso? En consecuencia, si confiesas tu pecado con humilde sinceridad obtendrás la justificación.

Considera a Pablo, verdaderamente humilde; Pablo, el maestro del mundo entero, inspirado por el Espíritu;

vaso de elección, puerto tranquilo y torre inexpugnable, que llevó su frágil cuerpo a recorrer el universo como volando sobre alas; mira a la humildad de este hombre ignorante y sabio, pobre y rico. He aquí por qué yo digo humilde, en el verdadero sentido de la palabra. Se había agotado con miles de fatigas y había levantado una infinidad de trofeos sobre el diablo; pudo afirmar de su predicación: "Su gracia en mí no fue vana, al contrario me he esforzado más que todos" (1ª Co. 15:10); soportó cárceles, heridas, flagelaciones, y con sus epístolas enlazó en su red, las naciones de la tierra, según la vocación a la cual había sido llamado por una voz del cielo.

No obstante todo esto, llegó a afirmar con humildad: "Yo soy el más pequeño de los apóstoles, que no soy digno de ser llamado apóstol" (1ª Co. 15:9). ¡Contempla qué gran humildad! Por humildad, se llama el último: "Yo soy el más pequeño, el último de los apóstoles, y no soy digno de ser llamado apóstol".

Se trata de verdadera humildad, porque humillarse quiere decir, ponerse debajo de todos y llamarse el último; pero considera que quien dice estas palabras es Pablo, ya ciudadano del cielo, si bien dejado aquí abajo con el cuerpo; columna de las iglesias, ángel terreno y hombre celestial.

Con alegría pasaría el tiempo con un hombre así, contemplando de frente tanto esplendor de virtud. Mis ojos no gozan tanto a los rayos luminosos del sol naciente, como de la visión de la figura de Pablo, que ilumina mi espíritu. Porque el sol ilumina los ojos de la carne, mientras Pablo levanta los del alma haciéndola volar hasta la bóveda del cielo, llevándola más alto que el sol, sobre la luna. La virtud tuvo tal poder en este hombre, que llegó a ser aquí abajo un ángel, y dio a su alma alas para el cielo. Imitemos la virtud de la cual es maestro, busquemos imitar a Pablo siguiendo con celo tras sus huellas.

Pero no debo apartarme del argumento propuesto, de la finalidad establecida, para hablar de la humildad, tercer camino para la conversión. Por ese motivo os he presentado al publicano. Con la confesión de sus propios pecados no se rebajó, dijo la verdad y llegó a ser justificado, sin gastar nada de lo suyo, sin cruzar mares, sin viajar a lo largo de la tierra o cruzar pantanos enormes; sin implicar a los amigos o perder mucho tiempo; consi-

> **Humillarse quiere decir ponerse debajo de todos y llamarse el último; pero considera que quien dice estas palabras es Pablo, ya ciudadano del cielo.**

Consiguió la justicia sólo mediante la humildad, solamente así se hizo digno del reino de los cielos.

guió la justicia sólo mediante la humildad, solamente así se hizo digno del reino de los cielos.

También a nosotros se ha dado conseguir la misma suerte, por la gracia y misericordia de nuestro Señor Jesucristo. A Él sea la gloria y el poder por los siglos de los siglos. Amén.

Homilía III

El amor a la Palabra

1. Tenéis presente los puntos sobre el comienzo y fin del discurso del otro día, es decir, los argumentos de los que he tomado el principio y con los cuales he interrumpido la precedente homilía. Pero creo que habéis olvidado la terminación del discurso. Lo tengo presente y no quiero amonestaros ni haceros cargo alguno. Cada uno de vosotros tiene esposa, se preocupa de sus hijos, piensa en las necesidades de la casa; algunos sois militares, otros artesanos, y cada uno está ocupado en diversos servicios. Yo, en cambio, no vivo más que de esto, no tengo otro pensamiento y otra ocupación que ésta, en todo momento. Pues más que reprocharos, no tengo palabras sino para alabar vuestro empeño, ya que no dejáis un domingo para venir a encontrarme en la iglesia, a pesar de que tenéis que desentendernos de vuestras ocupaciones.

> La liturgia de la Palabra nos une, y cuando entramos en diálogo entre unos con otros, ejercitamos el don de la palabra que nos convierte en seres superiores en dignidad, a los mudos animales.

Ésta es la alabanza más grande que merece nuestra ciudad, no el bienestar, ni la preocupación del negocio, ni los palacios, ni las termas, sino un pueblo diligente y vigilante.[15] La bondad del árbol no se reconoce por la frondosidad de las hojas, sino por los frutos. La liturgia de la Palabra nos une, y cuando entramos en diálogo entre unos con otros, ejercitamos el don de la palabra que nos convierte en seres superiores en dignidad, a los mudos animales. Quien, por tanto, no amase la palabra es menos racional que un jumento; desconoce el privilegio con el que ha sido honrado y dónde le viene tal honor. Bien decía el profeta: "Mas el hombre no permanecerá en honra: Es semejante a las bestias que perecen" (Sal. 49:12). Decidme ¿por qué el hombre, dotado de palabras, no quiere usarlas? Pero no tengo que dirigirme a vosotros que habéis volado para escuchar lo que os diré sobre la virtud, en íntimo familiar diálogo, posponiendo cualquier cosa a la divina Palabra.

---

[15] Antioquía de Siria contaba con grandes palacios, teatros, termas, baños, foros, iglesias, un comercio intenso y un nivel cultural excelente. Su población en tiempos de Juan ascendía a 200.000 habitantes de origen y espíritu griego, donde también se hablaba el siriaco.

Entremos, pues, en el tema, empezando por lo que habíamos expuesto previamente. Tengo que hacerlo y lo hago bien gustoso, porque no me empobrece, sino que me enriquece. En los negocios, aquel que da dinero prestado huye de quien se lo pide, yo en cambio, no hago más que seguir detrás de todos para dar; y esto porque mientras en los negocios el dar empobrece, en el servicio de la palabra, el dar enriquece.

> Si presto dinero a alguno ya no está en mi poder; sin embargo, cuando os comunico la palabra, ésta permanece en mí, mientras todos os posesionáis de ella.

Si presto dinero a alguno ya no está en mi poder, porque ha pasado de mis manos a las de otro; sin embargo, cuando os comunico la palabra, ésta permanece en mí, mientras todos os posesionáis de ella; si no la comunico, encerrándola en mí mismo, yo soy pobre, si la transmito, me hago más rico. No comunicándola permanezco rico yo solo, si os la hago partícipe, recogeré el fruto junto a todos vosotros.

Ahora os restituyo lo que os debo. ¿El qué? El otro día nos adiestrábamos con el sermón del arrepentimiento y decíamos que hay muchos y variados caminos de conversión para que así os sea más fácil alcanzar la salvación. Si Dios, en cambio, hubiera concedido una sola vía de arrepentimiento, podríamos rechazarla, disculpándonos de que no estamos en condiciones de recorrerla, y por tanto, de no poder salvarnos, pero Él ha querido eliminar tal excusa, facilitando a todos el camino del cielo, ya que no nos ha dado uno o dos o tres, sino una gran cantidad y variedad de vías de acceso al cielo.

La vía de la limosna y generosidad

El arrepentimiento, decíamos, es fácil y por nada pesado. ¿Eres pecador? Ven a la iglesia y confesando tu pecado, te librarás de toda mancha. He traído el ejemplo de David, pecador absuelto así de su pecado. Después, hablé de la segunda vía que consiste en llorar los pecados y expliqué cómo no requiere ningún esfuerzo, porque es suficiente que los lloremos, sin hacer gastos o largos viajes u otras cosas del mismo género, lo he ilustrado con el ejemplo, propuesto por la Escritura, de Dios que tuvo misericordia de Acab al ver su llanto y tristeza, como Él mismo dijo a Elías: "¿Has visto cómo Acab ha venido hacia mí, en llanto y tristeza? No actuaré con él, según mi indignación" (1º R. 21:29).

Exponiendo, entonces, el tercer camino del arrepentimiento, cité el pasaje de la Escritura que habla del fariseo y del publicano; del fariseo que, por su soberbia arrogancia, perdió la justicia, y del publicano que, con su humildad, recogió los frutos de justicia, purificándose sin gran esfuerzo, sembrando palabras y recogiendo hechos.

Ahora, sigamos avanzando y hablemos de una cuarta vía de arrepentimiento. ¿De cuál se trata? De la limosna,[16] reina de las virtudes, que fácilmente levanta a los hombres hasta las esferas del cielo, haciéndose nuestra mejor abogada. La limosna, es tan sublime que Salomón la exaltó de esta manera: "Muchos hombres publican cada uno su liberalidad: Mas hombre de verdad, ¿quién lo hallará?" (Pr. 20:6). La misericordia tiene tan grandes alas que perfora el aire; va más allá de la luna; sobrepasa los rayos del sol y llega hasta la bóveda celestial, más allá de los arcángeles y de toda potestad superior, para ubicarse, por último, ante el trono del Rey. Lo enseña la Escritura misma, con la expresión: "Cornelio, tus oraciones y tus limosnas han subido en memoria a la presencia de Dios" (Hch. 10:4). Esa "presencia ante Dios" te dará confianza aunque hayas pecado mucho, porque la limosna será tu mejor abogada.

No resiste a la limosna ningún poder de lo alto; te hará restituir lo que te es debido, tiene en sus manos el documento de compromiso por el que el Señor mismo se obliga con explícita declaración: "Cuanto lo hicisteis a uno de estos mis hermanos pequeñitos, a mí lo hicisteis" (Mt. 25:40). Por tanto, tu limosna tiene más peso que cuantos pecados puedas haber cometido.

La misericordia tiene tan grandes alas que perfora el aire; va más allá de la luna; sobrepasa los rayos del sol y llega hasta la bóveda celestial.

El aceite de la limosna

2. ¿No ves en la parábola evangélica de las diez vírgenes, el ejemplo de quien habiendo practicado la virginidad, quedó fuera del lecho nupcial por no haber practicado la limosna? Dice: "Habían diez vírgenes, de las

---

[16] Limosna, del griego *eleemosyne*, compasión, de donde se deriva el latín *eleemosyna* y *elimosyna*, y el castellano *limosna*, dádiva caritativa. En las sociedades modernas del estado de bienestar, es difícil apreciar el valor que representaba para los pobres la institución de la limosna, en épocas cuando el Estado no intervenía sino para reclutar hombres para el ejército y cobrar impuestos, y dejaba la asistencia social a la iniciativa privada.

cuales cinco eran necias y cinco prudentes" (Mt. 25:2); las prudentes se habían provisto de aceite; las necias desprovistas de él, dejaron apagar sus lámparas, y por eso dijeron a las prudentes: "Dadnos de vuestro aceite; porque nuestras lámparas se apagan" (Mt. 25:8). Me lleno de rubor y me vienen ganas de llorar al escuchar que las vírgenes, después de tanta práctica virtuosa en la ascesis virginal, con un cuerpo ya alado en vuelo al cielo, rivalizando con las mismas potestades superiores y en lucha contra las ardientes pasiones, después de haber pisoteado el mismo fuego del placer, finalmente hayan sido llamadas necias; y con razón, porque después de haber hecho lo más, se han dejado vencer en lo menos.

Continúa el Evangelio: "Y las necias dijeron a las prudentes: Dadnos de vuestro aceite; porque nuestras lámparas se apagan. Mas las prudentes respondieron, diciendo: Porque no nos falte a nosotras y a vosotras, id antes a los que venden, y comprad para vosotras" (Mt. 25:8, 9). No actuaron, entonces, por falta de piedad o por maldad, sino porque en breve tiempo, llegaría el novio.

Aquéllas tenían, como las otras, las lámparas, pero no el aceite; es decir tenían el fuego de la virginidad, sin el aceite de la limosna. Si no se echa aceite en la lámpara, el fuego se apaga, y si no se practica la limosna, la virginidad desaparece: "Dadnos del aceite de vuestras lámparas", decían, y las otras, "no podemos daros"; respondían, no por maldad, sino por temor: "para que no venga a faltar a nosotras y a vosotras", como si dijeran: "Porque mientras intentamos entrar todas, no tengamos que quedarnos afuera; más bien, id a comprar a los vendedores" (Mt. 25:9).

¿Quién vende este aceite? Los pobres que están sentados delante de la iglesia, pidiendo limosna. ¿Qué cantidad hay que dar? Lo que creas; no propongo cuánto para que no encuentres una disculpa en tu imposibilidad de dar. Gasta cuanto quieras. ¿Tienes un óbolo? Con tal precio se compra el cielo; no porque el cielo valga tan poco, sino porque tal es el precio asignado por la misericordia del Señor. ¿No tienes tampoco un óbolo? Da un vaso de agua fresca: "Cualquiera que diere a uno de estos pequeñitos un vaso de agua fría solamente, en nombre de discípulo, de cierto os digo, que no perderá su recompensa" (Mt. 10:42).

El trato pactado en este negocio es el cielo, y nosotros nos despreocupamos. Da pan y recoge el paraíso. Da un poco y recibe mucho; da cosas mortales y recibe las inmortales. Da lo corruptible y conquista lo que es incorruptible. Imagínate el ejemplo de un gran mercado, abundantemente provisto, donde a bajo precio, por poco se puede comprar mucho.

¿Dejarías escapar de la mano tal ocasión, y no venderíais vuestras propiedades, poniendo todo en segundo lugar para adueñaros de aquel negocio? Mucho empeño demostráis si se trata de cosas corruptibles, mientras que sois despreocupados y perezosos cuando se trata de un negocio que tiene consecuencias eternas.

Da al pobre, porque cuando tengas que callar, se abran para defenderte miríadas de bocas, puesto que la limosna hecha por ti se constituye en tu defensa; la limosna rescatará tu alma. Por eso, del mismo modo que a las puertas de la iglesia están los aljibes llenos de agua para el lavado físico de las manos, así también ante la iglesia están los pobres para la ablución de las manos del alma. ¿Has lavado en esta agua las manos de tu cuerpo? Lava en la limosna las manos del alma. No pongas como excusa tu pobreza.

La viuda que hospedó a Elías estaba en extrema penuria, pero la pobreza no le impidió acogerlo con gran alegría, por eso pudo recoger también los debidos frutos, y cosechó las espigas de la limosna. Acaso, algún oyente, me objetará: "Hazme encontrar un Elías". Te contesto: ¿Por qué vas buscando un Elías? Te presento al Señor de Elías, y no te preocupas en darle de comer; si se presentase Elías, ¿lo hospedarías? Lo ha declarado Cristo, Señor de todo: "Cuanto hicisteis a uno de estos mis hermanos pequeñitos, a mí lo hicisteis" (Mt. 25:40).

Si un rey invitase a uno así a un banquete y dijera a aquellos que están para servir: "Agradecedle mucho de mi parte, él me ha dado de comer y me ha hospedado cuando era pobre; me ha beneficiado tanto, cuando me encontraba en estrecheces". ¿Acaso cada uno no daría todo el dinero de su bolsa a aquel por quien el rey se muestra tan agradecido? ¿Cómo no haría de todo para defenderlo? ¿Cómo no iban a estar dispuestos todos ellos a esforzarse por ganar su amistad?

> Da pan y recoge el paraíso. Da un poco y recibe mucho; da cosas mortales y recibe las inmortales. Lava en la limosna las manos del alma.

Virginidad y compasión

Da el pan en la medida de tu posibilidad. ¿No tienes pan? Da un óbolo. ¿No tienes óbolo? Da un vaso de agua fresca.

3. ¿Habéis comprendido el significado del sermón? Lo que tiene tanto valor para un rey humano, ¿no pensáis que lo tenga también para Cristo en aquel día, en el cual nos convocará delante de los ángeles y todas las potestades? Recuerda las palabras: "Este me ha hospedado en la tierra; me ha ayudado infinidad de veces y me ha recibido como peregrino". Considera también en la completa alegría delante de los ángeles, en el honor que tendrás ante los habitantes del cielo. ¿Cómo podría no gozar una felicidad superior a la de los ángeles quien recibe el testimonio de Cristo?

Gran cosa es la limosna, hermanos. Tengámosla en estima. No hay cosa que la iguale, capaz de cancelar también los pecados de otros; aleja el riesgo del juicio y se constituirá en tu abogada, cuando tú no puedas hablar y debas callar, miles de bocas se abrirán para agradecerte. Así de numerosos son los beneficios de la limosna; ¿cómo no le damos importancia y faltamos gravemente contra ella?

Da el pan en la medida de tu posibilidad. ¿No tienes pan? Da un óbolo. ¿No tienes óbolo? Da un vaso de agua fresca. ¿No tienes esto? ¡Compadécete con el que se encuentra afligido y tendrás la recompensa![17] El premio no es en función de la necesidad, sino de la intención.

Distraídos por este otro argumento, nos hemos alejado del de las vírgenes; volvemos a leer el texto citado: "'Dadnos un poco del aceite de vuestras lámparas', dijeron las necias; y las prudentes: 'No os lo podemos dar, para que no venga a faltarnos a nosotras y a vosotras, más bien id a los vendedores y comprad'. Ahora bien, mientras fueron a comprar aceite, llegó el esposo y aquellas que tenían las lámparas encendidas entraron con él, y se cerraron las puertas del lecho nupcial'" (Mt. 25:10). Vinieron, luego, las cinco necias, y golpearon la puerta de la pieza nupcial, gritando: "Abridnos", pero el esposo hizo escuchar su voz, desde el interior: "Lejos de mí, no os conozco" (Mt. 25:11, 12). He aquí, qué cosa oyeron, después de haberse fatigado tanto: "No os conozco".

---

[17] Cf. "Gozaos con los que se gozan, llorad con los que lloran" (Ro. 12:15).

Piensa en estas palabras a las cuales me refería, diciendo que por nada, inútilmente, habían realizado la gran conquista de la virginidad, pues se les cerraron las puertas después de tanta fatiga, frenando los sentidos. Habían luchado con las potencias del cielo, despreciando las cosas del mundo; habían superado los ardores pasionales, vencieron todo obstáculo, vigilaron el cuerpo, y salieron en vuelo de la tierra al cielo. Cuando ya habían conquistado el privilegio de la virginidad, en competencia con los ángeles; cuando pisotearon los instintos congénitos; cuando olvidaron las inclinaciones naturales y cumplieron con el cuerpo gestas superiores al cuerpo y consiguieron la conquista grande e insuperable de la virginidad, entonces escucharon que se les decía: "Alejaos de mí, no os conozco".

No penséis que para mí es de poca importancia el gran bien de la virginidad. La virginidad es aquel tesoro que ninguno de los antiguos supo custodiar.

No penséis que para mí es de poca importancia el gran bien de la virginidad. La virginidad es aquel tesoro que ninguno de los antiguos supo custodiar, y grande es la gracia por la cual hoy se puede creer fácilmente accesible, una cosa que a los profetas y a los antiguos les infundió miedo.[18] ¿Cuáles fueron para ellos las cosas más gravosas y odiosas? La virginidad con el desprecio de la muerte, que las vírgenes hoy comúnmente ni calculan; de hecho la conquista de la virginidad para los antiguos era difícil, tanto que ninguno llegó a practicarla. El justo Noé, que recibió de Dios testimonio, se unió a una mujer; también los herederos de la promesa, Abraham, Isaac, tuvieron sus mujeres; el casto José, se negó a cometer el grave adulterio, pero se unió también él, a una mujer y encontró pesada la perfección virginal. Sólo después que germinó la flor de la virginidad, ésta echó profundas raíces; pero ninguno de los antiguos, hasta entonces, había llegado a practicarla, porque es verdaderamente difícil este dominio del cuerpo.

Piensa en los rasgos que te diseño sobre la virginidad, para observar cuánta virtud exige. Es una lucha cotidiana, sin tregua, más dura que la que combatimos contra los bárbaros; porque la lucha contra éstos, termina cuando con ellos firmamos tratados; a veces atacan y otras no, tienen sus propias tácticas y tiempos; pero la lucha para la conquista de la virginidad no tiene tregua, porque se

---

[18] El mismo argumento utiliza Tertuliano contra los paganos.

Las mujeres que están sujetas al marido se muestran inhumanas, con la excusa de los hijos y, si se les pide una limosna responden: "No puedo, tengo mis hijos", si bien los hijos Dios te los dio.

combate con el demonio, al cual son extraños las estrategias y los tiempos. No es previsible en sus ataques y tiende siempre emboscadas para herir de muerte a la virgen, apenas la encuentra indefensa; por tanto, la de la virgen es una lucha sin tregua, porque encuentra dentro de sí al enemigo que, al ponerla en sobresalto, la combate siempre.

No se encuentran condicionados con tan terribles miedos los condenados que, llegada la hora, se encuentran frente al magistrado; la virgen, vaya al sitio que vaya, lleva siempre consigo al juez y al enemigo. Éste le hace la guerra sin tregua, ni de tarde ni de noche, ni a la aurora ni al mediodía se detiene. La virgen siempre y en todos los lugares está en lucha contra el placer en asecho; le ofrecen oportunidades de nupcias para destruir la virtud, generar en ella la malicia, quitarle la libertad y esparcir en ella las semillas de la fornicación; y en todo momento, el fuego de la voluptuosidad arde entre las llamas de la seducción. Piensa cuánto esfuerzo se requiere para la virtud. Por último, escucharon decir: "Alejaos de mí, no os conozco".

Veis, sólo es grande la virginidad si está unida, como hermana, a la limosna; sólo entonces no tienen nada que temer aquellas; pero por no haber practicado la limosna junto a la virginidad, por eso, no pudieron entrar; cosa que debe provocarte una gran vergüenza, virgen victoriosa sobre los placeres, pero que no has despreciado las riquezas; retirada del mundo, te has apegado a los bienes, en lugar de estar pegada a la cruz. Si hubieras deseado a un hombre, no te habrías hecho responsable de tanta culpa, porque en tal caso, habrías deseado un ser de tu naturaleza; pero aquí, estás acusada de haber deseado cosas, distintas de un hombre.

Las mujeres que están sujetas al marido se muestran inhumanas, con la excusa de los hijos y, si se les pide una limosna responden: "No puedo, tengo mis hijos", si bien los hijos, frutos de su seno, Dios te los dio no para que seas inhumana, sino para que te muestres benévola con todos; no hagas del amor humano un pretexto para ser inhumana; si quieres conquistar muchos bienes para dejar en herencia a tus hijos, adquiérelos con la limosna para ganar un buen nombre y dejar a todos buena memoria tuya, pero tú, virgen que no tienes hijos y estás crucificada al mundo, ¿por qué acumulas riquezas?

El camino de la oración

4. Nuestro discurso quería centrarse en aquella vía vital del arrepentimiento que es la limosna, pero, hablando de la gran adquisición que nos hace conseguir la limosna, me he dejado absorber por el mar de la virginidad. Queda firme cuanto dije; qué gran vía de arrepentimiento es la limosna, capaz de redimir de las cadenas del pecado.

Pero hay aún otra vía, un camino de arrepentimiento más fácil y que puede liberar igualmente de los pecados; ora cada momento, no te canses de orar y no seas negligente en invocar la benignidad de Dios; si perseveras, Él no se alejará y perdonará todos tus pecados, escuchando tu petición. Después que tu oración haya sido escuchada, sigue en oración para dar gracias; si no ha sido escuchada, continúa insistiendo en oración hasta obtenerlo.

No objetes: "Yo he orado mucho y no soy escuchado". Esto sucede a menudo para tu propio bien; porque quizás si hubieras ya obtenido cuanto necesitabas habrías abandonado la oración, mientras Dios parte de tu necesidad, para darte la ocasión de dialogar más a menudo con Él y perseverar en ella.

Si teniendo tantas necesidades y encontrándote en tan mal momento, eres tan indolente y no perseveras en la oración, ¿qué sucedería si no tuvieras ninguna necesidad? Es para tu beneficio que Él se comporta así; pues no quiere que abandones la oración. Persevera en la oración; no seas negligente, querido, porque la oración es muy poderosa. Y no te pongas a orar como si fueras a cumplir una cosa de poca importancia.

Que la oración perdona los pecados, nos lo enseñan los santos Evangelios. ¿Qué dicen? El reino de los cielos es semejante a un hombre, que cerrada la puerta y yéndose a dormir con sus hijos, tuvo que vérselas con uno que había venido de noche a pedirle pan. Golpeando decía: "Ábreme porque necesito pan"; y aquél: "Ahora no puedo dártelo, porque yo y mis hijos estamos acostados"; como el otro continuaba golpeando la puerta, el dueño de la casa, replicó diciéndole: "No puedo darte lo que pides, porque yo y mis hijos estamos acostados"; pero, porque el otro, no obstante la negativa, insistía en golpear sin retirarse, "aunque no se levante a darle por ser su amigo, cierto por su importunidad se levantará, y le dará todo lo

Ora cada momento, no te canses de orar y no seas negligente. Después que tu oración haya sido escuchada, sigue en oración para dar gracias.

que habrá menester" (Lc. 11:5-8). Esto te enseña a orar siempre, sin cansarte jamás, a perseverar si no recibes, hasta que lo obtengas.

Entre las muchas y diversas vías para la conversión, de las cuales habla la Escritura antes de la venida de Cristo, encuentras también la oración. Jeremías predicó: "¿El que cae, no se levanta? ¿El que se desvía, no torna a camino?" (Jer. 8:4); y a Jerusalén: "Después de que te hayas prostituido, vuélvete a mí" (Jer. 3:7).

Así que nos dio muchos y distintos caminos para eliminar todo pretexto de nuestra pereza, porque si tuviésemos un solo camino podríamos resistirnos a no recorrerlo: "Si has pecado, ven a la iglesia y borra tu culpa". Cuantas veces tropiezas y caes en el camino, tantas te levantas, así en la vida, cuantas veces peques, arrepiéntete del pecado. Aunque caigas por segunda vez, no desesperes, sino arrepiéntete de nuevo, no pierdas por negligencia la esperanza de los bienes prometidos. Aunque estuvieses en la extrema vejez, si pecases, entra y arrepiéntete, pues la iglesia es una casa de salud, no un tribunal. Aquí no se te pide cuenta de los pecados, se te concede la remisión de las culpas. Confesarás sólo a Dios tu pecado: "Contra ti solo he pecado, y cometí el mal contra ti" (Sal. 51:4), y te será remitida la culpa.

El camino del llanto

Tienes otro camino de arrepentimiento no difícil, al contrario, absolutamente más fácil que los otros, al alcance de la mano.

¿Cuál es? El que te enseña los santos Evangelios: llorar los pecados como lo hizo Pedro, que era la cabeza de los apóstoles y el primero en la Iglesia, el amigo de Cristo, que recibió la revelación del Padre y no de los hombres, como testificó el Señor con aquellas palabras: "Bienaventurado eres, Simón, hijo de Jonás; porque no te lo reveló carne ni sangre, mas mi Padre que está en los cielos" (Mt. 16:17). Lo hizo Pedro y cuando digo Pedro, hablo de la roca que no se rompe, del sólido fundamento contra las olas del mar, del gran apóstol que fue el primero entre los discípulos, el primero en ser llamado y el primero en obedecer. Él no había cometido un pecado ligero, sino uno muy grave, haber renegado del Señor; no lo digo acusándolo, sino para darte el justo modelo de arrepentimiento; renegó del mismo Señor del universo, que a todos alcanza su providencia y que para todos es la salvación.

Volvamos la mirada hacia atrás, cuando el Salvador veía retroceder a algunos (Jn, 6:67), traicionándolo, entonces dijo a Pedro: "¿Quizás también tú, quieres irte?", "Pedro contestó: aunque tuviera que morir contigo, no te negaré" (Mt. 26:35). ¿Qué dices Pedro? Es Dios quien te lo predice, ¿y le resistes? Es como si estuviera mostrando su intención, mientras que la debilidad física le traicionaba. ¿Cuándo ocurrió todo esto? La noche, en la cual fue traicionado Cristo. Leemos que entonces, habiéndose acercado al fuego para calentarse, una mujer le vino a decir: "También tú estabas ayer con este hombre".[19] Y él le contestó: "No conozco a este hombre" (Mt. 26:69). Lo repitió por segunda y por tercera vez; y se cumplió cuanto estaba predicho.

Cristo entonces miró a Pedro y con la mirada, no con la boca, para no amonestar y avergonzar a su discípulo delante de los judíos, le hizo escuchar su voz, diciéndole con los ojos: "Pedro, he aquí que se ha cumplido cuanto te decía". Entonces, escuchada esta voz, Pedro comenzó a sollozar, no simplemente a sollozar, sino a llorar amargamente; del llanto de sus ojos hizo como un segundo bautismo. Llorando así amargamente logró cancelar su culpa Y sólo después de aquel llanto, le fueron confiadas las llaves del cielo.

Ahora bien, si Pedro con su llanto, alcanzó a cancelar tanto pecado, ¿no podrás también tú con el llanto borrar tus errores? Si, en efecto, no fue ligera, sino grave y difícil de lavar la culpa de Pedro, al negar al propio Señor, y sin embargo su llanto la canceló, también tú llora por tu pecado, pero no simplemente de manera externo, sino vertiendo lágrimas amargas, como Pedro, haciendo brotar desde lo profundo las fuentes mismas del llanto. Dios es clemente, y ha dicho: "¿Quiero yo la muerte del impío? dice el Señor Jehová. ¿No vivirá, si se apartare de sus caminos?" (Ez. 18:23).

Si Pedro con su llanto, alcanzó a cancelar tanto pecado, ¿no podrás también tú con el llanto borrar tus errores?

---

[19] Crisóstomo difiere de la lectura textual: "tú estabas con Jesús el Galileo", quizá para enfatizar la volubilidad humana, ayer firme, hoy débil.

Dale una pequeña oportunidad y saldrá en tu defensa de la mejor manera posible, porque ésta es la parte que Él realiza, cuando nosotros hacemos la nuestra. Si nosotros colaboramos, también Él nos dará cuanto depende de su parte.

Quiere sólo un poco de esfuerzo de tu parte y te recompensará largamente. Busca de ti que le des ocasión para poderte conceder el tesoro de la salvación. Ofrécele tus lágrimas y te dará su perdón. Muestra tu arrepentimiento y te concederá la remisión de pecados. Dale una pequeña oportunidad y saldrá en tu defensa de la mejor manera posible, porque ésta es la parte que Él realiza, cuando nosotros hacemos la nuestra. Si nosotros colaboramos, también Él nos dará cuanto depende de su parte.

De lo que nos ofrece ya tenemos pruebas: ha creado el sol, la luna y el variado coro de estrellas; ha creado el flujo del aire, la superficie de la tierra, con los mares que la circundan, con los montes, valles, colinas, fuentes, lagos y ríos e innumerables especies de plantas, jardines y todo el resto. Pero debes prestar una pequeña colaboración, para que te sean proporcionadas también las cosas del cielo.

No seamos descuidados y no perdamos de vista nuestra salvación, mientras tenemos a nuestra disposición el infinito mar de la misericordia del Señor del universo, dispuesto a cambiar su actitud con referencia a nuestras culpas. La meta propuesta es el reino de los cielos, el paraíso con aquellos bienes, "cosas que ojo no vio, ni oreja oyó, ni han subido en corazón de hombre, son las que Dios ha preparado para aquellos que le aman" (1ª Co. 2:9). ¿No sacrificamos todo para contribuir a no perderlo?

¿No sabes lo que ha dicho Pablo? Había trabajado tanto, levantando infinidad de victorias sobre el diablo, y con el cuerpo había volado por el mundo, recorriendo la tierra y el mar, pasando sobre el aire como poseyendo alas; fue lapidado y estuvo a punto de muerte, fue golpeado y todo por el nombre de Dios. Fue llamado desde lo alto por una voz del cielo; observa cómo habla, con qué tono se expresa. Dice: "Pero por la gracia de Dios soy lo que soy; y su gracia no ha sido en vano para conmigo; antes he trabajado más que todos ellos; pero no yo, sino la gracia de Dios que fue conmigo" (1ª Co. 15:10). Quiere decir: "Conozco y reconozco como muy abundante la gracia que Dios me ha dado; pero ella no me ha encontrado inactivo y todos conocen mi colaboración".

Por tanto, así como él eduquemos nosotros también nuestras manos para la limosna; demos también nosotros lo que nos corresponde; lloremos nuestros pecados; gimamos por nuestras iniquidades; demostremos de qué manera queremos corresponder a los grandes dones futuros que superan nuestra esperanza: el paraíso y el reino de los cielos. De los cuales nos sea dado a todos nosotros, participar por la gracia y benignidad de nuestro Señor Jesucristo, al cual sean con el Padre y con el Espíritu Santo la gloria, la potencia y el honor, ahora y siempre y en los siglos de los siglos. Amén.

Lloremos nuestros pecados; gimamos por nuestras iniquidades; demostremos de qué manera queremos corresponder a los grandes dones futuros.

Homilía IV

El consuelo de las Escrituras

La lectura de las Sagradas Escrituras recrea y restaura las almas afligidas y desoladas, alivia la dureza y las angustias de las tribulaciones.

1. Los pastores llevan siempre las ovejas hacia donde ven el pasto más abundante, y no cambian de lugar, si antes el rebaño no ha terminado de comerlo todo. También nosotros, imitando su ejemplo, queremos seguir en esta cuarta ocasión, dar alimento vital a este rebaño: el pasto del arrepentimiento, que además hoy no lo podremos agotar, pues lo contemplamos tan rico, tan abundante en consuelo y, al mismo tiempo, de gran provecho.

No sirve de alimento a los rebaños el follaje de los árboles que al mediodía hacen de techo para las ovejas, procurándoles la suspirada y útil sombra para el dulce sueño. Del mismo modo, la lectura de las Sagradas Escrituras recrea y restaura las almas afligidas y desoladas, alivia la dureza y las angustias de las tribulaciones, ofreciendo un consuelo más dulce y jovial que cualquier sombra. Tanto consuelo nos lo proporciona no sólo en los desastres financieros o en la pérdida de hijos y otras calamidades del mismo género, sino también, cuando estuviéramos postrados por el pecado.

Cuando el hombre cae bajo la esclavitud del pecado, luego recuerda la falta cometida y siente remordimiento de conciencia, y se consume en el fuego, sofocado por profundo abatimiento, sin aceptar los consuelos de tantos que quisieran consolarlo.

Si entra en la iglesia y escucha que muchos de entre los santos cayeron y se levantaron, volviendo de nuevo a la dignidad precedente, entonces, aun sin darse cuenta, levantaría el ánimo y saldría animado. No obstante, muy a menudo, por respeto humano, nos dejamos vencer por la vergüenza y por el pudor y evitamos confesar nuestro pecado, o si lo revelamos, no sacamos los frutos debidos.

La angustia satánica solamente desaparece cuando Dios nos consuela, tocándonos el corazón. Por esto nos ha descrito en la Biblia pecados de los santos, para que todos saquemos sumo provecho, tanto pecadores como justos. Esto es para que, si están abatidos hasta la desesperación, se levanten viendo a los otros caídos, capaces todavía de resurgir; quien obra la justicia se hace más diligente y más firme, si ve caídos a muchos mejores que él. Actúa más cautamente por temor a caer, se hace más combatiente y más firme en defenderse en toda circunstancia. De esta manera, quien practica la virtud persevera y el pecador se ve libre de la desesperación; uno será más firme y otro se levantará fácilmente de la caída.

En efecto, si un hombre nos conforta en la aflicción, el consuelo será temporal y caeremos nuevamente muy pronto en el desconsuelo de antes; pero si es Dios el que nos exhorta con el ejemplo de aquellos que, después del pecado, se han convertido y salvado, entonces se evidencia su bondad y reconocemos la seguridad de la consolación que nos manifiesta y nos provee. No podemos dudar de nuestra salvación.

Por lo tanto, para todos los desconsolados, conscientes del peligro que corren por el pecado, las historias antiguas de la Escritura ofrecen un oportuno remedio, basta que se quiera. Además dirigiendo la mirada a los justos que sufren pacientemente, aunque nos amenazaran con la confiscación de todos los bienes, calumnias, cárceles, azotes u otros maltratos de cualquier género, fácilmente nos levantaremos por encima de nosotros mismos.

A diferencia de las enfermedades del cuerpo, en las cuales ver los sufrimientos ajenos aumentan nuestro propio mal y a menudo nos hacen contraer el mal que no teníamos, como sucede con quien observa a los que están enfermos de la vista, contrae la enfermedad sólo con mirarles; para el alma, en cambio, sucede lo contrario, porque meditando sobre los que han padecido semejantes males, sentimos más ligero el dolor por los nuestros.

Por eso Pablo consoló a sus fieles, recurriendo a los ejemplos de los santos, tanto vivos como muertos. Hablando a los Hebreos que estaban por caer en la trampa del diablo, recurrió a los ejemplos de los hombres santos, como Daniel, los tres jóvenes, Elías y Eliseo, "que cerraron las fauces de los leones, apagaron la violencia del fuego, se salvaron del filo de la espada, fueron lapidados, probaron desprecios y flagelaciones, cadenas y prisión; caminaron cubiertos de vellones de ovejas y de cabras, necesitados, atribulados, maltratados, de los cuales el mundo no era digno" (He. 11:34-37).

Encontrar amigos en la aflicción es un gran consuelo para quien sufre; mientras que encontrarse solo en el su-

Para todos los desconsolados, conscientes del peligro que corren por el pecado, las historias antiguas de la Escritura ofrecen un oportuno remedio, basta que se quiera.

> El alma piadosa, que tiene a Dios delante de los ojos, no pierde la memoria de las pruebas de las que fue liberado.

frimiento es algo espantoso, un mal insoportable. Así que encontrar a otros caídos en los mismos males, hace más tolerables los golpes fatales.

El propósito de las pruebas

2. Para no abatirnos cuando tantos males parecen aplastarnos, recurramos inmediatamente a las historias de la Escritura. De ella sacaremos, pues, motivo para aumentar la paciencia; seremos confortados, sintiéndonos en comunión con quienes han sufrido como nosotros, y aprenderemos la manera de liberarnos de las preocupaciones en las que hemos caído. Después de la remisión de las culpas, volveremos a comportarnos como antes, sin caer en negligencia, ni arrebatados por la soberbia.

Cuando las cosas nos van mal, naturalmente nos hacemos pequeños y humildes, demostrando una gran piedad; éste es el fin propio de las pruebas, obligar a rendirse a quienes tienen un corazón de piedra, haciéndoles sentir su dureza.

El alma piadosa, que tiene a Dios delante de los ojos, no pierde la memoria de las pruebas de las que fue liberado, como hicieron, a menudo, los judíos a quienes el profeta, con burla alude diciendo: "Si los mataba, entonces buscaban a Dios; entonces se volvían solícitos en busca suya" (Sal. 78:34). También Moisés, convencido de lo mismo, tuvo a menudo que exhortarlos así: "Cuando hayas comido y bebido y te hayas saciado, cuídate de no olvidar al Señor Dios tuyo" (Dt. 6:11-12). Esto había sucedido, porque tuvo que decir: "Jacob ha comido y se ha saciado y engordado; y dejó al Dios que le hizo, y menospreció la Roca de su salud" (Dt. 32:15).

Para los santos, en cambio, no hay que maravillarse si fueron píos y filósofos en los tiempos más agudos de las tribulaciones y permanecieron sobrios y diligentes como antes, incluso superadas las tempestades con una gran serenidad.

Miramos maravillados a un caballo cuando marcha a un ritmo regular sin necesidad de frenos; en cambio, si mantiene tal ritmo a perfección, porque está sujeto por las riendas y los frenos, no lo admiramos tanto, pues esto último no depende de la nobleza del animal, sino que es debido a la necesidad de calcular la armonía del paso con el freno. Lo mismo se puede decir del alma. No causa ninguna maravilla si se mantiene firme cuando obra por temor; en cambio, demuestra su filosofía[20] y buena disposición, si el alma permanece constante, cuando ya se hayan alejado las pruebas y cesado el temor.

Al denunciar a los judíos, temo haber comprometido nuestra forma de vida, porque también nuestra iglesia, se ha colmado con numerosos grupos, aun cuando fuimos probados por el hambre, la peste, el granizo o la sequía, incendios o asaltos de enemigos. Cuánta filosofía, cuánto desprecio de las cosas del mundo entre nosotros; no existían dificultades, ni avidez de riquezas, ni ansias de gloria, ni impulso a amores lascivos, ni malos pensamientos de otro género; estabais todos dedicados a la religión, entre oraciones y gemidos; el fornicador, hecho casto; el pendenciero, vuelto a reconciliar; el avaro, inclinado a la limosna; el colérico e insolente, convertido a la moderación y a la humildad.

> Alejada la ira de Dios, superada la tempestad y después de tanta tormenta cuando llegó la bonanza, habéis vuelto a las disposiciones anteriores.

Pero, alejada la ira de Dios, superada la tempestad y después de tanta tormenta cuando llegó la bonanza, habéis vuelto a las disposiciones anteriores; por mi parte, en el tiempo de la prueba, siempre os advertía explícitamente sobre lo que luego acaecería, sin ningún tipo de provecho. Habéis arrojado de vuestra alma todo propósito como sueño o sombra. Por eso, ahora más que antes, temo cuanto os decía entonces. Temo más que antes, que nos merezcamos de Dios pruebas aún más graves, para el presente, y el castigo sin salvación, en aquel momento.

Pues cuando alguien que no cesa de caer en el pecado recibe el perdón de Dios y no saca provecho alguno para liberarse de la maldad, en adelante Dios provee y, aunque no quiera arrojarlo en el abismo del mal y arruinarlo para siempre, termina por tratarle de manera tal que no tenga más tiempo para arrepentirse, como sucedió con el Faraón. Había experimentado la benignidad de Dios en la primera, segunda, tercera, cuarta plaga, y demás plagas, pero porque no sacó provecho de ello, fue por último arruinado y eliminado junto con su pueblo.

Lo mismo les pasó también a los judíos, por lo cual, Cristo tuvo que decir, antes de exterminarlos e irremedia-

---

[20] Téngase en cuenta lo que dijimos sobre la filosofía entendida como sabiduría práctico-espiritual.

Si el hombre no mantiene buenas relaciones con Dios, aunque nadare entre las riquezas, gozando de hijos y de innumerables bienes de fortuna, será atormentado por muchas angustias y desvelos.

blemente dispersarlos: "¡Cuántas veces quise juntar tus hijos, como la gallina sus pollos debajo de sus alas, y no quisiste! He aquí, os es dejada vuestra casa desierta" (Lc. 13:34). Pero temo que esto nos suceda igualmente a nosotros que, no dejándonos enseñar por otros y por nuestros propios errores, corremos el riesgo de caminar hacia idéntica ruina.

No lo digo sólo a vosotros, ahora aquí presentes, sino también, a cuantos alejados de la cotidiana diligencia, se han olvidado de las precedentes tribulaciones; por los cuales no he dejado de predicar que el recuerdo de las pruebas, se grabe en nuestras almas aun después que hayan pasado, porque recordando siempre la misericordia de Dios, tendemos sin interrupción a agradecerle.

Juicio y pureza

3. Lo decía entonces, lo repito ahora, y por medio vuestro lo digo a todos. Imitemos a los santos que no se dejaron doblegar por las tribulaciones, ni al venir a menos en sus bienes, relajaron su propia vida, como acaece hoy a muchos de entre nosotros, hombres que naufragan como frágiles embarcaciones entre el oleaje de la tempestad. En efecto, cuando fuimos pobres, muy a menudo nos sobrevenía la inundación y el hundimiento; después, cuando nos hicimos ricos nos envolvió por todas partes la soberbia y la avaricia.

Os exhorto, por tanto, a que dejando todo a un lado, ordenemos todos nuestras almas y busquemos la armonización de nuestros sentimientos, con el ideal de la salvación, ya que observando los mandamientos del Señor, esperando en Él y comportándonos correctamente, nuestra alma halla soportable y aun ligero todo lo que le sucede: hambre, enfermedad, calumnia o desastre financiero.

Si el hombre, en cambio, no mantiene buenas relaciones con Dios, aunque nadare entre las riquezas, gozando de hijos y de innumerables bienes de fortuna, será atormentado por muchas angustias y desvelos. Por tanto, no hay que afanarse en la búsqueda de riquezas ni ha de huirse de la pobreza, sino preocuparse sobre todo de la propia alma, cuidando los intereses de la vida presente, sin descuidar lo que llevaremos al despedirnos de esta vida a la otra.

Todavía un poco y sonará la hora del juicio para nosotros, cuando todos compareceremos ante el tremendo tribunal de Cristo, revestidos con nuestras acciones.[21] Entonces podremos ver con nuestros ojos las lágrimas que dejamos derramar a los huérfanos, las torpes acciones que mancharon nuestras almas, los gemidos de las viudas, los malos tratos dados a los pobres, las extorsiones en perjuicio de los desafortunados, estas y tantas otras cosas del mismo género; inclusive lo más pequeño que hayamos cometido sólo con el pensamiento, porque Él es el juez de los sentimientos, que examinará también los pensamientos (He. 4:12)[22] que penetrará en mentes y corazones (Sal. 7:9)[23] y juzgará a cada uno, según sus obras (Mt. 16:27).

Este discurso, no se refiere solamente a quien vive la vocación en el mundo, sino también al monje que ha plantado su tienda sobre los montes; él, no sólo debe custodiar su cuerpo de toda mancha de fornicación, sino también el alma de todo tipo de ambición satánica.

El apóstol Pablo, dirigiéndose no sólo a las mujeres, sino hablando también a los hombres y a todo el pueblo creyente, la Iglesia, dice que el alma virginal debe ser "santa en el cuerpo y en espíritu" (1ª Co. 7:34), y de nuevo: "Presentaros como una virgen pura a Cristo" (2ª Co. 11:2). ¿En qué sentido pura? "Sin mancha y sin arruga" (Ef. 5:27).

También las vírgenes, con las lámparas apagadas, tenían la virginidad del cuerpo, pero no la santidad del corazón. Y también las no corrompidas por el hombre, pero viciadas por el amor al dinero, tienen el cuerpo intacto pero el alma llena de adulterio y de innumerables pensamientos pervertidos: amor a las riquezas y dureza de corazón, ira y envidia, pereza y olvido, arrogancia y todo lo que perjudica a la respetabilidad de su virginidad; de la santidad virginal. Por eso dice Pablo: "La doncella tiene

> Todos compareceremos ante el tremendo tribunal de Cristo. Entonces podremos ver con nuestros ojos las lágrimas que dejamos derramar a los huérfanos, las torpes acciones que mancharon nuestras almas.

---

[21] Cf. Romanos 14:10: "Todos hemos de estar ante el tribunal de Cristo." 2ª Corintios 5:10: "Porque es menester que todos nosotros parezcamos ante el tribunal de Cristo, para que cada uno reciba según lo que hubiere hecho por medio del cuerpo, ora sea bueno o malo".

[22] "Porque la palabra de Dios es viva y eficaz, y más penetrante que toda espada de dos filos; y que alcanza hasta partir el alma, y aun el espíritu, y las coyunturas y tuétanos, y discierne los pensamientos y las intenciones del corazón" (He. 4:12).

[23] "El Dios justo prueba los corazones y los riñones" (RV).

cuidado de las cosas del Señor, para ser santa así en el cuerpo como en el espíritu" (1ª Co. 7:34), y de nuevo: "Presentaos cual virgen pura a Cristo" (2ª Co. 11:2).

Como los cuerpos se contaminan por los adulterios, así también las almas se manchan por obra del diablo con pensamientos torpes, doctrinas corruptas y sentimientos perversos. Quien dice: "Soy virgen en el cuerpo", pero en su alma anida la envidia a su hermano, no puede absolutamente ser virgen, pues, corrompe la virginidad, la mezcla con el rencor o la vanagloria. No es virgen quien haya contaminado su alma con la fascinación de la pervertida pasión, que penetrando en ella le arrebate la virginidad. **Quien odia a su hermano no es virgen, sino homicida; para concluir, cada uno de nosotros pierde la virginidad cuando se abandona a la codicia que lo domina,** obrando lo que Pablo llama la malvada mezcla, cuando manda ser vírgenes, no acogiendo deliberadamente en nuestra alma ningún pensamiento ajeno.

Acudir a Dios directamente

4. ¿Qué más agregaré? ¿Cómo podemos conseguir la misericordia? ¿Cómo salvarnos? Os lo digo enseguida: con el recogimiento del alma en oración constante, en humildad y mansedumbre, frutos de la oración. Como dice el Señor: «Aprended de mí, que soy manso y humilde de corazón, y encontraréis descanso para vuestras almas» (Mt. 11:29). David había dicho: "Los sacrificios de Dios son el espíritu quebrantado: Al corazón contrito y humillado no despreciarás tú, oh Dios" (Sal. 51:17); porque nada hay más grato y agradable a Dios que un alma humilde, mansa y agradecida.

Entonces, también tú, hermano, cuando te veas asaltado por alguna desagradable sorpresa, no te refugies en los hombres; no recurras a quien sólo te da una ayuda mortal; olvídate de todo y pasa adelante para dirigirte con el pensamiento al médico de almas. Puede curar nuestros corazones, aquel que los ha plasmado separadamente y comprende todas nuestras acciones. Aquel que penetra en la conciencia, tocar nuestra mente y consolar nuestra alma. Si no es Él quien consuela nuestro corazón, será vano e inútil lo que puedan hacer los hombres; si Él nos llama y nos conforta, no podrán contra nosotros ni el eventual asalto de una horda hostil, ya que nuestro corazón, unido a Él, no podrá ser sacudido por nada.

Conscientes de esto, refugiémonos siempre en Dios que quiere y puede liberarnos de la adversidad. Cuando tenemos que pedir algo a un hombre, primero es necesario acercarse a los porteros, rogar a los parásitos y aduladores y recorrer un largo camino; en cambio, con Dios no tenemos ninguna necesidad de todas estas cosas. Él es accesible en todos los casos y escucha la oración sin intermediarios, sin bienes de fortuna y sin gastos de dinero. Basta, solamente, que lo invoques de corazón y le ofrezcas las lágrimas que derramas y fácilmente tendrás acceso a Él para descubrirle de tu parte.

Al suplicar a un hombre, muchas veces tememos que algún enemigo nuestro, ligado a él por la amistad, se introduzca y escuche nuestras cosas, o que otro divulgue lo que decimos y eche a perder lo acordado. Con Dios no hay por qué temer nada de esto. Él dice: "Cuando quieras invocarme, ven hacia mí, tú solo, sin nadie más, e invócame con el corazón, sin mover los labios". He aquí cómo se expresa precisamente: "Mas tú, cuando ores, éntrate en tu cámara, y cerrada tu puerta, ora a tu Padre que está en secreto; y tu Padre que ve en secreto, te recompensará en público" (Mt. 6:6).

¡Mira qué extraordinario honor! Que nadie vea cuando tú oras, pero que la tierra sea testigo del favor con que te honró. Obedezcámosle entonces, y no oremos en público para ostentación, ni delante de los enemigos. No pretendamos, además, enseñar a Dios el modo cómo Él debe venir a nuestro encuentro y ayuda; si pues, manifestando nuestros casos a los abogados y defensores en los tribunales profanos, confiamos únicamente en ellos para que actúen en nuestra defensa, al buscar nuestros intereses como lo creen mejor, mayor razón tenemos para actuar así con Dios. ¿Le has manifestado tu causa, le has dicho cuánto te ha sucedido? Evita querer indicarle cómo quieres que te ayude; lo que te conviene, Él lo sabe con precisión.

Por último, hay muchos que cuando oran enumeran una sucesión interminable de pedidos: "Señor, concédeme la salud del cuerpo; dame el doble de lo que tengo, véngame del enemigo". ¡Peticiones absurdas! Puestos a un lado todos los pedidos de tal género tú suplica e implora como el publicano: "Oh Dios, ten misericordia de mí,

> **Cuidad hermanos, de no indignaros y desanimaros cuando alguien os injurie. Como filósofos, en cambio, demos gracias y esperemos la ayuda del Señor.**

pecador" (Lc. 18:13). Además, Él sabe muy bien cómo ayudarte; pues está escrito: "Buscad primero el reino de Dios y su justicia, y todas estas cosas se os darán por añadidura" (Mt. 6:33).

He aquí, pues, mis queridos, la filosofía que debemos practicar con empeño y humildad; golpeándonos el pecho, obtendremos cuanto hayamos pedido, rogando en cambio, llenos de orgullo e ira, seremos objeto de abominación y de desprecio delante de Dios. Destruyamos, entonces, nuestro yo y humillémonos en lo íntimo del alma. Roguemos por nosotros y por quienes nos hacen sufrir; en efecto, si quieres ganarte al juez, convirtiéndolo en un defensor de tu vida y llevándolo a tu favor, que cada encuentro con él, no termine en un desencuentro con quien te ha hecho sufrir. Tal es el estilo de este juez: escucha y acepta sobre todo las oraciones de quien ora por los enemigos y olvida las ofensas recibidas. Por tanto, obtendrá la ayuda de Dios contra ellos, si no se convierten para penitencia.

Razón de las aflicciones

5. Cuidad hermanos, de no indignaros y desanimaros cuando alguien os injurie. Como filósofos, en cambio, demos gracias y esperemos la ayuda del Señor. ¿Quizás Dios no habría podido concedernos lo que es bueno para nosotros, antes que se lo pidamos o darnos una vida libre de aflicciones, exenta de todas las tribulaciones?

Pero lo uno y lo otro son signos de gran amor. ¿Por qué permite que seamos atribulados y no nos libera en seguida? ¿Por qué motivo? Propiamente, para que estemos siempre cerca, para implorar su ayuda, para que nos refugiemos en Él, y le llamemos continuamente en nuestro auxilio.

Los dolores físicos, la carestía de los frutos de la tierra y el hambre, no tienen otro propósito que hacernos estar siempre dependientes de Él, y de este modo, mediante las tribulaciones temporales, nos haga herederos de la vida eterna.

También por esto debemos dar gracias a Dios, que por tantos caminos es médico y salvador de nuestras almas. Si acaso alguna vez los hombres nos hacen un beneficio sin nosotros quererlo y luego el beneficio nos es reprochado, maldecimos el momento en el que fuimos beneficiados; Dios en cambio, con aquellos que desprecian sus beneficios y lo insultan, no sólo no obra así, sino que casi se justifica, hasta el punto de rendir cuentas de su actuación a quienes le ofenden. A nosotros se dirige diciéndonos: "Pueblo mío, ¿qué te he hecho, o en qué te he molestado?" (Mi. 6:3). No dejó de llamar pueblo suyo a quienes lo renegaron como Dios y rechazaron su señorío; Él no renegó de ellos y les trató como a sus familiares, atrayéndolos a sí, diciendo: "Pueblo mío, ¿qué mal te he hecho? ¿Quizás he sido un peso grave y molesto para ti?" (Mi. 6:3, 4).[24]

> Con aquellos que desprecian sus beneficios y lo insultan, Dios no sólo no se lo echa en cara, sino que casi se justifica, hasta el punto de rendir cuentas de su actuación a quienes le ofenden.

Pero tú no puedes decir esto. Y aunque así fuera, no deberías reaccionar de tal manera, porque "¿Qué hijo es aquel a quien el padre no castiga?" (He. 12:7). De todos modos, vosotros no podéis hablar, porque está escrito: "¿Qué injusticia hallaron en mí vuestros padres?» (Jer. 2:5), expresión magnífica y admirable, que es lo mismo que decir: "¿Qué mal he cometido?".[25] Es el Señor que dice a los hombres: «¿Qué mal te he hecho?», cosa que ni los siervos se resignan a decir a sus patrones. No dijo sólo: "¿Qué mal os he hecho?", sino también "a vuestros padres", es decir: "No podéis invocar en mi contra la enemistad heredada de vuestros padres, ya que jamás he actuado de modo que vuestros antepasados se quejaran de mi providencia, no habiéndoles descuidado en lo más mínimo". He aquí por qué no dijo simplemente: "¿Qué injusticia *recibieron* de mí, vuestros padres?", sino: "¿Qué injusticia *encontraron*?", es decir: "Tanto han buscado en los años que fui su rey, y no han podido hallar en mí delito alguno".

Por todos estos motivos, debemos siempre y continuamente refugiarnos en Dios, buscando en Él consolación si estamos desanimados y la liberación si estamos cercados por graves preocupaciones; pidiendo ayuda a Él en cada prueba, porque por terribles y pesados que sean los males en los que nos encontremos, Él puede liberarnos y eximirnos.

---

[24] "Pueblo mío, ¿qué te he hecho, o en qué te he molestado? Responde contra mí. Porque yo te hice subir de la tierra de Egipto, y de la casa de siervos te redimí; y envié delante de ti a Moisés, y a Aarón, y a María" (RV).

[25] Así lo traduce Reina-Valera: "¿Qué *maldad* hallaron en mí vuestros padres?"

Aquí bajo su bondad nos dará plena seguridad, vigor y buen nombre, salud del cuerpo y la filosofía del alma, buenas esperanzas y la posibilidad de no caer fácilmente.

No sólo esto, sino que también, aquí bajo su bondad nos dará plena seguridad, vigor y buen nombre, salud del cuerpo y la filosofía del alma, buenas esperanzas y la posibilidad de no caer fácilmente. Por tanto no murmuremos contra el Señor como siervos ingratos, sino seamos agradecidos en todo momento, juzgando como único mal pecar contra Él.

Si tales llegan a ser nuestras relaciones con Dios, no nos dejaremos llevar por la inquietud de las enfermedades o de la pobreza, del deshonor o de la carestía de los frutos de la tierra, y de ninguna otra actividad para nosotros juzgada dolorosa; recogeremos por todas partes frutos de pura y casta alegría, y conseguiremos los bienes venideros por la gracia y la benignidad de nuestro Señor Jesucristo, al cual sean la gloria junto al Padre y al Espíritu Santo, ahora y siempre por los siglos de los siglos. Amén.

Libro I

La contrición a la luz del Sermón del Monte

Sólo los espirituales anhelan más del Espíritu

1. Bienaventurado Demetrio, al verte insistir continuamente con tan fervorosas oraciones para que yo te escriba sobre la contrición,[26] reconozco que siempre he admirado tu santidad y la verdadera pureza de tu espíritu. Ciertamente no se puede llegar a desear semejante discurso sin antes haberse sometido a la propia purificación y haber superado todas las cosas del mundo. Se puede notar fácilmente en aquellos que, movidos por tales deseos, se van continuamente transformando hasta el punto de dirigirse con facilidad hacia el cielo; porque con el alma, casi libre de las preocupaciones del mundo, como liberada de pesadas cadenas, puede ya volar al lugar propio y connatural a ella.

> No se puede llegar a desear semejante discurso sin antes haberse sometido a la propia purificación y haber superado todas las cosas del mundo.

Cierto es que esto sucede muy raramente en los hombres comunes durante toda su vida, pero en ti, hombre verdaderamente de Dios, sé que estás siempre movido por este fuego de la contrición. Me lo pueden confirmar tus noches sin dormir, las lágrimas que derramas continuamente, el constante y siempre más fuerte deseo de soledad de tu espíritu. ¿Qué ventajas entonces podrás sacar de mis palabras?

Aun así tú piensas estar todavía entre aquellos que caminan por la tierra, si bien has llegado a la cúspide de la contrición, y dices hecha de piedra tu alma, que ya tiene

---

[26] Del latín *contritione*, es un dolor del alma por haber ofendido a Dios, sinónimo de arrepentimiento. Mientras que el arrepentimiento es un sentimiento de pesar general por acciones cometidas indistintamente contra Dios o los hombres, la contrición siempre guarda relación con Dios y es equivalente a *compunción*, sentimiento o dolor de haber pecado. Juan va a utilizar la ocasión de su amigo Demetrio, que le solicita un tratado sobre la contrición, para ofrecerle una visión del camino cristiano en términos de las palabras de Cristo: "Sed, pues, vosotros perfectos, como vuestro Padre que está en los cielos es perfecto" (Mt. 5:48). De este modo, la meditación sobre lo que falta para alcanzar semejante meta, será más que suficiente para dolerse por el pecado, no de no poder alcanzarla, sino de no querer hacerlo por falta de voluntad y sobra de carnalidad.

En las páginas que siguen, pues, no hay una exposición doctrinal de la enseñanza bíblica sobre el arrepentimiento, sino una exposición del coste del discipulado que, sin ser penoso, es sin embargo dejado a un lado. Juan no busca una teoría reconfortante de la contrición, sino un motivo para que ésta se vea como una actitud necesaria en la vida del creyente.

Empezaré con las palabras de Cristo que llama desgraciados a los que ríen y felices a los que lloran.

alas;[27] lo que me dices apretándome, besándome y bañándome con lágrimas la mano: "Rompe mi corazón endurecido".[28] Qué gran diligencia y de qué gran fervor estás dando muestra.

Acepto, pues, tu propuesta como muy sabia y providencial, sólo porque proviene de tu propósito de despertarme del sueño; si además, tú verdaderamente tuvieras necesidad de quien te haga salir de tu estado, no sabría hacerlo de manera distinta de aquella que me has enseñado, porque de mí, no puedes aprender nada. A pesar de todo, cederé todavía y haré cuanto me pides, y me someteré a cada uno de los motivos que aduces, sea para no desilusionar la esperanza que pones en Dios; sea para no negarme a una petición dictada con tanto empeño; sea para no traicionar el amor que me tienes.

Tú, de tu parte, devuélveme el favor con tus oraciones por este servicio, para que yo pueda enmendar mi vida en conformidad con lo que diga y mientras tanto pueda expresarme dignamente, de manera que sea capaz de elevar los espíritus abatidos e incentivar y sacudir las almas decaídas.

El lamento y la enfermedad de este mundo

¿Por dónde podría empezar? ¿Sobre qué fundamento y sobre qué base construiré este discurso?

Seguramente, empezaré con las palabras de Cristo que llama desgraciados a los que ríen y felices a los que lloran; expresándose de este modo: "Bienaventurados los que lloran; porque ellos recibirán consolación. ¡Ay de vosotros, los que ahora reís!, porque lamentaréis y lloraréis" (Mt. 5:4; Lc. 6:25).

---

[27] Cf. "Y les daré un corazón, y espíritu nuevo daré en sus entrañas; y quitaré el corazón de piedra de su carne, y les daré corazón de carne. Y os daré corazón nuevo, y pondré espíritu nuevo dentro de vosotros; y quitaré de vuestra carne el corazón de piedra, y os daré corazón de carne" (Ez. 11:19; 36:26).

[28] Cf. "Cuando hubiere en ti menesteroso de alguno de tus hermanos en alguna de tus ciudades, en tu tierra que Jehová tu Dios te da, no endurecerás tu corazón, ni cerrarás tu mano a tu hermano pobre. No endurezcáis vuestro corazón." (Dt. 15:7; Sal. 95:8; He. 3:8).

En verdad el tiempo presente es una sucesión continua de aflicciones y lágrimas; tal es el cúmulo de calamidades que ya aplasta completamente la tierra, los males que atenazan a todos los hombres. Llevando a cabo un recuento preciso, si tal recuento fuera posible, no se terminaría de llorar y de afligirse; a tal punto todo es desorden y ruina, que no hay un lugar que quede con vestigios de virtud.

Y lo que es más grave todavía, el hecho de que ni nosotros tenemos la sensación de percibir los males que nos aprietan, ni tampoco dejamos a los demás que se den cuenta de ellos; sino que nos dejamos llevar por las apariencias externas como florecidos, y por dentro, estamos consumidos por el fuego de la grave enfermedad. Somos insensibles, como locos que hablan y actúan sin temer las consecuencias de lo que hacen, del peligro y de la vergüenza hacia las cuales van al encuentro; no solamente desvergonzados, sino hasta orgullosos de lo que hacen, teniéndose como más sanos que quienes están con ellos. Así actuamos también nosotros: estando enfermos y sin darnos cuenta de nuestra enfermedad.

Cuando el cuerpo está afligido por algún dolor, ciertamente, nos preocupamos por llamar al médico y gastamos dinero haciendo de todo y no dejando nada, para librarnos completamente del dolor; en cambio no tenemos preocupación alguna por el alma herida y dominada totalmente por las pasiones del cuerpo. ¿Por qué sucede esto? Sucede porque la enfermedad ha hecho presa de todos, y ocurre lo que a los enfermos del cuerpo que no encuentran quienes puedan curarlos; en estas circunstancias, no hay nada que pueda impedir que todos se precipiten en la extrema ruina si no aparece alguien que domine la avidez de sus deseos instintivos.

Así nos sucede, desde el momento que nadie está sano por la pureza de la fe, pues entre todos los enfermos, algunos más graves que otros, no hay nadie en condiciones de auxiliar. Si alguien de fuera viniera a socorrernos, en conformidad con los mandamientos de Cristo, capaz de destruir el mal que domina en nuestra vida, encontraría en nosotros a los peores enemigos de Cristo, tan obstinados estamos en seguir el camino opuesto al de sus preceptos.

Nos dejamos llevar por las apariencias externas como florecidos, y por dentro, estamos consumidos por el fuego de la grave enfermedad.

Pecados contra el hermano

Son palabras de Cristo, que nosotros hemos violado más de cuanto lo hacen los infieles, colmando cada día a los hermanos de innumerables injurias.

2. Para que no se juzguen excesivas mis palabras, trataré ahora de probar, no con cualquier clase de argumento, sino con aquellos que se desprenden de los mismos mandamientos de Cristo. "Oísteis que fue dicho a los antiguos: No matarás; mas cualquiera que matare, será culpado del juicio. Mas yo os digo, que cualquiera que se enojare locamente con su hermano, será culpado del juicio; y cualquiera que dijere a su hermano, raca [estúpido], será culpado del juicio; y cualquiera que dijere, fatuo [loco], será culpado del infierno del fuego" (Mt. 5:21, 22). Son palabras de Cristo, que nosotros hemos violado más de cuanto lo hacen los infieles, colmando cada día a los hermanos de innumerables injurias. Pero todavía es más ridículo que evitamos llamarlos locos, pero no de lanzarles injurias, a menudo más graves, como si la pena fuese perdonada solamente por aquella expresión.

No, no es así; con tal pena entiende condenar a cualquiera que haga injurias. Lo demuestran las palabras de Pablo que dice: "No os engañéis, ni los fornicarios, ni los idólatras, ni los adúlteros, ni los afeminados, ni los que se echan con varones, ni los ladrones, ni los avaros, ni los borrachos, ni los injuriosos, ni los saqueadores, heredarán el reino de Dios" (1ª Co. 6:9, 10).

Si quien llama a su hermano loco merece tan dura condenación, ¿cuánto fuego de la Gehena [Infierno] no merecerá el que le dice malhechor, maldiciente, temerario, vanidoso o tantas otras palabras ofensivas? Decir, pues, loco o estúpido es mucho menos grave que servirse de estas expresiones. Cristo omitió estas palabras, para que tú aprendieras que si por un vocablo más soportable Él manda a quien lo pronuncia a la Gehena, con cuánta mayor razón lo hará con los que usan términos más graves o insoportables.

Si a pesar de esto se quisiera condenar mi discurso como exagerado, en virtud de un tipo de interpretación diferente, según el cual la amenaza sería hecha solamente para inspirar temor, pregunto por qué no excluir también de dicha condenación a los adúlteros, homosexuales, afeminados e idólatras. Es claro que si Dios hubiera amenazado para inspirar sólo temor a aquellos que dicen palabras injuriosas, el mismo principio tendría que valer para todos los enumerados entre los excluidos del Reino.

Pero puede plantearse la objeción: ¿Pondríamos en el mismo nivel a un maldiciente que a un adúltero, afeminado, avaro o idólatra? Dejo para otro momento la cuestión de si Dios indistintamente castiga a todos con la misma pena, mientras examinamos cuánto está escrito sobre ellos, que no entrarán en el Reino.

Relajamiento moral y temor al castigo futuro

Creo a Pablo, más bien a Cristo, que se expresó por medio de él; afirma que ni los unos ni los otros obtendrán la herencia en el reino de Dios. Se han dejado llevar a juzgar este discurso sobre nuestro futuro, como hiperbólico, alcanzable no sólo a éste, sino también a otros puntos. Es un lazo del diablo, que quiere eliminar el temor de la futura condenación de los corazones, compungidos por el amor de Dios, con la sola finalidad de hacerlos más frágiles en la observancia de los mandamientos. Se introdujo, mediante la simulación de la hipérbole, con el propósito de administrar a las almas más negligentes una ilusión engañosa del tiempo presente y que prepara a la condenación en el momento del juicio, cuando ya no haya remedio.

Pero dime, ¿quién se dejará engañar así?, ¿qué beneficio sacará cuando, dándose cuenta del engaño, no pueda hacer nada con la penitencia en el juicio de la resurrección? No nos engañemos más a nosotros mismos para nuestro daño, convenciéndonos con falsos razonamientos.[29] Porque merecemos la condenación más dura, al no creer en los mandamientos de Cristo, además de no observarlos; la incredulidad es fruto de la relajación respecto al cumplimiento de los mandamientos.

Cuando dejamos de forma voluntaria de cumplir y observar lo mandado, llegamos a querer eliminar el pensamiento de las cosas futuras, por lo cual, nuestra conciencia queda agobiada y sofocada; buscando alejar el grave

> Es un lazo del diablo, que quiere eliminar el temor de la futura condenación de los corazones, compungidos por el amor de Dios, con la sola finalidad de hacerlos más frágiles en la observancia de los mandamientos.

---

[29] Cf. "Así ha dicho Jehová: No engañéis vuestras almas. No seamos engañados de Satanás; pues no ignoramos sus maquinaciones. No seáis llevados de acá para allá por doctrinas diversas y extrañas" (Jer. 37:9; 2ª Co. 2:11; He. 13:9).

Fomentamos los pleitos en su ausencia, cosa que supera los límites de toda barbaridad. Si por temor a los hombres, hacemos las cosas más difíciles, al no querer cumplir por temor de Dios las cosas más fáciles, piensa a qué grave pena y castigo nos exponemos.

temor de las penas establecidas, no hacemos otra cosa que hundirnos en otro abismo mayor: el de no creer en aquellos tormentos.

Sucede entonces con nosotros, lo que sucedería a quien abrasado por una fiebre altísima se echase al agua fría, con el resultado de no obtener un alivio, sino de echar leña al fuego. Así, aguijoneados por la conciencia del pecado que nos remuerde, sentimos, también nosotros, la necesidad de encontrar una salida; y de las aguas que nos ahogan queremos refugiarnos en la hipérbole, pero sólo para continuar pecando sin temor alguno, porque no sólo nos irritamos con nuestros hermanos en su presencia, sino que fomentamos los pleitos en su ausencia, cosa que supera los límites de toda barbaridad. Nosotros, que por temor usamos tanta tolerancia humana con los más grandes y potentes que nos hacen injusticias y violencia, nos comportamos como enemigos con los iguales e inferiores que no nos dan motivo para disgustarnos. Tanto prevalece el temor de los hombres sobre el temor de Cristo.

La importancia de la reconciliación

3. Cobardes y altaneros, damos sin embargo importancia a nuestra salvación. Pero decidme, ¿sobre cuál fundamento? Cristo no nos ha impuesto graves e insoportables cargas,[30] sino sólo de no enojarnos sin motivo con los hermanos (Mt. 5:21, 22), porque es mucho más fácil soportar a quien se enoja sin razón con nosotros. Porque aquí hallas ya amontonada la leña para el fuego; mientras que allí, sin que exista motivo, tú mismo enciendes la llama.

No es lo mismo resistir cuando otro te prende fuego, que quedarse sereno y tranquilo cuando nadie te provoca. Pues aquel que consigue resistir con calma da muestra de la más alta filosofía; mientras que quien se mantiene en su sitio no es digno de particular admiración. Si por temor a los hombres, hacemos las cosas más difíciles, al no querer cumplir por temor de Dios las cosas más fáciles, piensa a qué grave pena y castigo nos exponemos.

---

[30] Cf. "Mi yugo es fácil, y ligera mi carga" (Mt. 11:30); en contraste con los religiosos de la época: "Atan cargas pesadas y difíciles de llevar, y las ponen sobre los hombros de los hombres; mas ni aun con su dedo las quieren mover" (Mt. 23:4).

Por eso, aprecia a tu hermano, no solamente al que es igual en dignidad y libertad, sino también a quien sea siervo; pues afirma el apóstol que "en Cristo Jesús no hay esclavo ni libre" (Gá.3:28). Encolerizándonos, entonces, con los esclavos sin motivo, caemos en la misma pena, pues ellos son nuestros hermanos, elevados a la verdadera dignidad y a un solo Espíritu con nosotros.

¿Quién podría hacer ostentación de una vida libre de maledicencia o de manifestaciones de ira, irracionales y no motivadas? No me objetes que no faltan aquellos que sólo raras veces son vencidos por tal pasión; dime más bien, si hay alguien que no haya sido jamás víctima. Hasta qué no me lo muestres no podrás convencerme de estar libre de la amenaza de tal pasión continuamente en el acecho. El que roba o fornica, aunque sea sólo una vez, comete aquel pecado y no rehúye el castigo por el mero hecho de no haber tenido la osadía de repetirlo más veces, sino que quien lo ha cometido es realmente castigado.

Del consejo que sigue a continuación, ¿quién de los paganos no sería capaz de considerarlo mera fábula cuando ve que lo negamos con tanta prontitud? Aunque Dios haya dicho: "Si ofreces tu ofrenda en el altar y allí recuerdas que tu hermano tiene algo contra ti, deja allí tu ofrenda ante el altar y ve a reconciliarte primero con tu hermano, sólo entonces vuelve para ofrecer tu ofrenda" (Mt. 5:23-24). Nosotros, en cambio, nos acercamos al altar estando en conflicto unos contra otros. Sí, Dios ha tenido muy en cuenta nuestra reconciliación, de tal manera que ha permitido dejar inacabado su sacrificio e interrumpido el ministerio para que se terminen las enemistados y la ira; y nosotros, en cambio, no nos preocupamos, hasta el punto de alimentar el rencor durante muchos días para nuestro perjuicio.

Cristo no sólo condena a los vengativos, sino también a aquellos que aunque no tan maldispuestos se desentienden, sin embargo, de los hermanos ofendidos. Ya que quien es tratado injustamente guarda rencor y quien ofende no advierte con facilidad este sentimiento, Dios quiere de hecho comparar el primero con el segundo, siendo más digno de castigo el que sembró la raíz del pecado.

Nosotros, en cambio, lejos de hacernos educar según tal disciplina, contristamos a los hermanos por poca cosa y luego de haberles contristado, no nos preocupamos por

> **Cristo no sólo condena a los vengativos, sino también a aquellos que aunque no tan mal dispuestos se desentienden, sin embargo, de los hermanos ofendidos.**

Cuando el rencor se adueña de nuestra alma, busca y encuentra fácilmente algún motivo de desencuentro; creemos con preferencia al mal más que al bien.

reparar el mal hecho, como si no lo hubiésemos cometido. Nos olvidamos de ellos sin preocuparnos de que la enemistad se prolongue durante mucho tiempo, no considerando que la pena será tanto más grave cuanto más tiempo dejemos pasar sin reparar la ofensa, razón por la cual la reconciliación nos será siempre más difícil, con el pasar del tiempo.

Como sucede cuando media el vínculo de amistad, que no se da fácilmente valor y crédito a las cosas que dividen, del mismo modo, cuando el rencor se adueña de nuestra alma, busca y encuentra fácilmente algún motivo de desencuentro; creemos con preferencia al mal más que al bien.

Por eso, el Señor ordenó dejar la ofrenda sobre el altar e ir primero a reconciliarse con el hermano; quiere, pues, hacernos comprender que si no podemos absolutamente aplazar la reconciliación en un momento como ése, tanto menos tenemos que aplazarla en otros casos. En cambio, nosotros nos aferramos a las imágenes de la realidad, sin tener en cuenta la verdad que significan, como por ejemplo, cuando intercambiamos el beso en el momento de ofrecer la ofrenda, haciéndolo muy a menudo con los labios y con la boca, mientras el beso que el Señor quiere que demos al prójimo es el que nace del alma, el beso del corazón. Éste es el verdadero beso, aquél en cambio es un gesto de escena teatral, un beso que dado de esta manera, más que aplacar a Dios, lo puede irritar.

Pide de nosotros el amor sincero y profundo, no lo que es un simple signo formal y altanero, que nos señala al apagarse en nosotros toda aquella energía.[31] Esto será más bien la expresión de la iniquidad que nos hace esclavos, como está escrito: "Por haberse multiplicado la maldad, el amor de muchos se enfriará" (Mt. 24:12). Así actuamos como hombres, a los cuales se les ha mandado no encolerizarse y no tener enemigos, o si los tenemos que sea sólo por un día, según lo que está escrito: "No se oculte el sol sobre vuestra ira" (Ef. 4:26).

---

[31] Cf. Romanos 12:9: "El amor sea sin fingimiento; aborreciendo lo malo, llegándonos a lo bueno". 1ª Pedro 1:22: "Habiendo purificado vuestra almas en la obediencia de la verdad, por el Espíritu, en caridad hermanable sin fingimiento, amaos unos a otros entrañablemente de corazón puro".

No nos limitamos solamente a esto, sino que no hacemos otra cosa que maquinar insidias los unos contra los otros, morder y devorar nuestros miembros con palabras y obras, actuando propiamente como locos auténticos.[32] Este es pues el signo más claro y revelador de una innegable posesión diabólica o locura.

¿Cómo, pues, tenemos que comportarnos con el adversario? Según la ley que destierra también las desenfrenadas concupiscencias, las miradas desordenadas, el amor irregular que es la causa de ruinas. El ojo derecho y la mano derecha que debemos suprimir (Mt. 5:29, 30) están para significarnos las personas que nos aman con perjuicio nuestro. ¿No es cierto que, a menudo, por eso se viola y pisotea la ley de no repudiar la propia mujer? (Mt. 5:31, 32).

Pasamos el tiempo siempre en criticar y en hacernos la guerra, en litigar y en riñas; no soportamos la más mínima molestia de los otros.

Sufrir con paciencia

4. Siento vergüenza de recordar las palabras del Señor que prohíben el juramento (Mt. 5:33-37), tanto si se jura continuamente, como si se perjura. Si el jurar, afirmando lo verdadero, es ya pecado y prevaricación de la ley, ¿dentro de qué categoría colocaremos al perjurio? Pues si lo que va más allá del sí, sí, no, no, procede del maligno (Mt. 5:37), entonces, ¿de quién proviene lo que va más allá de tal transgresión?

Está escrito además: "Si alguien te da una bofetada en la mejilla derecha, preséntale también la otra. Al que quiere hacerte un juicio para quitarte la túnica, déjale también el manto; y si te exige que lo acompañes una milla, camina con él dos. Da al que te pide, y no le vuelvas la espalda al que quiere pedirte algo prestado" (Mt. 5:39-42). ¿Qué cosa se puede agregar a estas palabras? No nos queda, por todo eso, más que llorar y cubrirnos de vergüenza desde el momento que el camino seguido deliberadamente por nosotros corre en dirección opuesta. Pasamos el tiempo siempre en criticar y en hacernos la guerra, en litigar y en riñas; no soportamos la más mínima molestia de las acciones o palabras de los otros, al contrario, guerreamos apenas es posible contra aquellos que nos ofenden.

---

[32] Cf. Gálatas 5:15: "Y si os mordéis y os coméis los unos a los otros, mirad que también no os consumáis los unos a los otros".

¿Pero por qué hablar de sufrir? Cristo ha dicho algo mucho más importante. Su palabra ha querido eliminar del corazón del ofendido la ira por la injusticia sufrida.

Quizás objetarás entre otras cosas que algunos por haber sido excesivamente generosos con los pobres (Mt. 6:1-4) han quedado reducidos a la pobreza y no han obtenido más que desprecio y malestar. Responderé, diciéndote ante todo, que tales hombres son poco numerosos; además, que entre número tan limitado, no encontrarás ninguno de los que consideramos filósofos, a saber, que haya abrazado un género de vida más espiritual. Una cosa, es dar libremente y otra es someterse a sufrir una total privación.

¿Pero por qué hablar de sufrir? Cristo ha dicho algo mucho más importante. Su palabra ha querido eliminar del corazón del ofendido la ira por la injusticia sufrida, no sólo hasta el punto de no lamentarse del robo padecido, sino hasta dar gustosamente cuanto le haya quedado, mostrándose deseoso de padecer el mal con más pasión que el que muestran los que locamente nos ultrajan. Porque cuando el ofensor encuentra al ofendido dispuesto a padecer más de cuanto él mismo no quiere y, lo ve aun deseoso de nuevos ultrajes, termina con alejarse vencido y humillado de tan extraordinaria tolerancia, mientras él no ha satisfecho completamente su ira de ofender. Como si fuese un salvaje o, peor todavía, comparando su propia maldad con la virtud de aquél, termina moderándose.

Amor a los enemigos

Pero estoy aún buscando semejante modelo de vida encarnado, y no lo encuentro más que en la Escritura. No puedes decirme que encuentras en otro lugar alguien que insultado sufra con paciencia. Puede ocurrir que alguien aguante por debilidad, pero aun cuando dé pruebas de paciencia con sus semejantes y con quien puede ofenderlo, no llega al extremo de vencer la avidez, o de darle más de cuanto él pretende, o de mostrar su magnanimidad, ofreciéndole voluntariamente más de cuanto pueda arrebatarle por la fuerza.

Lo que ha ordenado Cristo es algo más sublime que alcanza los límites de la perfección, es decir, tratar como amigos y aún más, de verdaderos amigos, a los que nos maltratan, poniendo sus manos sobre nuestros bienes, nuestras personas y demás cosas. Él dijo: "No solamente tienes que dar a quien te roba y se hace rico dañándote, sino también amarlo con gran cordialidad y sinceridad". Sí, verdaderamente, esto quiso decir con estas palabras: "Bendecid a los que os maldicen, y orad por los que os calumnian" (Lc. 6:28); nosotros, normalmente, lo hacemos por aquellos que amamos mucho. Y para que no consideres otra vez estas palabras como si fueran hiperbólicas, o provenientes de una mentira diabólica, las acompañó con oportuna argumentación y justa explicación, concluyendo: "Si amáis a los que os aman, ¿qué gracias tendréis?, porque también los pecadores aman a los que los aman. Y si hiciereis bien a los que os hacen bien, ¿qué gracias tendréis?, porque también los pecadores hacen lo mismo. Y si prestareis a aquellos de quienes esperáis recibir, ¿qué gracias tendréis?, porque también los pecadores prestan a los pecadores, para recibir otro tanto" (Lc. 6:32-34). Ahora, si en esto no nos comportamos diversamente de los publicanos y de los paganos, ¿cómo no afligirnos y llorar como es debido?

> No solamente estamos lejos de amar a los enemigos, sino que llegamos a rechazar y odiar también a aquellos que nos aman.

¡Si nuestra malicia se limitara sólo a esto! No solamente estamos lejos de amar a los enemigos, sino que llegamos a rechazar y odiar también a aquellos que nos aman. Los rechazamos y odiamos al mirarlos con ojos malos, al envidiarlos, al acechar la fama y el buen nombre con cuanto hacemos y decimos, no sólo no distinguiéndonos de los paganos, sino teniendo un comportamiento aún peor que el de ellos. Cristo nos ha ordenado orar por quienes nos calumnian, y, sin embargo, no hacemos más que tramar engaños; hemos recibido la orden de bendecir a quienes nos maldicen, y no hacemos más que cubrirlos de infinidad de maldiciones.

La trampa de la vanagloria

¿Qué cosa puede ser más grave que estar en abierto conflicto con aquel que tales órdenes nos ha dado, resistiéndole y colocándonos en una postura diametralmente opuesta a la que ha ordenado? De hecho, hemos crecido en nuestra vanagloria, en esta tiranía que quiere destruir en lo que sigue del discurso.[33] Hasta tal punto hemos

---

[33] "Mirad que no hagáis vuestra justicia delante de los hombres, para ser vistos de ellos; de otra manera no tendréis merced de vuestro

Son tantos los defectos que corrompen nuestras obras buenas que ¿quién podrá salvarse actuando de forma tan pecaminosa?

llegado que ella domina sobre nosotros, no sólo en las oraciones, ayunos y limosnas, sino también en todos los demás campos, haciéndonos con tal locura más esclavos que aquellos que lo son comprados con dinero.

Esto lo ven todos, y no quiero, entonces, añadir más que la siguiente observación. Algunos se muestran dispuestos a recibir los desprecios más extremos, pero no se preocupan de observar el precepto que conviene; otros, preparados para obedecer, al menos en una pequeña parte, e intentando observar por lo menos algunos mandatos, incurren en la misma pena de los no observantes, por no haber querido deponer las cadenas de la vanagloria.

Hay quien no practica la limosna en absoluto; y hay quien da de lo que posee a los necesitados, haciéndolo por vanagloria, con lo cual no se comporta mejor que el que no da nada. He aquí cómo el maligno puede hacer caer a todos de muchas maneras en la trampa.

Si, por un lado, alguno llegase a evitar este mal, por otro, he aquí cómo se precipita locamente en una caída aún más grave que la evitada, con la cual será castigado por el hecho en sí y también por la malicia añadida. Me consta que muchos socorren a los necesitados no tanto por el valor de la causa en sí, o por el temor de Dios y sus mandamientos, sino por respeto humano y por otro género de motivos.

Son tantos los defectos que corrompen nuestras obras buenas que ¿quién podrá salvarse actuando de forma tan pecaminosa?

Padre que está en los cielos. Cuando pues haces limosna, no hagas tocar trompeta delante de ti, como hacen los hipócritas en las sinagogas y en las plazas, para ser estimados de los hombres; de cierto os digo, que ya tienen su recompensa. Mas cuando tú haces limosna, no sepa tu izquierda lo que hace tu derecha; para que sea tu limosna en secreto, y tu Padre que ve en secreto, él te recompensará en público. Y cuando ores, no seas como los hipócritas; porque ellos aman el orar en las sinagogas, y en los cantones de las calles en pie, para ser vistos de los hombres; de cierto os digo, que ya tienen su pago. Mas tú, cuando ores, éntrate en tu cámara, y cerrada tu puerta, ora a tu Padre que está en secreto; y tu Padre que ve en secreto, te recompensará en público. Y orando, no seáis prolijos, como los gentiles, que piensan que por su parlería serán oídos. No os hagáis, pues, semejantes a ellos; porque vuestro Padre sabe de qué cosas tenéis necesidad, antes que vosotros le pidáis" (Mt. 6:1-8).

Perdón, rencor y misericordia

5. ¿Quién podrá jamás decir con confianza la oración: "Perdónanos nuestras deudas así como nosotros perdonamos a nuestros deudores"? (Mt. 6:12). Aunque no hiciéramos algún mal a nuestros enemigos, conservamos vivas las heridas recibidas. Cristo quiere no sólo que les perdonemos, sino que los tengamos también entre los primeros amigos; por eso ordenó también, orar por ellos (Mt. 5: 43). Por lo tanto si no le haces mal, pero los miras con ojos menos benévolos, conservando en el corazón la herida viva, tú no observas el mandamiento de Cristo.

> El hombre que conserva el rencor hacia el otro hombre, nunca puede atreverse a pedir al Señor su salvación.

¿Cómo podrías pedir que Dios te sea propicio, cuando no te mostraste misericordioso con quien te ha faltado? Dice un sabio, hablando sarcásticamente de semejante modo de actuar: "El hombre que conserva el rencor hacia el otro hombre, nunca puede atreverse a pedir al Señor su salvación. Si no tiene misericordia con el hombre, su semejante ¿cómo se atreve a orar por sus pecados? Si él, que es solamente carne, guarda rencor, ¿quién usará indulgencia con él por los pecados cometidos?" (Eclesiástico 28:3-5).

Sobre lo que sigue quiero ahora callar; la vergüenza y el rubor me impiden proseguir el discurso en este particular, porque continuando tendría siempre más claramente que denunciar la guerra que hacemos contra los mandamientos de Cristo, y la enemistad que tenemos en oposición al mensaje. Pese a todo, ¿qué ventaja hay en callar, cuando los hechos por sí mismos son tan elocuentes en deplorar semejante guerra? Y aquel que nos juzgará, conoce perfectamente bien cada cosa antes que la hagamos.

Riquezas y ansiedad

Pasemos al mandamiento de no atesorar en la tierra, sino en el cielo.[34] Hay quien lo observa por deber, pero son bien pocos. Los otros actúan como si hubiesen entendido lo contrario, es decir como si el mensaje les hubiera reve-

---

[34] "No os hagáis tesoros en la tierra, donde la polilla y el orín corrompen, y donde ladrones minan y hurtan; mas haceos tesoros en el cielo, donde ni polilla ni orín corrompen, y donde ladrones no minan ni hurtan" (Mt. 6:19, 20; Lc. 12:33).

Es difícil encontrar a alguien liberado de tal pecado, nadie lo está mientras viva en el mundo. Sin embargo, sobre tal culpa, pesa una tremenda amenaza.

lado que tenemos que acumular tesoros sobre la tierra, desinteresándonos del cielo y pensando solamente en los bienes de este mundo. Locamente no hacen más que acumular riquezas y dan importancia al dinero aun a costa de odiar a Dios.

Respecto del precepto que dice: "No os preocupéis por el día de mañana" (Mt. 6:34), no hay ni uno solo que lo escuche y lo observe, creo que por nuestra poca fe. A pesar de esto, lleno de vergüenza, lo quiero mencionar rápidamente, porque mientras se tendría que creer a la simple afirmación de Cristo, nadie de nosotros da muestras de creerle cuando son indiscutibles, no sólo sus razonamientos, sino también los ejemplos que nos ha traído, el de los pájaros y el de la hierba (Mt. 6:26-30; Lc. 12:24-28). Por lo tanto, continuamos preocupándonos de tales afanes, al modo de los paganos, quizá también con mayor mezquindad, por los cuales ni siquiera hemos sido invitados a orar.

Me abstendré, entonces, por rubor de hablar de este mandamiento para pasar al siguiente, para ver si es posible reponerme un poco de la vergüenza anterior.

El juzgar a los demás

¿Qué está escrito después de esto? "No juzguéis para no ser juzgados" (Mt. 7:1). Mientras creía encontrar una cierta compensación por aquella vergüenza, en cambio, veo sobrevenir abominaciones no menos graves que las precedentes, transgresiones que, aun si no hubiésemos cometido otras, serían suficientes para arrojarnos en la parte más profunda de la gehena; al mirar las vigas de nuestros ojos, somos severísimos en juzgar, como en los tribunales, las culpas de los otros y pasamos toda nuestra vida, metiéndonos con los hechos de los demás y condenándolos.

Es difícil encontrar a alguien liberado de tal pecado, nadie lo está mientras viva en el mundo, sea monje o eclesiástico. Sin embargo, sobre tal culpa, pesa una tremenda amenaza: "Con el juicio con que juzgáis, seréis juzgados; y con la medida con que medís, os volverán a medir" (Mt. 7:2). Aunque este pecado lleve anexa una sanción tan grave y no nos traiga ningún provecho, todavía todos nos precipitamos en él, casi afanándonos en llegar, no por uno sino por muchos caminos, al fuego de la gehena.

Sí, todos caímos igualmente en pecados que aparentemente cuestan fatiga, o en aquellos que son más fáciles de cometer, realizando indiferentemente los unos y los otros; caímos en las transgresiones más leves, demostrando que evitamos los graves sólo por perezosos y no por el valor dado a los mandamientos. Dime, ¿qué trabajo cuesta no condenar al prójimo por sus faltas y no entrometerse en las cosas de otros? Lo contrario es lo que realmente cuesta, el mezclarse en asuntos ajenos y juzgar al prójimo.

La carga ligera de los mandamientos

¿Quién podrá negarme razón en lo que digo? Unánimemente, todos aceptan que somos inobservantes, más por despreocupación y pereza que por decidida voluntad. Pero si se admite que cuanto se nos ha ordenado hacer es fácil y ligero y cuanto está prohibido es difícil y pesado, cuando de este modo transgredimos los mandamientos y nos empeñamos por lo que está prohibido, ¿no actuamos –como dicen nuestros enemigos– sólo por contraponernos a Dios? Que observar los preceptos de Cristo no sea fatigoso, lo ha dicho expresamente Él mismo: "Llevad mi yugo sobre vosotros, porque mi yugo es fácil, y ligera mi carga" (Mt. 11:29, 30). Pero nosotros, por indiferencia incalificable hacemos aparecer a todos lo que es ligero como si fuese pesado.

Ciertamente para quien sólo quiera estar ocioso y dormir, le parecerá un continuo peso tomar alimento y beber; pero los hombres vigilantes y sobrios no rehúyen las empresas más admirables y difíciles, al contrario se animan a enfrentarlas con más valor que aquellos perezosos y dormidos que realizan las acciones más fáciles. Pues de hecho, ninguna cosa, ni siquiera la más fácil, podría no sernos demasiado pesada y difícil si somos perezosos e inertes. Del mismo modo, ninguna cosa fatigosa y dificultosa podría no sernos demasiado fácil, si tomamos interés y ánimo.

Dime pues, ¿puede haber alguna cosa más desagradable que exponerse cotidianamente al peligro, enfrentando las amenazas de la muerte?[35] Sin embargo, el bienaventu-

---

[35] Cf. 1ª Corintios 15:30, 31: "¿Y por qué nosotros peligramos a toda hora? Sí, por la gloria que en orden a vosotros tengo en Cristo Jesús Señor nuestro, cada día muero".

rado Pablo lo consideró todo insignificante y se refiere a esto como "momentáneo y leve peso de nuestra tribulación, nos obra sobremanera un alto y eterno peso de gloria" (2ª Co. 4:17).

Porque, si la cosa es pesada por naturaleza, se hace ligera por la esperanza de las cosas futuras; esta es la razón por la que el mismo Pablo dijo: "No mirando nosotros a las cosas que se ven, sino a las que no se ven" (2ª Co. 4:18).

Profanación de lo santo

6. Pasemos ahora a considerar lo que Cristo continúa diciendo: "No deis las cosas santas a los perros y no echéis vuestras perlas a los cerdos" (Mt. 7:6). Él lo ha dicho, evidentemente, dándonos una orden, pero nosotros por vanagloria y absurda ambición, hemos interpretado la prescripción tergiversando sus términos; ya que con ligereza, indiscriminadamente y sin previo examen, admitimos a la comunión de nuestros misterios a corruptores e infieles, gente llena de todo vicio. **Les revelamos todos los artículos de la fe, sin que antes hayan dado segura prueba de la propia intención, y acogemos en masa en los sagrados recintos a gente que no tendría que ver ni siquiera el vestíbulo.**

Por este motivo algunos de los que han sido iniciados prematuramente muy pronto se han retirado, dándose a toda clase de maldad.

Este precepto lo transgredimos no solamente respecto a los no cristianos, sino también entre nosotros, cuando teniendo que participar en los misterios inmortales los realizamos muy a menudo en estado de impureza y descaradamente.

Además, no sólo tergiversamos completamente dichos preceptos, como todos pueden ver, sino también aquellos que siguen. Si Cristo ha dicho: "Todas las cosas que quisierais que los hombres hiciesen con vosotros, así también haced vosotros con ellos" (Mt. 7:12), nosotros, en cambio, les hacemos lo que no queremos que ellos nos hagan.

La puerta estrecha y la búsqueda de la tranquilidad

Sometidos al precepto de entrar por la puerta estrecha, buscamos por todos los lados encontrar la ancha;[36] y no sorprendería si solamente las personas mundanas la abrazan y la prefieren; pero más que ellos, la van buscando importantes personalidades que, aparentan estar crucificadas,[37] no dejando jamás de maravillar y parecer más bien un enigma.

Si preguntas a un monje cualquiera –casi todos sin excepción– si viene a prestar algún servicio, esto es lo primero que inmediatamente contestan: Querrán saber si en esto, podrán continuar con su tranquilidad; si quien les pide algo, puede asegurarles la paz; desde el principio al fin, no hablan de otra cosa que de descanso. Pero ¿qué dices buen hombre? ¿Has recibido el precepto de recorrer el camino angosto y pides tranquilidad? ¿Tú, que has recibido el mandamiento de entrar por la puerta estrecha vas buscando la ancha? ¿Podría darse desconcierto peor? Para que no creas que lo digo por manía de condenar, te contaré lo que me ha pasado.

No hace mucho, había decidido abandonar la ciudad y retirarme a las celdas de los monjes; también yo no me ocupaba de otra cosa. Me preocupaba cómo podría proveerme de lo necesario, posiblemente comiendo pan fresco del día; quizás, obligado a usar el mismo aceite para la lamparilla y para la comida; quizás, obligado a comer las miserables verduras y someterme a un duro trabajo, como es el de cavar, llevar leña, acarrear agua o prestar cualquier otro tipo de servicio; en una palabra, me preocupaba mucho de mi tranquilidad, mientras que los que reciben de los príncipes ministerios públicos y administraciones, no se plantean ningún problema de esta naturaleza, sólo les interesa saber si tendrán ganancia temporal.

---

[36] Cf. Mateo 7:13-14; Lucas 13:24: "Entrad por la puerta estrecha; porque ancha es la puerta, y espacioso el camino que lleva a perdición, y muchos son los que entran por ella. Porque estrecha es la puerta, y angosto el camino que lleva a la vida, y pocos son los que la hallan".

[37] "Crucificadas", expresión metafórica para referirse a los monjes, cuyo ideal es identificarse con Cristo en su crucifixión. Cf. Gálatas 2:20: "Con Cristo estoy juntamente crucificado, y ya no vivo yo, mas vive Cristo en mí".

Afirmo que quien está arrebatado por la pasión de las cosas del cielo, no sólo no tiene que buscar la tranquilidad, sino tampoco gustar de ella si la tuviese ya a su disposición.

Éstos, una vez que confían en poder obtenerlo, ya no piensan más en las preocupaciones, peligros y desprecios; en la servidumbre de esclavos; en las prolongadas ausencias de la patria; en la permanencia en tierras extranjeras; en las ofensas; en los suplicios, en los cambios de los tiempos; en las esperanzas frustradas a menudo antes de conseguir el propósito; en las muertes prematuras; en la separación de los familiares; en la soledad de la mujer y los hijos, y en toda otra dificultad; sino que se enloquecen por la avidez de las riquezas y se someten a todo lo que creen que les permita obtenerlas.

Nosotros en cambio, a quienes no se nos ofrece dinero o tierra, sino el cielo y los bienes, "que ojo no vio, ni oído oyó, ni jamás entraron en el corazón del hombre" (1ª Co. 2:9), vamos buscando si tendremos tranquilidad, hasta tal punto que somos más miserables y débiles que ellos.

¿Qué dices, hombre? ¡Debes prepararte para el cielo, recibir el reino de lo alto, y vas preguntando si a lo largo del camino de aquí abajo, en el tiempo de peregrinaje, tendrás alguna incomodidad! ¿No te avergüenzas ni te enrojeces? ¿Cómo es que no te escondes bajo tierra? Aunque soportases todos los males que pasan los hombres, calumnias, violencias, insultos, desprecios, denuncias, espada, fuego, hierro, fieras, estrecheces, hambre, enfermedades y cuantas otras aflicciones desde principio hasta ahora trae consigo la vida, ¿no te reirías de ellas sin darle importancia? Dime, si reflexionaras sobre estas cosas. Entonces, ¿quién es más estúpido, más miserable y más desgraciado que tú?

Afirmo que quien está arrebatado por la pasión de las cosas del cielo, no sólo no tiene que buscar la tranquilidad, sino tampoco gustar de ella si la tuviese ya a su disposición. Sería indecente que, mientras los amantes perversamente inflamados por sus amados, no encuentran gusto en otra cosa y entre tantas y tantas cosas no piensan nada más que en sus encuentros, nosotros, no dominados por amor perverso, sino por el absolutamente supremo, no sólo no fuéramos capaces de despreciar la tranquilidad si la poseyéramos, sino que incluso corriéramos en su busca si nos faltase.

Voluptuosidad y compunción

Hasta hoy, querido, nadie ha tomado como un deber el deseo de las cosas celestes; de lo contrario, juzgaríamos como una sombra y gran irrisión todo cuanto nos aparece tan serio. Quien mira a las cosas presentes, no puede jamás ser digno de ver las futuras; quien, en cambio, tiene por vil las presentes, juzgándolas todas como sombra o sueño, conseguirá grandes bienes espirituales. Cuando el bien toma posesión de él, esto se asemeja al vigor que tiene el fuego entre las espinas; arroja rápidamente del alma todo mal, incitándola con terrible látigo, aun cuando la encuentre afligida por innumerables males y en gran número la tengan maniatada las cuerdas del pecado; aun cuando también la quemen las ardientes llamas de las pasiones, y tenazmente la opriman un inmenso tumulto de preocupaciones mundanas.

Si el amor físico por una mujer, subyuga a tal punto el espíritu que lo distrae de toda otra cosa, ¿qué no podrá hacer el deseo de poseer o el temor de perder a Cristo?

Del mismo modo que el polvo liviano no puede resistir la fuerza de un viento furioso, así tampoco una infinidad de perversas pasiones puede sostener el ímpetu penetrante de la compunción;[38] todo desaparece y se desvanece más rápidamente que el polvo y que el humo. Por otra parte, si el amor físico por una mujer, subyuga a tal punto el espíritu que lo distrae de toda otra cosa y lo esclaviza con la tiranía de la amiga, ¿qué no podrá hacer el deseo de poseer o el temor de perder a Cristo? Del mismo modo que es difícil, es más, absolutamente imposible, mezclar el fuego con el agua, lo mismo creo que lo es mezclar la voluptuosidad con la compunción, cosas contrarias que se destruyen la una con la otra. Porque la compunción es madre del llanto y la temperancia, aquella en cambio, de la risa y de la locura; la primera vuelve al alma ligera y alada, la segunda la hace más pesada que el plomo.

No intentaré demostrarlo con mis palabras, sino con aquellas de una persona totalmente poseída del santo deseo. ¿De quién se trata? Del ardiente enamorado de Cristo, Pablo, que por tal deseo llegó a lamentarse sollozando profundamente porque aún tenía que esperar en esta vida, lejos de la patria: "Porque asimismo los que

---

[38] Del latín *compunctione*, sentimiento de dolor de haber pecado.

Si el amor humano ha hecho muy a menudo a los hombres intrépidos hasta enfrentar la muerte, ¿qué cosa no hará en nosotros el amor a Cristo?

estamos en este tabernáculo, gemimos agravados" (2ª Co. 5:4). Deseaba y anhelaba permanecer aún aquí abajo por causa de Cristo: "porque –agregaba– quedar en la carne es más necesario por causa de vosotros" (Fil. 1:24), para que la fe en Cristo fuese difundida. Por eso soportó el hambre, la sed, la desnudez, las cadenas y la muerte, las peregrinaciones por el mar, los naufragios y todos otros males por él enumerados,[39] no sólo sin abatirse, sino hasta con alegría. La causa era el amor a Cristo. Por tanto dice: "En todas estas cosas hacemos más que vencer por medio de aquel que nos amó" (Ro. 8:37).

Sufrir todo por amor a Cristo

No te maravilles, porque si el amor humano ha hecho muy a menudo a los hombres intrépidos hasta enfrentar la muerte, ¿qué cosa no hará en nosotros el amor a Cristo? ¿Qué dificultad no podrá aliviar? Para Pablo todo era soportable, porque miraba únicamente a su deseado y, por Él estimó mejor –como de hecho es mejor– sufrir todo mal que concederse todo placer y gozo. En realidad no consideraba sustancial el hecho de estar en la tierra o de vivir la vida presente y permanecer con los hombres, sino haber obtenido ya la tranquilidad del cielo, en compañía de los ángeles, en la posesión del Reino y en el gozo de vivir cara a cara con Dios.

Por este motivo él despreciaba tanto los placeres como las penas de la vida presente. No pensaba en la tranquilidad que nosotros buscamos constantemente, sino que decía: "Hasta esta hora hambreamos, y tenemos sed, y estamos desnudos, y somos heridos de golpes, y andamos vagabundos; y trabajamos, obrando con nuestras manos; nos maldicen, y bendecimos; padecemos persecución, y sufrimos; somos blasfemados, y rogamos; hemos venido a ser como la hez del mundo, el desecho de todos hasta ahora" (1ª Co. 4:11-13).

De hecho, una vez que dirigió al cielo los ojos del alma y se enamoró de aquellas hermosuras, no permitió que se volvieran a posar nuevamente sobre la tierra. Por el contrario, hizo como aquel pobre indigente, encerrado todo

---

[39] Cf. Romanos 8:35; 2ª Corintios 11:23-33.

el tiempo entre las paredes de un oscuro y miserable habitáculo. Tan pronto como vio al rey cubierto de los esplendores del oro y de las piedras preciosas, dejó de pensar en su miserable morada para no hacer otra cosa que intentar cambiarla por la del rey. Del mismo modo, aquel bienaventurado Pablo, habiendo visto las cosas del cielo, despreció las miserias de aquí abajo y si bien tuvo que permanecer en el cuerpo entre los hombres, no quiere de ninguna manera volver a mirar las cosas del presente, transportado enteramente a aquella ciudad celeste.

¿Y qué puede decirse de las tribulaciones de esta vida? De tal manera dominaba en él el deseo de Cristo que aunque se hubiese propuesto soportar eternamente aquellas penas por amor de Cristo, no lo habría rechazado. Pues él no servía a Cristo como lo hacemos nosotros, por temor a la gehena, anhelando el reino como asalariados; sino que, arrebatado de mejor y más santa pasión, no sufrió ni obró por ninguna otra cosa que no fuera satisfacer su ardiente anhelo de Cristo.

Este impulso dominaba sus pensamientos con tal fuerza que con gusto habría abandonado lo que es más precioso, a saber, la comunión con aquel Cristo por el que era capaz de despreciar tanto la gehena como el reino de los cielos. Por Cristo habría deseado voluntariamente su propio destierro, acogiendo por Él esa pena indescriptible como algo deseable, o mejor, preferible.

De tal manera dominaba en él el deseo de Cristo que aunque se hubiese propuesto soportar eternamente aquellas penas por amor de Cristo, no lo habría rechazado.

El increíble amor de Pablo por su Señor

8. Quizás parezca incierto a muchos lo que acaba de decirse; pero si se lo explicase, a los que antes ha parecido difícil, después les resultaría increíble. No hay que maravillarse desde el momento que hasta el santo sospechaba de no ser creído, por eso dijo: "Verdad digo en Cristo, no miento, dándome testimonio mi conciencia en el Espíritu Santo" (Ro. 9:1). A pesar de que añadiera estas palabras y que apelara para confirmarlo al testimonio de su conciencia, Pablo todavía hoy no es creído.

¿Qué es lo quiere decir? Ante todo habló de las miserias de este mundo, diciendo: "¿Quién nos apartará del amor de Cristo? ¿Tribulación, angustia; persecución o hambre o desnudez; peligro o espada?" (Ro. 8:35). Luego,

Habló así no porque los ángeles, de hecho, tuvieran la intención de separarlo de Cristo, sino que recurrió a estas palabras, sólo para poder expresar y dar la clara sensación a todos del gran amor que lo poseía.

después de haber pasado lista a todas las miserias de la tierra, se elevó a las cosas del cielo, para decir que no es nada importante despreciar todos estos sufrimientos terrenales por Cristo. Por último agregó: "Ni los ángeles, ni principados, ni virtudes, ni presente, ni futuro, ni altura, ni profundidad, ni ninguna otra criatura podrá jamás separarnos del amor de Dios en Cristo Jesús, Señor nuestro" (Ro. 8:38, 39).

He aquí, lo que él quiere decir: "De este amor no me podrán separar; no sólo no me podrán separar los hombres, sino tampoco los ángeles; no tendrían tal fuerza las potestades de los cielos, puestas todos juntas; y ¿qué digo?, no temería tampoco por Cristo, tener que precipitarme del reino y caer en la gehena. Altura y profundidad, vida y muerte no tienen otro significado".

Habló así no porque los ángeles, de hecho, tuvieran la intención de separarlo de Cristo, sino que recurrió a estas palabras, que jamás sucederían, sólo para poder expresar y dar la clara sensación a todos del gran amor que lo poseía.

Ocurre a los enamorados no poder tener oculto en silencio el amor y manifestar su llama a todos sus allegados, para dar tregua al ardor del deseo que quema sus almas con hablar continuamente. Tal fue el comportamiento del santo cuando abarcó con sus palabras todas las cosas, presentes, futuras y pasadas, las que no pueden llegar a ser, visibles e invisibles, las que inquietan y las que calman. Como si no le alcanzaran las cosas existentes para volcar en ellas su pasión, supuso e imaginó tantas otras inexistentes –"otra criatura" se refiere a cosas inexistentes–, y así razonó para decir que de todas las cosas mencionadas, ninguna podrá separarnos del amor de Dios en Jesucristo nuestro Señor.

Así elevó su pasión a tan sublime extremo, y nosotros, que hemos sido exhortados a imitarlo,[40] ni siquiera somos capaces de soportar ni aun las tribulaciones de aquí abajo. Nos afligimos e irritamos no menos que el que arde por la fiebre; sufrimos de grave enfermedad, de una enfermedad que teniendo dominada nuestra alma con el tiempo

---

[40] Cf. 1ª Corintios 4:16; 11:1: "Por tanto, os ruego que me imitéis. Sed imitadores de mí, así como yo de Cristo".

llega a ser incurable; de la verdadera salud no tenemos una precisa idea, y ya no creemos que sea posible sanar completamente.

El llamamiento universal a una vida santa

Cuando oímos hablar de los apóstoles, al escuchar sus obras ejemplares, deberíamos afligirnos por nuestro comportamiento, tan lejano del de ellos. A pesar de esto, no lo juzgamos ni siquiera pecaminoso y nos dejamos llevar como si tal actitud de perfección fuese imposible. ¿Por qué? El por qué lo encontramos muy fácilmente en esta absurda justificación: "Aquél era Pablo, éste Pedro, el otro Juan".

Pero ¿qué significa eso de aquél era Pablo, éste Pedro? Dime, ¿no eran también ellos de la misma naturaleza? ¿No vinieron al mundo por el mismo camino? ¿No crecieron, nutriéndose igualmente que nosotros? ¿No respiraron el mismo aire? ¿No usaron las cosas de las cuales nosotros nos servimos? ¿Quizás algunos de ellos no tuvieron mujer e hijos? ¿Algunos no practicaron también la profesión en el mundo, y algunos no se precipitaron en el abismo del mal?

Pero ellos, se objetará, fueron los privilegiados de la gracia de Dios. Si hubiésemos recibido el mandato de resucitar a los muertos, abrir los ojos a los ciegos, limpiar a los leprosos, enderezar a los cojos, expulsar a los demonios o sanar otras enfermedades, no estaría fuera de lugar esta excusa. Ahora bien, si la cuestión propuesta se refiere a las costumbres de nuestra vida y a la prueba de nuestra observancia, ¿qué tiene que ver con eso este razonamiento?

También tú, por medio del bautismo has recibido el poder gozar de la gracia divina y participar del Espíritu, aunque no haya sido para obrar milagros, sino para llevar una vida recta y santa; la perversión tiene su origen solamente en nuestra malicia. En aquel día, Cristo premiará no a quien haya realizado milagros, sino a aquellos que hayan observado sus mandamientos: "Venid, benditos de mi Padre, a recibir en herencia el reino, preparado para vosotros desde la creación del mundo; no porque hayáis obrado prodigios, sino porque tuve hambre y me disteis

> Tú, por medio del bautismo has recibido el poder gozar de la gracia divina y participar del Espíritu, aunque no haya sido para obrar milagros, sino para llevar una vida recta y santa.

A los santos no los admiramos por los milagros, ya que esto se debe a la potencia de Dios, sino porque dieron prueba de vida angélica.

de comer, tuve sed y me disteis de beber, fui extranjero y me hospedasteis, desnudo y me vestisteis, enfermo y me habéis visitado, encarcelado y habéis venido a verme" (Mt. 25:34-36). Entre las bienaventuranzas no se hace referencia a los que realizan milagros, sino a los que llevan una vida recta.

Milagros y santidad

Aunque sea posible que hoy haya disminuido el carisma de los milagros, sin embargo, esto no nos podrá perjudicar, ni tampoco lo podremos utilizar como excusa para justificarnos cuando rindamos cuenta de nuestras obras. A los santos no los admiramos por los milagros, ya que esto se debe a la potencia de Dios, sino porque dieron prueba de vida angélica. Tal vida es fruto de la gracia suprema y del esfuerzo humano.

Esto no lo digo yo, sino Pablo, verdadero imitador de Cristo. Cuando denunció a los falsos apóstoles escribiendo a los discípulos, y quiso evidenciar la distancia que media entre el ministerio digno y el engañoso, no lo hizo recurriendo a los milagros, sino que se expresó de este modo: "¿Son ministros de Cristo? —como poco sabio hablo— yo más; en trabajos más abundante; en azotes sin medida; en cárceles más; en peligros de muerte, muchas veces. De los judíos cinco veces he recibido cuarenta azotes menos uno. Tres veces he sido azotado con varas; una vez apedreado; tres veces he padecido naufragio; una noche y un día he estado en lo profundo de la mar; en caminos muchas veces, peligros de ríos, peligros de ladrones, peligros de los de mi nación, peligros de los gentiles, peligros en la ciudad, peligros en el desierto, peligros en la mar, peligros entre falsos hermanos; en trabajo y fatiga, en muchas vigilias, en hambre y sed, en muchos ayunos, en frío y en desnudez; sin otras cosas además, lo que sobre mí se agolpa cada día, la solicitud de todas las iglesias. ¿Quién enferma, y yo no enfermo? ¿Quién se escandaliza, y yo no me quemo?" (2 Co. 11: 23-29).

Por esta razón yo admiro a los apóstoles en cuanto que, aparte de la gracia a ellos concedida por divina disposición para realizar prodigios, no solamente rechazaron hacerse admirar, sino que se hicieron insignificantes, como Cristo declara cuando dice: "Muchos me dirán en aquel día: Señor, Señor, ¿no hemos profetizado en tu nombre y lanzado demonios y realizado muchos milagros? Entonces les diré: Nunca os he conocido; alejaos de mí, obradores de iniquidad" (Mt. 7:22, 23).

Por eso amonestaba a sus discípulos: "No os alegréis porque los demonios se os someten, sino porque vuestros nombres están escritos en el cielo" (Lc. 10:20). Una vida recta, aun sin milagros, recibirá la corona y no le faltará lo más mínimo por carecer de ellos. Por el contrario, una vida inicua, aun con milagros, no podrá escapar del suplicio.

Colaboradores de la gracia

El argumento que nos proponen es ocioso; no solamente es superfluo, sino también peligroso, e incita a los heréticos a tomarlo como pretexto. Si la admirable conducta de los apóstoles no dependiese de la libre voluntad sino solamente de la gracia de Cristo ¿qué cosa impediría a todos llegar a ser como ellos?

Lo primero que exige la gracia es la colaboración, de lo contrario se difundiría de la misma manera en todas las almas, en cuanto que Dios no hace acepción de personas.[41] Precisamente, porque exige nuestra colaboración, estimula y permanece en algunos, mientras se retira de otros e inclusive ni les alcanza desde el primer momento.

Que Dios haya concedido a Pablo la gracia, poniendo primero a prueba su libertad de elección, cuando todavía éste no había manifestado en sí nada maravilloso, lo puedes entender de las palabras que dice el Señor de él: "Instrumento escogido me es éste, para que lleve mi nombre en presencia de los gentiles, y de reyes, y de los hijos de Israel" (Hch. 9:15). La gracia no actuaba aún cuando dio este testimonio aquel que penetra en nuestros corazones.[42]

No nos engañemos a nosotros mismos, carísimos, diciendo que es imposible ser como Pablo. Ciertamente,

Lo primero que exige la gracia es la colaboración, de lo contrario se difundiría de la misma manera en todas las almas, en cuanto que Dios no hace acepción de personas.

---

[41] Cf. Romanos 2:11: "Porque no hay acepción de personas para con Dios" (Hch. 10:34; Col. 3:25; Stg. 2:1; 1ª P. 1:17).

[42] Se entiende la gracia del apostolado, o incluso la llamada gracia santificante, porque la gracia de salvación se hace patente en la vida de Pablo desde el primer momento de su camino a Damasco, o como luego él mismo dirá, a la luz de la eternidad, desde el vientre de su madre (Gá. 1:15).

Consideremos a uno blando que no sepa hacer otra cosa que darse a los placeres. Roban al prójimo y no perdonan ni al pobre, ni a la viuda ni al necesitado.

en cuanto a la gracia y a los milagros, no podrá jamás existir otro Pablo; pero en cuanto al compromiso de vida, cualquiera podrá llegar ser como él, y si no lo es, será sólo porque no quiere.

Comodidad y adversidad

Por otra parte, no entiendo cómo he llegado a la absurda pretensión de buscar entre los hombres de hoy uno semejante a Pablo. Ni siquiera logro ver a ninguno semejante que se encuentre en tercero o cuarto lugar después de él. De aquí, la necesidad de afligirse, llorar y lamentar, no sólo por uno o dos días, sino por toda la vida, porque quien perseverara en tal actitud difícilmente seguirá pecando. Si no crees a mis palabras, examina la conducta de quien está afligido. Consideremos a uno que está triste por las afliciones del mundo, no a uno de aquellos que llevan vida laboriosa, sino a uno blando que no sepa hacer otra cosa que darse a los placeres.

La gente así se preocupa sólo de beber y de saciar el estómago, prolongando los almuerzos hasta la tarde y la cena hasta medianoche. Roban al prójimo y no perdonan ni al pobre, ni a la viuda ni al necesitado; se muestran tan crueles y sólo cuando son golpeados por un luto grave, que abate y perturba el espíritu, abandonan toda clase de voluptuosidad e iniquidad y cambian de vida, abrazando otra filosofía, demostrando rigor, desvelo o durmiendo en la tierra, con fuerza de ánimo, practicando ayunos, silencio, moderación, humildad y gran humanidad.

Aunque acostumbrados a robar a los demás, tales individuos están dispuestos a entregar sus propios bienes; si se le amenazara quemar la casa, parece que no se angustian. He conocido a muchos que después de perder uno de sus seres más queridos e íntimos abandonaron la vida de la ciudad, con sus comodidades, por aquella del campo; construyeron habitaciones cerca de las tumbas de los antepasados y allí terminaron su vida. Pero de esto, hablaré en otra ocasión.

Es cierto que mientras dura el luto no piensan en lo que sucede a su alrededor, sino que alejan del alma, quemándolo con el fuego del desconsuelo como si fuera heno o la flor del heno, la loca manía de acumular riqueza y poderes y gloria ante el pueblo. Ellos, entonces, dirigen sus pensamientos a tan sublime filosofía, y no soportan que se les hable de los deleites de la vida presente; no sólo se retractan, sino sienten gran amargura por todo lo que antes les producía placeres.

En ese momento ninguno de sus familiares y de sus amigos osarían romper el silencio y hablar de las cosas del mundo, incluso de las más necesarias. Todas estas cosas están eliminadas por los filósofos; se regocijan con sus razonamientos porque sus espíritus se han educado en el luto como en un sagrado lugar, para reconocer la nada de la naturaleza humana, la fugacidad del mundo presente, la corruptibilidad e inestabilidad de la terrena existencia que se desarrolla como una escena en el teatro de la vida.

En estas circunstancias, no se estiman más las riquezas; no hay más lugar para la ira, ni para la ambición. En aquel que es triturado por el dolor, no hay lugar para que anide la envidia, ni para la loca exaltación de la soberbia, ni para encenderse en sensualidad. Puestos, pues, en fuga los pensamientos de todo género, sólo caben los que le inspiran la imagen del difunto que es su alimento y bebida, su sueño, placer y gran consuelo, que vale para él gloria, riqueza, potencia y delicia.

Para nosotros es necesario llorar por la pérdida de nuestra salvación; a ella debemos dirigir todos la mirada del alma y con similar deseo y ardor fijar la memoria y la imaginación.

Negligencia y flojedad en la obra de salvación

10. De la misma manera, también para nosotros es necesario llorar por la pérdida de nuestra salvación; a ella debemos dirigir todos la mirada del alma y con similar deseo y ardor fijar la memoria y la imaginación.

Aquellos que han perdido hijos y esposa, no quieren volver la mente a otra cosa que no sea evocar la imagen de quien fuera arrancada de ellos, propiamente lo contrario de nosotros que, habiendo perdido el reino de los cielos, en todo pensamos, menos en esto.

Ninguno de aquéllos, aun de los de linaje real, se avergonzará por observar el luto debido; se sienta en tierra y llora amargamente; cambia los vestidos y se preocupa que nada falte al cortejo; no se preocupa del alimento ni de la salud, ni aun de aquellas enfermedades que son consecuencia de tales penas, sino que todo lo soporta con ánimo muy sereno. Y esto lo hacen no solamente los hom-

Recordar siempre las propias debilidades, examinar la conciencia, medir constantemente la extensión del camino que nos queda por recorrer.

bres, sino incluso las mujeres, que aunque son más débiles de salud llegan a soportar más.

Nosotros, en cambio, que no lloramos hijos o esposa, la ajena, sino la pérdida de la nuestra vida y no la de otros, presentamos como justificación y pretexto la debilidad física, la delicadeza con la cual fuimos formados. ¡Y ojalá fuera sólo esto! Descuidamos de cumplir también aquello para lo cual no es necesario esfuerzo físico. Dime, ¿qué esfuerzo físico exigen la contrición del corazón, la oración del alma, templada y vigilante, la revisión de las propias culpas, la liberación de todo orgullo o vanidad y la humildad del pensamiento! Son cosas que, mientras nos vuelven aceptos a los ojos de Dios, no requieren gran fatiga; con todo no las hacemos.

Meditar en el infierno y en Cristo para dolernos por la pérdida del reino

Nuestro dolor no significa únicamente vestirse de penitencia, encerrarse en la propia habitación y quedar allí en la oscuridad, sino más bien recordar siempre las propias debilidades, examinar la conciencia, comparándola con los rectos pensamientos, medir constantemente la extensión del camino que nos queda por recorrer para alcanzar el reino de los cielos.

Me preguntarán, ¿de qué modo se puede realizar esto? ¿Cómo? Teniendo siempre presente la gehena y sus ángeles, que te rodean por todas partes y en todo momento, que van recogiendo de todas partes del mundo cuantos están por precipitarse en la gehena; y meditando, al borde de la gehena, el grave daño de la pérdida del reino. Aunque no estuviéramos amenazados por aquel fuego, y por las penas eternas, el pensamiento de estar lejos de aquel Cristo, entregado a la muerte por nosotros, es ya de por sí, el más grave suplicio, idóneo para despertar del sueño a las almas e inducirlas por siempre a la templanza.

Pues, si al leer el ejemplo de las cinco vírgenes, dejadas afuera del lecho nupcial, por la falta de aceite, nos afligimos con ellas de tal desgracia, y estamos preocupados al pensar que podemos sufrir por pereza la misma pena de ellas, ¿quién será todavía tan insensato y casi de piedra como para incurrir en tal negligencia, no obstante el fuerte aguijón de aquel ejemplo?

Despedida y ejemplo de Demetrio

Aquí se podría continuar y alargar todavía más este tratado, escrito sólo por obediencia y no por otro motivo; pero puede bastar y ser más que suficiente cuanto ha sido escrito. Del resto, sé que tú conoces bien todo lo relacionado con la virtud de la compunción; y estás en condiciones, aun callando, de participar a otros su conocimiento, con el requisito de que quieran vivir santamente contigo y ver con sus ojos la vida crucificada que llevas. De ti han de aprender la compunción los contemporáneos que se alojan en tu casa y los que vendrán después que escucharán lo que se dirá de ti. Pienso pues, que la sola narración de tu vida, bastará para ser de gran provecho.

Te ruego y suplico que quieras intercambiar el favor recompensándome con tus oraciones, de manera que yo no tenga sólo que hablar, sino también dar una viva demostración de compunción. Porque el enseñar y el no practicar no reporta ganancia alguna, sino que además es causa de grandes castigos y condenas para quien fuese tan negligente en regular la propia vida. Está escrito pues: "No quien me dice, Señor, sino quien hace y enseña, éste será llamado grande en el reino de los cielos" (Mt. 5:19; 7:21).

El enseñar y el no practicar no reporta ganancia alguna, sino que además es causa de grandes castigos y condenas.

Libro II
La compunción en los Salmos de David

Adoptar la perspectiva divina

1. ¿Cómo es posible que yo cumpla tu deseo, Estelequio, santo hombre de Dios, de escribir sobre la compunción,[43] con un alma tan débil y fría? Para expresarme sobre este tema sublime, pienso que lo primero a tener en cuenta ante cualquier otra consideración es estar intensamente inspirado, ardiente de tal pasión que las palabras proferidas sobre el tema caigan sobre las almas de los oyentes con más ardor que el hierro incandescente. Y a mí, tal fuego me falta; todo aquello que está dentro de mí "no es más que ceniza y polvo" (Gn. 18:27).

Dime ¿de qué parte, de dónde encenderemos este fuego, si no tenemos ni siquiera una chispa? La leña no está preparada, ni sopla un poco de viento para avivarlo; y espesa es la niebla que la multitud de pecados extiende sobre mi alma.

Yo, ciertamente, no sé; de modo que te corresponde a ti, ya que me confías el encargo, decirme de qué manera pueda cumplirlo para efectuarlo como conviene. Por mi parte ofreceré el servicio de la lengua. Tú ruega a aquel que sana a los contritos de corazón (Sal. 147:3), infunde ánimo a los pusilánimes y levanta de la tierra al pobre (Sal. 113:7), para que conceda el fuego que consume toda humana debilidad y corte toda somnolencia de la pereza y la pesadez de la carne. Pide a aquél que endereza las alas del alma al cielo y desde tal ábside, cima escondida a nuestros ojos, muestra la vanidad y la ficción de toda la vida presente.

Quien no alcanza a elevarse sobre las alas hasta allá arriba y a permanecer como en una mirador, no tiene posibilidad de ver cómo se aprecia la tierra y los hechos de la tierra. Siendo infinitas las cosas que oscurecen la vista, muchas que perturban el oído, y tantas que traban

> Ruega a aquel que sana a los contritos de corazón, para que conceda el fuego que consume toda humana debilidad y corte toda somnolencia de la pereza y la pesadez de la carne.

---

[43] Como en el caso del escrito dirigido a Demetrio, Juan no va a escribir un tratado doctrinal sobre la compunción o el dolor por el pecado, sino que va a darle motivos para llorar y contristarse por las muchas faltas en las que el creyente incurre en su seguimiento de Jesús. Para ello, Juan no tiene más que recurrir a la Biblia y al ejemplo de los hombres santos allí registrado, en este caso, el rey David y, una vez más, el apóstol Pablo, modelo supremo de cristiano. Para no contristar a Dios y poner en peligro su salvación eterna, el cristiano tiene que contristarse a sí mismo haciendo memoria de sus pecados, de la gracia de Dios y de su negligencia en el camino de la santidad.

la lengua, es necesario substraerse de toda perturbación, niebla y retirarse a aquella soledad donde la tranquilidad es plena, pura la serenidad, eliminada toda perturbación.

Hay que retirarse donde los ojos jamás fallan, siempre fijos en el amor de Dios; donde los oídos están firmemente atentos a una sola cosa, a escuchar las divinas palabras y aquellas suavísimas y espirituales sinfonías que conquistan el alma y la dominan con tal fuerza que quien es arrastrado por ellas no encuentra más satisfacción en comer, beber o dormir. En Él no debilitan aquella tensión el tumulto de las humanas preocupaciones y el peso de las vicisitudes corporales.

No llega a alcanzar estas alturas sublimes del alma el estrépito de las furiosas tempestades de la tierra. Está seguro como quien se refugia en la soledad de las cumbres más altas de los montes, donde no llega el rumor ni alcanza la visión a cuanto se hace o se dice en la ciudad, porque percibe solamente un horrible zumbido, no más agradable que el rumor de las avispas. Así los que se retiran de la vida del mundo no se enteran de nada de nuestras cosas. Se han alzado en vuelo hacia la sublimidad de la filosofía espiritual; porque el cuerpo y los sentidos corporales, con una infinidad de ataduras, tienen ligada el alma para que ella se oriente hacia la tierra.

Pues aquí abajo por todas partes los sentidos se dejan llevar por la amarga tempestad de los mortales placeres, y entonces el oído, la vista, el tacto, el olfato y la lengua, no hacen más que recibir dentro del alma, tantos males que vienen de afuera. Cuando en cambio, el alma se hace etérea, se ocupa tranquilamente de las cosas espirituales, cierra la entrada a las malvadas fantasías con un muro, no obstaculiza la apertura de los sentidos, sino los abre al camino de los más sublimes fines.

Del mismo modo actúa una señora capaz de infundir temor o temblor al preparar un ungüento refinado, precioso y de alto precio. Debiendo servirse para eso de muchas manos despierta a sus siervas y las hace venir hacia sí; a una, manda separar con la criba los aromas aún no preparados para el uso; a otra hace examinar exactamente con la balanza y establecer si hay algo necesario de menos o de más, para que nada rompa las proporciones del conjunto; a otra ordena cocinar a fuego lo que necesita; a otra manda quitar lo que no puede estar; a otra hace poner y mezclar los diversos ingredientes; a otra le dice estar vigilante con el vaso de alabastro; a una hace sostener con la mano un vaso, a otra otro. A todas impone concentrar la atención y poner la mente y las manos en aquel trabajo; con su empeño, impide que algo vaya mal; vigila todo, no concediendo ni aun a los ojos de ellas que giren por doquier o se distraigan. Así también el alma, cuando prepara el precioso ungüento de la compunción, reclama la atención de los sentidos, cortándoles su negligencia.

Tan pronto se repliega el alma sobre sí misma para pensar en lo que exige la honestidad o la piedad, inmediatamente pone en guardia a los sentidos de modo que, inoportunos o superfluos, no perturben su paz interior. Por eso, aun si los sonidos golpean a los oídos y los espectáculos a los ojos, nada penetra interiormente si la actividad de cada uno de estos organismos está dirigida al alma. Pero ¿por qué hablar de sonidos y espectáculos, por los cuales muchos no ven ni quién pasa cerca de ellos y hasta quién los atropella? La fuerza del alma es tal que quien lo quiere consigue vivir sobre la tierra lo mismo que si residiese en el cielo, sin escuchar nada de cuanto ocurre en la tierra.

> La fuerza del alma es tal que quien lo quiere consigue vivir sobre la tierra lo mismo que si residiese en el cielo, sin escuchar nada de cuanto ocurre en la tierra.

Vivos para Dios, muertos para el mundo

2. Así fue el bienaventurado Pablo que, residiendo en la ciudad terrena, vivió tan extraño a las cosas presentes como nosotros nos alejamos de los cadáveres de los muertos. Cuando dice: "El mundo me es crucificado a mí" (Gá. 6:14), habla de este modo de ser insensible, y no sólo eso sino también de un segundo modo igual, tanto que se pueden distinguir dos clases de insensibilidad. No dijo sólo: "para mí el mundo está crucificado" y basta, sino agrega también: "como yo lo estoy para el mundo" (Gá. 6:14), hablando claramente de un segundo modo. Gran filosofía, es juzgar muerto al mundo, pero más alta es la de comportarse como muertos para él.

Lo que Pablo quiere decir, aproximadamente, es lo siguiente: no sólo hay que ser extraños a las cosas presentes, como lo están los vivos de los muertos, sino como lo están los muertos de los muertos. Porque quien vive, si bien no se siente atraído por el muerto, con todo experimenta para

<u>Contempla, cómo es un extraño para el mundo y cómo, desde la tierra en la cual continúa viviendo inicia un salto y llega hasta la cima del cielo.</u>

con él otros sentimientos, admirándole aún la belleza pese a ser ya cadáver o demostrando compasión y llorándolo. En cambio, quien está muerto no tiene para el muerto tal comportamiento o disposición.

Esto es lo primero que dijo con las palabras: "para mí el mundo está crucificado" y agregando después, aquellas otras: "como lo estoy yo para el mundo". Contempla, cómo es un extraño para el mundo y cómo, desde la tierra en la cual continúa viviendo inicia un salto y llega hasta la cima del cielo.

La inmensidad del amor de Pablo

No comparemos esta cima con la altura de los montes, con sus bosques, valles y soledades inaccesibles, porque todo esto no basta por sí solo para eliminar las agitaciones del alma. Debe tenerse la llama que Cristo encendió en el alma de Pablo, y que él santamente fue realimentando con las meditaciones espirituales que le permitían alcanzar tan sublimes alturas; avivada aquí en la tierra, su llama llegó primero a este cielo y después todavía a otro más. En efecto fue arrebatado hasta un tercer cielo,[44] pero su llama de amor por Cristo, le hizo sobrepasar los tres cielos y llegar a todos.

Era bajo de estatura y su físico no era más agraciado que el nuestro; pero superó fácilmente a todo hombre de la tierra por su disposición espiritual. No se equivocaría quien aplicase al santo la imagen de la llama, de una llama que invadiendo toda la superficie de la tierra se eleva en alto, subiendo hasta la esfera celeste y penetrando en la zona superior a la del aire. Llenaría de fuego las partes intermedias entre los dos cielos no parando en su carrera, sino que pasa inmediatamente al tercero y continúa subiendo todo cuanto se extiende a lo largo de la tierra y más allá de lo alto del tercer cielo.

Pero, con esto, no creo haber dicho lo mínimo de la inmensidad de su amor. Que dicha expresión no sea hiperbólica, lo podrá exactamente comprobar quien recorra cuanto escribí acerca de este argumento a Demetrio.

---

[44] Cf. 2ª Corintios 12:2: "Conozco a un hombre en Cristo, que hace catorce años (si en el cuerpo, no lo sé; si fuera del cuerpo, no lo sé; Dios lo sabe) fue arrebatado hasta el tercer cielo".

Así hay que amar a Cristo y hacerse extraño a las cosas presentes.

De tal naturaleza se revelaron las almas de los santos profetas que por ello se recibieron tales ojos. A su esfuerzo se debe el que se hayan alejado de los bienes presentes y a la gracia de Dios el que hayan mantenido abiertos otros ojos para la contemplación de los bienes futuros.

Así Eliseo, habiéndose alejado de todos los bienes temporales se enamoró del reino de los cielos. Teniendo por vil todos los bienes presentes, el reino y el poder, la gloria y el honor por parte de todos, pudo ver lo que ningún otro jamás había visto, un monte perfecto, lleno de caballos de fuego, carros y soldados formados en orden de batalla.[45] Porque no podrá jamás ser juzgado digno de contemplar las cosas futuras, quien se vanagloria de las presentes; solamente aquel que las desprecia, considerándolas sólo como sombras o sueño, llega fácilmente a aquellas grandes y espirituales.

También nosotros, cuando vemos crecer a nuestros hijos hasta llegar a ser hombres y no estiman las cosas de niños, les revelamos las riquezas propias de los hombres maduros; no les juzgamos capaces de estas últimas mientras sigan entusiasmados por aquéllas.

El alma que no se ejercita en el desprecio de las pequeñas cosas del mundo, no podrá entusiasmarse de las del cielo. Y si no se entusiasma por éstas, no podrá reírse de aquéllas. Esta verdad, la expresaba san Pablo diciendo que "el hombre animal no comprende las cosas del Espíritu de Dios" (1ª Co. 2:14), si bien, con estas palabras, él se refería a la doctrina; nosotros podemos, de forma deliberada, aplicarlas a nuestras costumbres y a los dones de Dios.

El ejemplo de David

3. Debemos buscar no tanto el lugar cuanto el propósito de la vida solitaria, para que antes de cualquier otra consideración conduzcamos el alma a este lugar desierto.

Con esta firmeza el santo David, que habitaba en la ciudad y gobernaba un reino, entre infinitas preocupaciones que lo tenían ocupado, vivía tan arrebatado por ardor

El alma que no se ejercita en el desprecio de las pequeñas cosas del mundo, no podrá entusiasmarse de las del cielo.

---

[45] 2º Reyes 6:17.

a Cristo como los que se dedican a la vida retirada. Fue más fervoroso que cuantos ahora están crucificados,[46] porque entre éstos hoy sólo a uno o dos podrías encontrar, si es que hay alguno, con iguales manifestaciones de lágrimas, gemidos y dolor, día y noche. No debemos tener en cuenta tan sólo los lamentos, sino también de quién proceden. Pues no se puede comparar a un hombre de tal categoría, por todos honrado y por nadie reprendido, que sea humillado, rebajado y castigado con otro que haga lo mismo, pero siendo de distinta condición social.

La compunción produce el llanto y la temperanza; la voluptuosidad es la madre de todo abuso; la una, hace el alma ligera y alada; la otra la vuelve más pesada que el plomo.

El rey vive entre tantas cosas que lo inducen a la disipación o le impiden el recogimiento espiritual; pues los placeres de todos los días lo llevan a la disolución y a la frivolidad; el poder lo hincha y le transtorna la cabeza; el amor a la gloria y la lujuria lo queman, haciéndolo hijo del poder y alumno de los placeres. Además de eso, la preocupación por los negocios que de todos lados lo zarandean, tiene agitada su alma no menos que las mencionadas pasiones; así la compunción no puede encontrar ni un pequeño resquicio para penetrar en él; tantas son las dificultades que ella encuentra. La compunción, sinceramente deseada, es un bien que sólo puede cultivarse en un alma libre de todos estos males.

El ciudadano común, alejado de esta agitación, puede llegar a tal meta con mayor facilidad, a menos que esté demasiado pervertido. En cambio, no lo puede hacer quien goza gran poder, supremacía y autoridad. Pienso que es aún más difícil, del mismo modo que es imposible que la voluptuosidad esté junto a la compunción; sería como pretender que el fuego estuviese junto con el agua, elementos contrarios que se eliminan mutuamente. La compunción produce el llanto y la temperanza; la voluptuosidad es la madre de la ligereza y de todo abuso; la una, hace el alma ligera y alada; la otra la vuelve grave y más pesada que el plomo.

Todavía no he dicho de David lo que ciertamente es más importante, que vivió en un tiempo en el que no se exigía una vida tan rigurosa. Nosotros estamos en tiempos en los cuales tantas otras cosas fueron prohibidas con la

---

[46] Recuérdese lo que dijimos anteriormente. Juan llama "crucificados" a los que de un modo especial, los monjes, han tomado el camino de la cruz, como signo y ejemplo para el resto de la comunidad de fieles.

amenaza de graves penas; es severamente condenada la algarabía desmesurada; siempre se exaltan el duelo y la aflicción. El santo, si bien con gran dificultad, las abrazó con gran fortaleza de ánimo, como uno más, sin mirar, ni siquiera en sueños, ni por su reino ni por su real majestad. Él, que reinaba, demostró con la púrpura, con la corona y en el trono, tanta compunción como demuestra quien se pone el vestido penitencial, sentado en las cenizas y en el desierto.

Purificados por la compunción

Es cierto que a los que les asiste este noble bien les hace demostrar tanto vigor como el del fuego entre las espinas. Aunque sofocado por innumerables males, muchas veces, atado por las cadenas del pecado, abrasado íntegramente por el fuego de las pasiones, atormentado intensamente por el tumulto de los negocios del mundo, de todo es liberado al llegar a la compunción. Ella arroja todo esto inmediatamente del alma, sólo con el simple golpe de su látigo. Como al ímpetu de un viento fuerte no puede resistir el polvo liviano, así los deseos de la carne no pueden sostener la entrada fuerte de la compunción; la limpia y hace desaparecer rápidamente el polvo o el humo. Si el amor carnal transforma el alma casi en esclava del ser amado, hasta alejarla de cualquier otro amor y crucificarla solamente a la tiranía de la persona amada, ¿qué cosa no hará el amor de Cristo unido al temor de perderle?

Estos sentimientos agitaron el alma del profeta a tal punto que dijo: "Como el ciervo brama por las corrientes de agua, así clama por ti, oh Dios, el alma mía" (Sal. 42:1). Y de nuevo: "Mi alma tiene sed de ti, mi carne te desea, en tierra de sequedad y transida sin aguas" (Sal. 63:1), y un poco después: "Está mi alma apegada a ti; Tu diestra me ha sostenido" (Sal. 63:8); y finalmente: "Señor, no me reprendas en tu furor, ni me castigues con tu ira" (Sal. 6:1).

4. No se diga que en este salmo David deplora su propio pecado. Que esto no sea cierto, ni que se pueda suponer lo sugieren las palabras iniciales del título. Si del título no resultase claro el argumento, al estar puesto al principio en la inscripción, con buena voluntad se podría

> Si el amor carnal transforma el alma casi en esclava del ser amado, ¿qué cosa no hará el amor de Cristo unido al temor de perderle?

No confundamos el sentido de las palabras divinas, y no demos más peso a nuestros razonamientos que a las enseñanzas del Espíritu Santo.

ver en él una referencia a sus deslices; pero quien así pensase, recuerde que el relato no contiene esto; el tema tratado es otro. No confundamos el sentido de las palabras divinas, y no demos más peso a nuestros razonamientos que a las enseñanzas del Espíritu Santo.

El octavo día, al final de los tiempos

¿Cuál es entonces el título? Está escrito: "sobre el octavo",[47] es decir, sobre el octavo día, que es aquel grande y luminoso que arderá como fuego en un horno y hará temblar a las potencias superiores, según está escrito: "Las potencias de los cielos se conmoverán";[48] él, con el fuego mostrará precediendo al Rey eterno que desde entonces reinará.

Lo llamó el día octavo para indicar que la vida futura transformará todo con la renovación total del estado actual del mundo. Donde existe sólo la semana, con su principio en el primer día y su término en el séptimo por la regularidad de las órbitas con los mismos intervalos, procede del mismo punto de partida, para retornar al mismo punto final. No puede llamarse octavo día al domingo, que es el primero del ciclo de la semana, que no termina en el número ocho. El octavo día aparecerá en el mundo, cuando todas las cosas de aquí abajo hayan alcanzado su término y sean destruidas; su ciclo no retornará al punto de partida, sino que habrá nuevos intervalos.

Por la gran compunción, el profeta conservó siempre esculpido en el corazón el recuerdo del juicio. Mantuvo continuamente aquel día en alta veneración y profunda alegría, mientras que nosotros lo recordamos a duras penas y nos afligimos.

Escribiendo este salmo tuvo su mente fija continuamente en el juicio. Por tanto dice: "Señor, no me reprendas en tu furor, ni me castigues con tu ira" (Sal. 6:1). Habla de furor e ira en razón de la intensidad de la venganza, aunque sabe que toda pasión es ajena a la divinidad, siendo consciente de que sus obras no eran ya merecedoras de penas ni suplicios, sino de honores y coronas.

---

[47] Según la versión de los Setenta.
[48] Cf. Mateo 24:29; Marcos 13:24-27; Lucas 21:25-28.

La fe con la que había destruido la torre de los extranjeros, arrebatando de las puertas de la muerte a toda la nación judía;[49] la injusticia convertida en bien no una o dos veces, sino muy a menudo;[50] y sobre todo, lo que Dios dijo sólo respecto de él,[51] demuestran suficientemente la virtud del hombre y la perfección de su comportamiento.

Sus obras, aun siendo grandes y admirables, podrían plantear tal vez alguna grave sospecha sobre su santidad. Sin embargo, la rectitud de las hazañas por él realizadas alejan toda sospecha, porque si Dios dio testimonio de ellas, están más allá de cualquier sospecha. Si Dios no hubiera querido dar pruebas precisas de su virtud, no habría dado a David aquella celeste declaración. ¿Cuál? Dios dijo de él: "He encontrado en David, hijo de Jesé, a un hombre según mi corazón".[52]

Después de semejante juicio y tan grave virtud, David profirió expresiones de condenados que no tienen fe alguna en Dios.

La confesión del justo y del publicano

No obstante, después de semejante juicio y tan grave virtud, David profirió expresiones de condenados que no tienen fe alguna en Dios; lo hizo para cumplir el precepto evangélico: "Cuando hubiereis hecho todo lo que os es mandado, decid: Siervos inútiles somos" (Lc. 17:10). Y, ¿qué otra cosa habría dicho el publicano, cargado de tan innumerables culpas, que no se permitió ni aun levantar los ojos al cielo, sino lejos de proferir un largo discurso ni aun se atrevió a ponerse en el mismo lugar del fariseo? Este, de hecho, para su desgracia decía: "No soy como los demás hombres, ladrones, injustos y adúlteros, o como este publicano" (Lc. 18:11); y el publicano aceptó aquellas palabras como si en ellas no hubiese notado algo desagra-

---

[49] Cf. 1º Samuel 17.
[50] Cf. 1º Samuel 21; 2º Samuel 1:1 y ss.
[51] "Mi mano será firme con él, Mi brazo también lo fortificará. No lo avasallará enemigo, ni hijo de iniquidad lo quebrantará. Mas yo quebrantaré delante de él a sus enemigos, y heriré a sus aborrecedores. Y mi verdad y mi misericordia serán con él; y en mi nombre será ensalzado su cuerno. Asimismo pondré su mano en el mar, Y en los ríos su diestra. Él me llamará: Mi padre eres tú, mi Dios, y la roca de mi salud. Yo también le pondré por primogénito, alto sobre los reyes de la tierra. Para siempre le conservaré mi misericordia; y mi alianza será firme con él. Y pondré su simiente para siempre, y su trono como los días de los cielos" (Sal. 89:21-29).
[52] Cf. 1º Samuel 13:14; 16:11-13; 1º Reyes 13:14.

dable; no se indignó por eso, y aun más, tuvo tanta devoción por aquel insolente vanidoso, hasta no creerse digno de la tierra que pisaba. No dijo una sola palabra que no fuese confesión de sus pecados, se golpeó fuerte el pecho y suplicó a Dios que le fuera propicio.

A nadie sorprende que hiciera eso, quien de buena o mala gana tuviera necesidad de inclinarse por la multitud de sus pecados. Pero lo extraordinario es que el justo, sin ningún signo de remordimiento de conciencia, llegue a condenarse como el publicano; eso sí que es digno de un alma contrita.

¿Qué diferencia hay entre las palabras: "Dios, sé propicio a mí pecador" (Lc. 18:13) y las otras "Señor, no me reprendas en tu furor, ni me castigues con tu ira" (Sal. 6:1). La segunda oración dice mucho más que la primera, porque el publicano no se atrevió ni a mirar al cielo, mientras el justo hizo aún más; el publicano dijo simplemente: "Ten piedad de mí", David tuvo el coraje de decir no sólo "No me reprendas", sino también "en tu furor". No sólo "No me castigues", sino también "con tu ira"; pidiendo no sólo ser liberado de cualquier castigo, sino de las penas más duras.

Podemos admirar la humildad del alma de David; se consideró digno de gran castigo y no creyó justo pedir a Dios la completa remisión.

En estas expresiones podemos admirar la humildad del alma de David; se consideró digno de gran castigo y no creyó justo pedir a Dios la completa remisión; cosa en cambio que, justamente, hacen aquellos que son dignos de la máxima condenación y que están convencidos de ser más pecadores que otros hombres.

La salvación pertenece al Señor

Pero cosa más grande fue aquella de creer que debía atribuirse solamente a la misericordia y benignidad divina el hecho de no recibir la extrema condenación, después del pecado cometido, según está escrito: "Ten misericordia de mí, oh Señor, porque yo estoy debilitado" (Sal. 6:2). ¿Quién lo afirmó?

Aquel que fue digno de semejante testimonio y cuyos juicios de Dios no los puso en olvido: "He puesto tus juicios delante de mí" (Sal. 119:30). Aquel que mientras resplandecía su luz más luminosa que el sol, profería estas palabras.

Sí, es maravilloso el hecho de que habiendo llegado a tan alta perfección no haya hablado o pensado de sí soberbiamente, sino que se haya considerado el último de todos y haya comprendido que su salvación depende solamente de la bondad divina. Soy digno, parece decir, de la inexorable justicia y del eterno suplicio, pero como no puedo de ningún modo soportar, pido la liberación de estos males presentes.

Hizo como los siervos responsables de innumerables fechorías y al no poder negar haberlas cometido tras hacérseles insoportable el dolor del látigo, suplican ser librados al menos de otros castigos. Aunque me parece que David ha querido referirse ahora a otro modo de debilidad (Sal. 6:2). ¿A cuál? A lo que es fruto de la angustia y del llanto; porque cuando el exceso del dolor nos abate con más violencia, ordinariamente, corroe todas las fuerzas del alma.

Deduzco que el justo haya experimentado tal sufrimiento, por el hecho de que repite siempre la condenación de sí mismo, sin pensar en la esperanza del bien, con el constante temor de ser todavía peor. Lo aclara el texto que sigue a la expresión, "ten misericordia de mí, oh Señor, porque yo estoy debilitado", cuando agrega: "Sáname, oh Señor, porque mis huesos están conmovidos. Mi alma asimismo está muy turbada" (Sal. 6:2, 3). Antes había dicho: "Señor, no me castigues con tu ira" (v. 1). Si teniendo una conciencia tan pura ruega que sus obras no sean examinadas con rigurosa medida ¿qué haremos nosotros que estamos enredados con tantos males, tan lejos de poseer la esperanza que él tenía en la confesión? ¿Por qué motivo se confesaba el santo de este modo? Por haber aprendido que ninguno puede ser justificado ante Dios y que el justo mismo se salva con dificultades, rogó diciendo: "No entres en juicio con tu siervo" (Sal. 143:2), y con otras palabras: "Ten misericordia de mí, oh Señor, porque yo estoy debilitado" (Sal. 6:2).

Es maravilloso el hecho de que habiendo llegado a tan alta perfección no haya hablado o pensado de sí soberbiamente, sino que se haya considerado el último de todos y haya comprendido que su salvación depende solamente de la bondad divina.

Esperar la salvación con temor y con temblor

5. Desde distintos puntos de vista y en muchos pasajes es digno de consideración cómo jamás se acuerda de sus buenas obras, sino que su salvación se basa en la

Por haber aprendido que ninguno puede ser justificado ante Dios y que el justo mismo se salva con dificultades, rogó diciendo: "No entres en juicio con tu siervo".

benignidad de Dios. Reconocerlo es signo de un alma contrita y un espíritu humillado;[53] por esto, cualquiera que haya hecho cosas grandes y perfectas tema y tiemble más que los mismos pecadores.[54] Escucha, cómo tiembla David que dijo: "Si mirares a los pecados, ¿quién, oh Señor, podrá mantenerse?" (Sal. 130:3).

Sabía y tenía plena conciencia de la universal responsabilidad ante Dios por tantas deudas contraídas, y por el hecho de que aun los pecados más pequeños son merecedores de grandes castigos. Conocía anticipadamente las leyes que vendría a dar Cristo y creía en la grave pena con que Él había amenazado no sólo a los homicidas, sino también a los soberbios, a los maldicientes y a los que consienten los malos pensamientos, a los burlones, a los que dicen palabras inoportunas, a los bufones y a cosas aún de menor importancia.

Por eso también Pablo, aunque nada le remordía la conciencia, dice: "Porque aunque de nada tengo mala conciencia, no por eso soy justificado" (1ª Co. 4:4). ¿Por qué? Porque aunque no haya cometido mal alguno, y así fue ciertamente, no por esto podía creer que había honrado a Dios en la debida medida, porque aunque muriésemos infinitas veces y viviésemos dando pruebas de toda virtud, no habríamos logrado rendir el honor debido a Dios por los bienes otorgados.

El reposo natural con Dios

Considera, pues, de qué manera Él, sin tener ninguna necesidad de nosotros, porque se basta a sí mismo, nos sacó del no ser al ser, nos infundió un alma como ninguna otra de cuantas hay en la tierra. Plantó el paraíso, extendió

---

[53] Cf. Salmos 51:17: "Los sacrificios de Dios son el espíritu quebrantado; Al corazón contrito y humillado no despreciarás tú, oh Dios"; Is. 57:15: "Porque así dijo el Alto y Sublime, el que habita la eternidad, y cuyo nombre es el Santo: Yo habito en la altura y la santidad, y con el quebrantado y humilde de espíritu, para hacer vivir el espíritu de los humildes, y para vivificar el corazón de los quebrantados"; Is. 66:2: "Mi mano hizo todas estas cosas, y así todas estas cosas fueron, dice Jehová; mas a aquél miraré que es pobre y humilde de espíritu, y que tiembla a mi palabra".

[54] Cf. Filipenses 2:12: "Por tanto, amados míos, ocupaos en vuestra salvación con temor y temblor".

la bóveda del cielo, encendiendo espléndidas luminarias, adornando la tierra con lagos, fuentes, ríos, flores, plantas y cubriendo el cielo con variadas constelaciones. Creó la noche para nosotros, no menos útil que el día para el descanso y la energía que nos da, porque con el sueño no menos que con los alimentos, nutre nuestro cuerpo, como podemos comprobar cuando advertimos que podemos pasar muchos días con hambre, mientras que sin dormir muy poco se puede hacer. Con el sueño quiso apagar y disolver el ardor almacenado de día, bajo el efecto de los rayos solares y de las ocupaciones diarias para restituirnos renovados y frescos al trabajo.[55]

Considera, de qué manera Él, sin tener ninguna necesidad de nosotros, porque se basta a sí mismo, nos sacó del no ser al ser, nos infundió un alma como ninguna otra.

En la estación invernal, con las noches más largas, nos ofrece más reposo y calor, pues nos obliga a quedar a cubierto; la oscuridad más larga en este período de tiempo no es por pura casualidad, sino por permisión de Dios, que concedió un más prolongado descanso; con esto, actuó como una madre que, amando entrañablemente a sus hijos, los acoge entre sus propios brazos, cerrándoles los ojos con la extremidad de su vestido para dormirlos. Así, Dios extendió sobre la tierra el velo de la noche para restaurar a los hombres de sus preocupaciones, porque sin este descanso quedaríamos destruidos por el exceso de actividad y por las innumerables pasiones que nos oprimen. En cambio, ahora, aun contra nuestra voluntad, aliviamos las fatigas y las limitaciones del cuerpo y también calmamos las del alma.

¿Qué se podría decir de la serenidad y horas nocturnas en las cuales reina la paz más perfecta, sin rumores ensordecedores? No se escuchan ya los griteríos del día, cuando uno gime por la pobreza y otro grita por los ultrajes recibidos; otro llora por enfermedad o mutilación; otro, en fin, por la muerte de los seres queridos, por la pérdida de dinero u otro humano contratiempo. ¡De cuántas desgracias libra la noche al género humano! Lo salva como de la tempestad, ofreciéndoles el refugio de su puerto tranquilo. Tantos bienes nos proporciona la noche, pero se conocen también todos los que nos ofrece el día.

---

[55] Cf. Cirilo de Jerusalén, *Sellados por el Espíritu. Catequesis*, I, IX (CLIE, 2002), donde utiliza argumentos muy parecidos a estos.

El mundo como una sola casa

Piensa que todo cuanto vemos es para nosotros, cielo, tierra y mar y lo que en ellos se encuentra; que Dios ha fabricado el mundo entero para que allí reinase el hombre.

¿Qué decir de Dios que nos ha hecho tan fáciles las vías de comunicación? Para que pudiéramos fácilmente comunicarnos los unos con los otros, sin el inconveniente de largos viajes por tierra; congregó los mares, caminos más breves para circular por todas partes de la tierra; así, habitando como en una sola casa, pudiésemos estar unos con otros y así poder intercambiar cada uno con vecino aquello que personalmente poseen unos y otros. Siendo dueños de una pequeña porción de tierra es como si la poseyésemos toda, pudiendo todos gozar de todo el bien. Del mismo modo que es posible a cada comensal de una rica mesa pasar a su vecino todo lo preparado para éste y también recibir del otro lo que tiene con sólo extender la mano.

Si quisiera hablar de todo esto, nuestro discurso se haría extremadamente largo, y no lograríamos hablar más que de una mínima parte. Pues ¿en qué modo, siendo hombre, se puede medir la infinita sabiduría de Dios?[56] Reflexiona, por ejemplo, sobre la diversidad de plantas, fructíferas e infructíferas que crecen en los desiertos, sobre la tierra, sobre los montes o en las llanuras. Considera la variedad de las semillas y de las hierbas, de las flores y de los animales de la tierra, anfibios o acuáticos.

Piensa que todo cuanto vemos es para nosotros, cielo, tierra y mar y lo que en ellos se encuentra; que Dios ha fabricado el mundo entero para que allí reinase el hombre como el constructor de una casa real, espléndida, cubierta de oro y brillante por el destello de las piedras preciosas. Para construir el techo de tal habitación no utilizó piedras, sino material distinto y más precioso; encendió luces, no sobre candelabros de oro, sino disponiendo sobre la esfera del cielo la existencia de luminarias que no sólo fuesen útiles, sino agradables a la vista. Quiere el pavimento como una mesa ricamente preparada, y se lo entregó al hombre que no le había dado prueba alguna de su bondad; sin que por ello, después de tantos dones,

---

[56] Cf. Job 38:4 y ss.: "¿Dónde estabas cuando yo fundaba la tierra? Házmelo saber, si tienes inteligencia. ¿Quién ordenó sus medidas, si lo sabes?"

lo despojase de tal honor. Sólo se limitó a expulsarle del paraíso; con este castigo le impidió proseguir en el camino de la ingratitud, haciéndole apartarse de la inclinación hacia cosas peores.

La ingratitud humana

Estos y otros beneficios recapitula el apóstol, movido por el Espíritu de Dios; lo que era desde el principio, lo que hace cada día, lo que da a cada uno, lo que da en común a todos, tantos dones manifiestos y tantos mucho menos numerosos que nos están escondidos; sobre todo los ya cumplidos según la economía del Unigénito Hijo de Dios y los que está permanentemente otorgando.

Sobre todo dirigió la mirada hacia cualquier rincón y parte, recogiendo y deduciendo el innegable amor de Dios, como si se ahogase en los abismos de un mar, reconociendo así de cuántos y cuán graves deudas era depositario, de las cuales no había restituido ni siquiera una mínima parte. Por eso habló propiamente, como si hiciera un escrupuloso examen de conciencia de los pecados aún más leves, olvidando sus grandes virtudes; no como nosotros, que no tenemos en cuenta, ni siquiera en la memoria, nuestros numerosos y graves pecados. Y nos gloriamos, en cambio, de algún eventual y pequeño acto de virtud que no cesamos de exaltar e inflar hasta perder por vanagloria lo poco adquirido.

Así había dicho David cuando exclamó: "¿Qué es el hombre para que te acuerdes de él?" (Sal. 8:4), y no sólo esto, sino que condenó también su ingratitud diciendo: "El hombre en la prosperidad no comprende; Es semejante a las bestias que perecen" (Sal. 49:13).

Deuda y recompensa

6. Es siervo agradecido al Padre quien estima como propios los beneficios otorgados en común, mostrándose comprensivo, solícito y casi deudor de todos. Éste es el comportamiento de Pablo, del cual es bueno volver a hacer mención. Dijo que Cristo había muerto por él y lo que "ahora vivo en la carne, lo vivo en la fe del Hijo de Dios, el cual me amó, y se entregó a sí mismo por mí" (Gá. 2:20). Con tal expresión no entendió limitar el don de Cristo,

> Y nos gloriamos de algún eventual y pequeño acto de virtud que no cesamos de exaltar e inflar hasta perder por vanagloria lo poco adquirido.

Ignoras cuán bueno es agradar a Dios; pues si lo supieras no juzgarías que pueda existir otra recompensa igual a ella.

sino hacerse responsable de todo, exhortando a todos a hacer lo mismo. Si Cristo se hubiera encarnado por un hombre solamente, no sólo no habría disminuido su don, sino que se habría revelado mayor. ¿Cómo? Porque habría demostrado tanta solicitud por uno solo, como la que manifiesta el pastor que busca una sola oveja, por cuya pérdida se duele y lamenta.

Si los que reciben dinero prestado a crédito y no pueden devolverlo por estar sumergidos en un abismo de deudas, no comen ni duermen, devorados por las preocupaciones, ¿qué penas no debe soportar el justo que se reconozca deudor que no debe dinero, sino obras? En cambio nosotros, por poco que hayamos restituido, nos comportamos como si hubiésemos liquidado toda la deuda; más todavía, como si hubiésemos pagado en exceso; y sin embargo no hemos dado más que una pequeña entrega y nos comportamos alegremente, como quien es justamente libre, comprobando si hay alguna recompensa que reclamar, pretendiendo como esclavos o mercenarios que todo sea tenido en cuenta.

¿Qué dices, hombre pusilánime y miserable? ¿Te propones hacer lo que agrada a Dios y estás preocupado únicamente en la recompensa? Si después de haber caído en la gehena, para salir ¿no se habría hecho necesario practicar el bien con todas tus fuerzas posibles? ¿Cumples, por tanto, lo que Dios quiere y buscas otra recompensa?

Verdaderamente ignoras cuán bueno es agradar a Dios; pues si lo supieras no juzgarías que pueda existir otra recompensa igual a ella. ¿No sabes, además, que tu recompensa crece si haces lo que debes sin esperar recompensa? ¿No ves que ante los hombres son más apreciados aquellos que se esfuerzan por agradar que por obtener la recompensa?

Hasta los hombres de nobles sentimientos hacen así con sus consiervos. En cambio tú no te comportas así con tu Señor que te ha hecho tantos beneficios y del cual tantos otros esperas, pues tan pronto como tienes que obrar por tu salvación te preocupas por la recompensa. Por eso nos mostramos siempre fríos, miserables y poco dispuestos a obrar con generosidad. El hecho es que no logramos ni la compunción ni el menor recogimiento espiritual.

No nos hacemos una idea de lo que debemos a Dios por nuestros pecados y por sus beneficios, y no tenemos presente delante de los ojos los grandes modelos de perfección. Sus obras buenas se nos escapan, porque nos falta la medida del éxito, y cuando nos proclamamos pecadores —como solemos repetir a menudo—, no somos verdaderamente sinceros. Esto se aprecia con toda claridad cuando nos lo oímos decir de otros, pues nos irritamos, montamos en cólera y lo consideramos como un verdadero insulto.

Así, lo que vamos diciendo es pura hipocresía y totalmente opuesto a la conducta del publicano, el cual, ofendido por quien lo culpaba de numerosos pecados, no se dejó provocar por sus insultos y de la propia conducta sacó provecho; se fue más justificado que el fariseo (Lc. 18:14). Pero nosotros, aunque tenemos una infinidad de pecados, ignoramos hasta qué cosa sea una confesión.

> Sus obras buenas se nos escapan, y cuando nos proclamamos pecadores —como solemos repetir a menudo—, no somos verdaderamente sinceros.

Recordar el pecado para avivar la gratitud

No sólo debemos estar convencidos de los pecados cometidos, infinidad de veces, sino también escribirlos todos, graves y leves, en el corazón como en un libro, para llorarlos como si los hubiéramos cometido recientemente, y así reprimir verdaderamente la soberbia del espíritu, haciéndole presente continuamente el recuerdo del mal cometido. Este recuerdo permanente de los pecados cometidos, constituye un bien tan grande que san Pablo no ter- minaba jamás de hablar de las culpas ya perdonadas.

Con el bautismo había lavado todo pecado precedente y, hora vivía una vida tan pura que la conciencia no le reprobaba ningún pecado para llorar; se refirió a aquellos pecados ya cancelados por el bautismo, diciendo: "Cristo Jesús vino al mundo para salvar a los pecadores, de los cuales yo soy el primero" (1ª Ti. 1:15). Además decía: "Me tuvo por fiel, poniéndome en el ministerio, habiendo sido antes blasfemo y perseguidor e injuriador" (1ª Ti. 1:12, 13); "perseguí a la Iglesia de Dios y la devastaba (Gá. 1:13) y no soy digno de ser llamado apóstol" (1ª Co. 15:9).

Aunque estamos liberados, absueltos de los pecados, sin tener que rendir cuenta, podemos todavía servirnos de ellos para hacer cambiar el alma e inducirla al amor de

Recordando la multitud de pecados pasados podremos reconocer la abundancia de la gracia de Dios; entonces nos inclinaremos a la humildad y seremos vigilantes.

Dios. Por eso, cuando el Señor interrogó a Simeón quién de dos deudores habría amado más al prestamista, respondió: "Supongo que aquel al cual ha perdonado más", escuchó: "Has juzgado bien" (Lc. 7:43).

Recordando la multitud de pecados pasados podremos reconocer la abundancia de la gracia de Dios; entonces nos inclinaremos a la humildad y seremos vigilantes; porque cuanto más graves fueron las culpas cometidas, tanto más grande resultará nuestra confusión.

Contristados por el pecado para no contristar al Espíritu

7. Mientras Pablo recordaba los pecados anteriores, nosotros, en cambio, no recordamos ni las culpas cometidas después del bautismo, y las que corremos el peligro aún de cometer y de las cuales debemos examinarnos con un severo juicio. Por eso, si alguna vez sobreviene el recuerdo de algún pecado cometido, enseguida lo rechazamos, no sea que el mínimo recuerdo llegue a contristar el alma. Por eso echamos a perder un sinfín de estas gracias.

Sin tal contrición y con esta complacencia, no podremos jamás confesar como es debido las culpas precedentes. ¿Cómo confesarlas si solemos alejar su recuerdo? Y nos volvemos cada vez más proclives a cometer nuevos pecados. Llegaríamos a eliminar la pereza y la negligencia, en cuanto es posible, sólo si mantuviéramos vivo el recuerdo y el temor en lo íntimo del alma. Pero si quitamos este freno, ¿quién podrá impedir después al alma que caiga sin temor en los abismos de la perdición? Por eso aquel justo pensaba en el futuro suplicio; por eso lloraba y gemía abundantemente.

Vosotros, que sin duda sois ya maduros para obtener la compunción, bastará solamente que recordéis los beneficios de Dios, olvidados de vuestras virtudes; examinando diligentemente si por casualidad habéis cometido un ligero pecado, con la mirada fija en aquellos santos modelos que fueron más aceptos a Dios. Después de esto meditad continuamente sobre la inseguridad de vuestra condición futura y sobre la posibilidad de caer en pecado.

La posibilidad de caer

Así lo temía hasta Pablo, que dijo por eso: "No sea que, habiendo predicado a otros, yo mismo venga a ser reprobado" (1ª Co. 9:27). Y también: "El que piensa estar firme, mire no caiga" (1ª Co. 10:12). De la misma manera lo meditó David en su corazón, quien, considerando los beneficios de Dios dijo: "¿Qué es el hombre, para que tengas de él memoria, y el hijo del hombre, para que lo visites? Pues le has hecho poco menor que los ángeles, y lo coronaste de gloria y de honor" (Sal. 8:4, 5). Pero olvidando sus perfecciones, aun después de innumerables ejemplos de filosofía, llegó a decir: "¿Quién soy yo, y qué es mi casa, para que tú me traigas hasta aquí? Y aun te ha parecido poco esto, Señor Jehová, pues que también has hablado de la casa de tu siervo en lo por venir. ¿Es ése el modo de obrar del hombre, Señor Jehová? ¿Y qué más puede añadir David hablando contigo?" (2º S. 7:18-20).

Reflexionando continuamente sobre la virtud de los antepasados y teniéndose en nada al compararse con ellos, después de decir: "En ti esperaron nuestros padres" (Sal. 22:4); hablando de sí añadió: "Pero yo soy gusano y no hombre" (v. 6). La incertidumbre de su condición futura la tenía siempre ante los ojos, hasta el punto de rogar: "Alumbra mis ojos, porque no duerma en muerte" (Sal. 13:3). Se consideraba reo de tantos pecados, de modo que pedía: "Perdona mi pecado, porque es grande" (Sal. 25:11).

> La incertidumbre de su condición futura la tenía siempre ante los ojos, hasta el punto de rogar: "Alumbra mis ojos, porque no duerma en muerte".

Ahora es el tiempo de escapar de la condenación

A vosotros, aventajados, bastará solamente con esta medicina; para nosotros, en cambio, hace falta otra, aquella potencia capaz de eliminar la soberbia y toda arrogancia. ¿De qué medicina hablo? De la multitud de los pecados y de la mala conciencia, dos cosas que cuando realmente las valoramos no nos permiten, aun queriendo, elevarnos soberbiamente hacia lo alto.

Por eso, en verdad, te ruego y suplico, por aquella confianza que gracias a tus obras santas has conquistado ante Dios, alarga tu mano hacia mí que no ceso de rogarte, para que pueda deplorar adecuadamente mi pasado y empapar con llanto el camino amigo que me conduce al

No tenga que sufrir las penas de los condenados, descendiendo al infierno, donde nadie puede confesar los pecados, dado que no hay nada más que pueda liberarnos.

cielo; para que no tenga que sufrir las penas de los condenados, descendiendo al infierno, donde nadie puede confesar los pecados, dado que no hay nada más que pueda liberarnos. Mientras permanecemos aquí abajo, podremos recoger de vosotros grandes frutos, y podréis ser para nosotros beneficiosos en sumo grado. Pero cuando hubiéramos llegado allá, donde ni amigo, ni hermano, ni padre pueden ayudarnos ni darnos consuelo en las penas, entonces será irremediable sufrir el eterno suplicio en la angustia, entre las profundas tinieblas sin alivio, perenne bocado para el fuego devorador.

Índice de Conceptos Teológicos

DIOS
–Sus atributos:
  –Su amor, 231-233, 264-267, 270-272
  –Su bondad, 316, 317
–Sus obras:
  –Su disciplina , pág. 231-233, 264-267, 270-272, 279-282

JESUCRISTO
–Su vida:
  –Como Sacerdote:
    –Como Sacrificio y Sustituto, 85, 86

–Sus obras:
  –Parábolas, 234-237, 315

ESPÍRITU SANTO
–Dones y gracias, 182, 183
  –Amor, 96, 225-227, 284, 288, 295, 296, 308, 313
  –Conocimiento, 171, 172
  –Paciencia, 206, 207, 283
  –Templanza y dominio propio, 124, 196, 197, 213
  –Virginidad, 140, 141, 254-256

DEMONIOS
–Satanás, 229
–El mal, 88, 216-220, 229

HOMBRE
–Su naturaleza:
  –Alma, 89-92, 193-195

IGLESIA
–Su estructura y gobierno:
  –Disciplina, 72-76, 99 y 100, 142, 144, 145
  –Liderazgo, 65-221
–Su liturgia y formas de culto:
  –Alabanza y acción de gracias, 178
–Sus sacramentos:
  –Bautismo, 112, 323
  –Santa Cena, 109
–**Predicación cristiana**, 160-173, 177, 179, 248 y 249
–Su misión:
  –Avivamiento, pág. 297
  –Evangelización, 298-301

BIBLIA
–Su interpretación:
  –Comentario bíblico, 275-326
  –Personajes bíblicos:
    –Aarón, 151
    –David, 240 y 241, 311 y 312
    –Elí, ,151
    –Judas, 152
    –Moisés, 151
    –Pablo, 166-170, 295, 296, 310
    –Saúl, 150
  –Tipos y figuras:
    –Sacerdocio, 113, 114
–**Estudio bíblico**, 262, 263

VIDA CRISTIANA
–Discipulado:
  –Amistad, 65, 221
  –Buenas obras, 101, 102

–Consagración, 275, 309-312
–Ejemplo y testimonio, 101, 102, 126, 143, 179, 211, 212, 303
–Esperanza, 229
–Gratitud, 323, 324
–Humildad, 97, 98, 154, 155, 245-247
–Mayordomía, 134-139, 250-253
–Prudencia, 200, 204, 205, 208-210
–Pruebas, 127-133, 180-187, 198, 203, 264, 265, 300
–Quietud, 291, 292, 307, 308, 319
–Sinceridad, 156-159, 203
–Tentaciones, 67, 206, 207, 293
–Tribulación, 121, 122, 270-272, 291-294
–Valor y firmeza, 184-187, 202
–Vigilancia, 123, 325
–Virtud, 201
–**Educación familiar:**
  –Hijos, 68, 69, 140, 141
  –Matrimonio, 254-256
–**Oración:**
  –Tipos de oración:
    –Alabanza y acción de gracias, 257
    –Confesión, 215, 238, 239, 258-261
    –Oración intercesora, 198, 199
    –Súplica, 268, 269
    –Hombres de oración, 149
–**Salud y sanidad**, 89- 92, 139, 206, 207

SALVACIÓN Y REDENCIÓN
–**Arrepentimiento**, 225-272, 323-325
–**Conversión**, 238, 239
–**Gracia**, 299, 316, 317, 325, 326
–**Justificación**, 318
–**Perdón** , 225-272, 284
–**Purificación**, 275, 313
–**Santificación**, 140, 141, 195, 206, 207, 266, 267, 297, 298

–**Vida eterna:**
  –Reino, 302

TEMAS CONTROVERSIALES
–**Creación**, 319 y 320
–**Infierno**, 302, 326
–**Trinidad**, 164
–**Pecado:**
  –Su naturaleza, 162-164
  –Sus consecuencias, 276-279
  –Tipos de pecados:
    –Autoritarismo, 119, 120
    –Avaricia, 287
    –Contra el Espíritu Santo, 231-233
    –Crítica, 288
    –Debilidad, 151
    –Desesperación, 228-230
    –Elocuencia, 188
    –Engaño, 77-81
    –Envidia, 214
    –Feminismo, 117
    –Herejía, 164, 173
    –Incredulidad, 153
    –Ingratitud, 322
    –Ira, 117, 118, 125
    –Lujuria, 293
    –Negligencia, 228-230, 301
    –Presunción, 236
    –Rencor, 280-282, 287
    –Sacrilegio, 290
    –Soberbia, 105, 106, 150, 214
    –Traición, 152
    –Vanagloria, 107, 285, 286, 321
–**Ley:**
  –Mandamientos, 289
  –Antiguo y Nuevo Pacto, 113, 114

ESCATOLOGÍA
–**Juicio**, 266, 267
–**Segunda Venida**, 314

Títulos de la colección Patrística

Obras escogidas de Agustín de Hipona Tomo I
La verdadera religión
La utilidad de creer
El Enquiridion

Obras escogidas de Agustín de Hipona Tomo II
Confesiones

Obras escogidas de Agustín de Hipona Tomo III
La ciudad de Dios

Obras escogidas de Clemente de Alejandría
El Pedagogo

Obras escogidas de Ireneo de Lyon
Contra las herejías
Demostración de la enseñanza apostólica

Obras escogidas de Juan Crisóstomo
La dignidad del ministerio
Sermón del Monte. Salmos de David

Obras escogidas de Justino Mártir
Apologías y su diálogo con el judío Trifón

Obras escogidas de los Padres Apostólicos
Didaché
Cartas de Clemente. Cartas de Ignacio Mártir. Carta y Martirio de Policarpo.
Carta de Bernabé. Carta a Diogneto. Fragmentos de Papías. Pastor de Hermas

Obras escogidas de Orígenes
Tratado de los principios

Obras escogidas de Tertuliano
Apología contra gentiles. Exhortación a los Mártires. Virtud de la Paciencia.
La oración cristiana. La respuesta a los judíos.

Como muestra de gratitud por su compra,

visite www.editorialclie.info
y descargue gratis:

"Los 7 nuevos descubrimientos sobre Jesús que nadie te ha contado"

Código:
DESCU24

www.ingramcontent.com/pod-product-compliance
Lightning Source LLC
Chambersburg PA
CBHW050551170426
43201CB00011B/1655